铁路货车科普培训教材

铁路货车现代化检查技术

赵长波　陈　雷　编著
陈伯施　主审

中国铁道出版社
2012年·北京

内 容 简 介

铁路货车现代化检查技术应用在设计、制造、检修、运用等各个生产环节，涉及的领域和技术十分广泛。本书重点介绍了铁路货车在检修、运用方面所采用的现代化检查技术，包括列车安全运行动态监测技术、铁路货车配件探伤技术、铁路货车轮对自动检测技术、铁路货车远程诊断技术等。

本书共包括基础知识、铁路货车检修检查技术、铁路货车运用检查技术、铁路货车现代化检查技术展望四个章节，浓缩了所有当前使用的铁路货车现代化检查技术，集理论性、科普性和实用性于一体。在介绍有关检查技术特点和性能指标的同时，通过图文并茂的方式，介绍了与之相关的知识，对一些耳熟能详但无法确定义的专业术语，进行了较为详尽的注解，以满足不同读者的需求。

本书可作为铁路货车检修、运用领域一线干部、职工的科普用书，还是供从事其他行业的职工了解铁路货车现代化检查技术。

图书在版编目(CIP)数据

铁路货车现代化检查技术/赵长波，陈雷编著.—北京：中国铁道出版社，2012.3 (2012.6 重印)
铁路货车科普培训教材
ISBN 978-7-113-14158-5

Ⅰ.①铁… Ⅱ.①赵…②陈… Ⅲ.①铁路车辆：货车-检查-技术培训-教材 Ⅳ.①U272

中国版本图书馆 CIP 数据核字(2012)第 014808 号

书　　名： 铁路货车科普培训教材
铁路货车现代化检查技术
作　　者： 赵长波　陈　雷　编著

责任编辑： 王明容　　**电话：** 021-73138　　**电子信箱：** tdpress@126.com
编辑助理： 黄　璐
封面设计： 冯龙彬
责任校对： 孙　玫
责任印制： 陆　宁

出版发行： 中国铁道出版社（100054，北京市西城区右安门西街 8 号）
网　　址： http://www.tdpress.com
印　　刷： 中国铁道出版社印刷厂
版　　次： 2012 年 3 月第 1 版　2012 年 6 月第 2 次印刷
开　　本： 787 mm×1 092 mm　1/16　**印张：** 12.25　**字数：** 285 千
书　　号： ISBN 978-7-113-14158-5
定　　价： 55.00 元

前　言

近年来，我国铁路快速发展、路网规模迅速扩大、技术装备水平大幅度提升、现代化建设实现重大跨越，和谐铁路建设步伐明显加快。铁路保障经济社会又好又快发展的能力更加突出，适应人民群众需求的铁路发展方向更加明显。与中国铁路装备水平发展相呼应，铁路货车现代化检查技术也得到同步的快速发展。铁路货车现代化检查技术是指利用自动化、信息化、智能化手段对铁路货车配件及整车进行自动检查的一种方法，它与传统意义上的人工检查方法相比，不仅能提高检查准确性，还能提高检查效率。人工检查只能完成表面的、静态的检查，对于动态的、内部的、精准的检查，则必须依靠先进的科学技术。例如声纳技术、红外线探测技术、高速摄像技术、电磁技术、网络技术以及智能技术等。这些人类发展到21世纪运用的最先进的技术，均渗透到铁路货车安全检查中，革命性地促进了人工检查方式的改变，划时代地创造了铁路货车检查方式的新纪元。

作为铁路现代化建设迅猛发展时期的铁路职工，掌握更多铁路相关知识以及代表中国铁路发展水平的现代化铁路货车检查技术是时代发展的需要，更是展示技术水平的需要。比如：坐在屋内，轻点鼠标监测铁路货车运行状态的TFDS技术；戴上耳麦，通过声波监听轴承内部运行状态的TADS技术；远在北京，凭借网络查询青藏线上运行铁路货车质量状态的远程诊断技术等。了解、掌握这些知识，可以让你在与人交往的过程中侃侃而谈；也可以使你在面对别人询问时妙语连珠；更可以使你在生活的各个角落散发迷人的光彩。

古人云：读万卷书，行万里路。行万里路，对于普通人来说并不是一件容易的事情，特别是我们每天置身于繁忙的生产一线，面对着同样的铁路货车配件，承担着紧张的安全压力，想要了解自身岗位以外的知识，了解铁路货车现代化检查技术的发展状态，十分不易。我们只有用读书来略补遗阙，通过读书，查阅我们想知道的内容；通过读书，丰富我们想掌握的知识。

为满足广大干部职工，无论是从事铁路货车检修、运用工作，还是从事其他行业的职工了解铁路货车现代化检查技术的愿望和渴求，铁道部运输局车辆部组织编纂了《铁路货车现代化检查技术》一书，以通俗的语言、别样的风格、浅晰的道理，向广大干部职工介绍当前广泛应用于铁路货车检查方面的相关知识，包括列车安全运行动态监测技术、铁路货车配件探伤技术、铁路货车轮对自动检测技术、铁路货车远程诊断技术等。所有的现代化检查技术，都是以先进的装备能力发展为依托，在铁路货车安全检查方面，发挥着不可替代的作用，展示着安全管理的能力，代表着科技进步的力量。在实践工作中，对于一线职工来讲，有的技术耳熟能详、随手拈来；有的技术略知一二、无法及里；有的技术则生疏有加，从未接触。因此，我们借鉴科普知识推广的方式，把铁路货车现代检查技术系统地归纳到一起，主要目的就是让干部职工了解、掌握、熟知当前应用于中国铁路货车安全检查方面的实用技术。

本书共包括基础知识、铁路货车检修检查技术、铁路货车运用检查技术、铁路货车现代化检查技术展望四个章节，浓缩了所有当前使用的铁路货车现代化检查技术，集理论性、科普性和实用性于一体。本书在介绍有关检查技术特点和性能指标的同时，通过图文并茂的方式，向大家介绍了与之相关的知识，对一些大家耳熟能详但无法准确定义的专业术语进行了较为详尽的注解，以满足不同读者的需求。对某一项技术，你可以仅仅了解其大概，草草翻阅；也可以把握其关键，细嚼慢咽；更可以探究其原理，深入浅出。因此，如果你是一名铁路货车检查技术使用人员，通过这本书，你能够方便地查询与之相关的使用要求，可以提高检查质量；如果你恰巧走上新的岗位，通过这本书，你能够快速地掌握新岗位的检查技术知识，可以进行岗前的自我培训；如果你是一名管理人员，通过这本书，你能够便捷地获得某项检查技术的关键控制点，可以增强对现场作业检查的针对性。无论怎样使用，总有收获。总之，这不是传统意义的教科书，也不是专业研究用的理论书，它是你的良师益友，可以传道；更是你的知识宝库，可以解惑。能够让读者以“登山则情满于山、观海则情溢于海”的情怀，徜徉于书海中，游离于文字间，不断汲取知识、不断丰富自我。

本书由铁道部运输局车辆部陈伯施主审，赵长波、陈雷编著。参加编写的人员主要有：运输局车辆部余明贵、王春山、刘吉远、黄毅、周磊，沈阳铁路局车辆处李莹、广铁集团车辆处何志炜、呼和浩特铁路局车辆处王龙、郑州铁路局车辆处师林科、上海铁路局车辆处肖俊才，郑州北车辆段殷周岭、程园龙，西安东车辆段周湘桥，丰台车辆段张芳，苏家屯车辆段孙海震，湖东车辆段袁飞，江岸车辆段高润山，中国南车二七车辆有限公司兰叶、田川、孙蕾，南方汇通股份有限公司任春华，北京京天威科技发展有限公司赵俊彦、林广智、甄茗，中国神华能源股份有限公司铁路货车运输分公司石兴。

在本书编纂过程中，得到了成都铁路局车辆处、中国南车二七车辆有限公司、北京京天威科技发展有限公司、广汉科峰电子有限责任公司、北京清网华科技有限公司和青岛四方车辆研究所有限公司的大力支持。在此，一并表示感谢。

由于经验和水平有限，书中难免存在疏漏之处，恳求广大读者，特别是一线职工阅读时，发现问题时请及时通知我们。

编者

二〇一一年十二月

目　录

第一章　基础知识

第一节　检查技术

检查是人们在社会化活动中，通过对事物发展过程或结果的判断，不断进行修正、改进工作方法的一种方式。这个行为贯穿人类行为的各个环节，人们时刻都在做着不同的检查，只是我们不大注意罢了。比如“骑自行车”就是一个不断检查平衡的过程，这样的检查已经成为一种不自觉的行为和意识。当这种行为成为一种习惯后，刻意、被动的检查工作也将慢慢消失。为什么呢？因为这时候所有的错误都被消灭在萌芽状态。怎么达到这样的境界，就是要“检查”。换句话说：“检查是为了不检查”。

骑自行车

通过检查，可以满足查找问题和缺陷、减少失误、提高正确率、保证质量和效果的目的。

在工业领域，检查是指在机械产品设计、制造、维修、服务过程中，通过使用必要的方式、方法或采用一定的技术措施，确定其相对于特定要求的符合性，或在专业判断的基础上，确定相对于通用要求的符合性。

工业领域对机械产品检查主要分为几何精度的检查、表面质量的检查、力学性能的检查和隐蔽缺陷的检查。检查的方法主要有感觉检查法、仪器工具检查法、物理检查法等。

感觉检查法：这是不用检查设备，只凭检查人员的直观感觉来鉴别产品技术状况的一种方法。这种方法简便、直观，比较容易分辨出表面较大缺陷。但该方法不能用来检查精度要求较高的零件，而且对检查人员的素质、经验要求比较高。

仪器工具检查法：这是通过借助工具、仪器来鉴别产品技术状态的一种方法。由于仪器和工具的作用原理和种类各不相同，可分为通用量具、专用量具、机械式仪器和仪表、光学仪器、电子仪器等。

物理检查法：这是利用电、磁、光、声、热等物理量通过工件引起的变化来探测零件技术状况的一种方法，大多数情况下是和仪器、工具检查法相结合的。这种方法通常用来检查零件内部隐蔽缺陷而又不损坏零件本身结构，又被称为无损检查。

第二节　现代化检查技术

随着工业化生产的不断进步，人们对机械产品的加工精度、缺陷检查要求越来越高，为了保证机械产品的质量，在设计、生产和质量检验过程中采用了大量的检查技术。

在检查技术的应用和发展中，早期主要通过人工感觉检查方法，辅以工具、量具进行机械产品的检查和检测，由于人工感觉检查方法只能完成表面的、明显缺陷的检查，虽然辅助采用了必要的工具、量具进行检查，但由于工具、量具本身的测量误差较大，测量精度受到检查人员经验和素质等影响，测量精度不高、测量结果不可控因素较多，劳动效率低下，无法满足现代化社会生产对机械产品精度要求越来越高、质量标准越来越严的需求，制约了机械产品质量的进步。因此有必要通过检查技术手段的不断创新和研发，实现对机械产品高精度、快速、智能化检查。

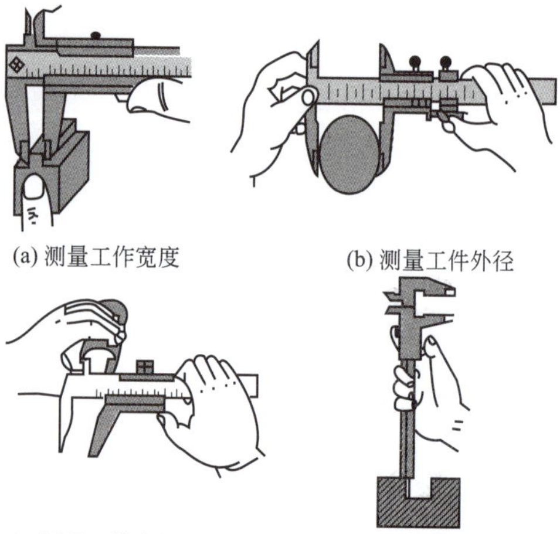

(a) 测量工作宽度 (b) 测量工件外径 (c) 测量工件内径 (d) 测量工件深度

人工检查方法

随着现代化计算机信息技术的不断发展和应用，大量基于现代化计算机信息技术、网络技术、图像识别技术的检查方法，通过不断研发，已投入到机械表面及内部缺陷的检查、检测当中，实现了在线、高精度、迅速检查，检查手段及结果判断方式趋于智能化，能够完成既有检查方式中无法满足对复杂结构机械产品的检查、检测。这些检查方法在机械产品设计、加工、检验等方面的应用，统称为现代化检查技术。现代化检查技术的大量应用，释放了劳动生产力，保障了机械产品的加工、检修质量。

无损检测技术

机械产品现代化检查（检测）技术分类：

1. 无损检测技术

采用磁粉、超声波探伤等不破坏机械产品结构，完成内部缺陷检查的无损检查测量技术，目前主要有超声检测（UT）、射线检测（RT）、磁粉检测（MT）、渗透检测（PT）、涡流检测（ET）、声发射检测（AE）等，广泛应用于各个行业。

2. 非接触几何形状检测技术

采用激光等方法对机械产品表面缺陷和加工精度进行检查的检查测量技术，目前采用该技术的设备主要有激光非接触式粗糙度仪、双相机移动式三坐标测量系统、光学三维传感器检测站、激光跟踪仪等，广泛应用于飞机和汽车制造、机械零部件几何形状及精度检测等行业。

非接触检测技术

3. 传感器检测技术

采用声学、压力、温度等传感器对机械产品在运行中产生的缺陷的检查测量技术，广泛应用于水利水电、铁路交通、智能建筑、生产自控、航空航天、军工、石化、油井、电力、船舶、机床、管道等众多行业。

4. 机器视觉图像检测技术

采用 CCD 图像拍摄技术，将所拍摄被测部件的图像与标准图像进行比对、分析，自动判断部件外部缺陷或进行尺寸数据测量，广泛应用于航空、陆路交通、印刷、铁路运输等行业。

机器视觉图像检测技术的主要原理是：将被测对象的图像作为信息的载体，从中提取有用的信息来达到测量的目的。它具有非接触、高速度、测量范围大、获得信息丰富等优点。通过CCD摄像头与光学系统、数字处理系统的结合，可实现不同的检测要求。

机械产品现代化检查技术在各个行业应用情况：

1. 在飞机发动机检修方面

(1)应用红外频谱技术检查发动机叶片早期缺陷

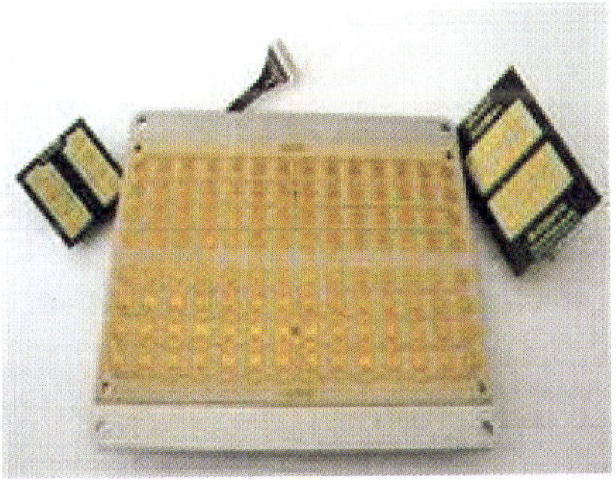

传感器检测技术

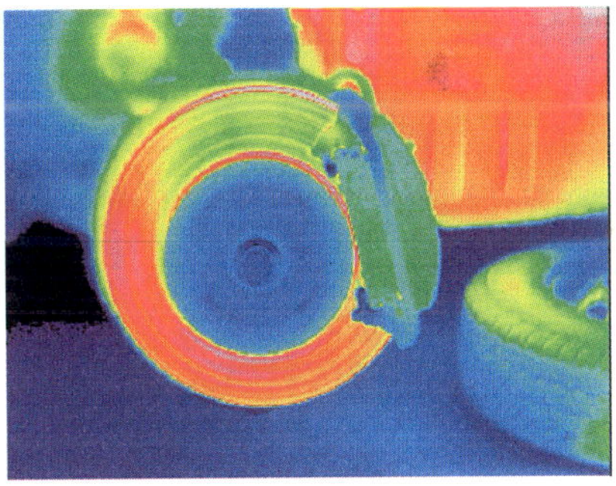

热成像技术

将飞机发动机叶片使用涡流加热器迅速加热，使用红外线频谱成像系统，对零部件早期缺陷断口部位进行温差成像，发现发动机叶片早期内部裂损故障，这种技术被称为热成像技术。

内窥镜检查

(2)使用内窥镜检查飞机发动机内部缺陷

内窥镜检查是指借助于专用的光电仪器(工业内窥镜)对肉眼无法直接接近的区域进行检查，属于无损探伤行业中的目视检查方法。主要用于检查飞机发动机的工作内腔、焊缝表面、导管表面、飞机发动机叶片、涡轮、燃烧室等部件。

(3)使用涡流探伤检查飞机发动机叶片及起落架撑杆疲劳裂损

将涡流线圈置于飞机起落架撑杆和发动机叶片上，可检查飞机起落撑杆内筒、轮毂和涡轮发动机叶片上的疲劳裂纹等。

2. 在汽车零部件检查方面

(1)使用非接触式零部件检测仪检查几何形状及精度。用于任何具有漫射功能的零部件的测量，无论是金属、陶瓷、塑料，还是木质产品或是复合材料的产品；无论是齿轮的渐开线曲线，叶片的不规则曲线，还是一些零件边界的不规则曲线；无论是头发丝大小的零部件，还是一些刀具末端的细小尺寸，都可以通过该技术进行快速而准确的测量。

(2)使用超声成像技术检查零部件内部缺陷。声学性质不均匀的物体能使声波产生聚焦或产生干涉，形成图像，这种肉眼可见的图像称为“声学像”，声学像反映了物体内部某个或几个声学参量的分布或差异，多用于汽车发动机腔壳等结构复杂零部件的内部缺陷检测。

(3)使用光学三维传感器检测站检查车身骨架。为提高车身骨架、大型覆盖件的监控水平，实现100%的在线检测，以结构光学三维传感器为基础的光学传感器探测站被应用于汽车制造行业，被测工件首先由传输装置自动送入生产线上的测量工位，定位传感器将工件的真实位置送入计算机控制系统中，计算机根据已编制好的测量程序，自动控制每一个光学三维传感器，对工件上的各关键部位进行检测。

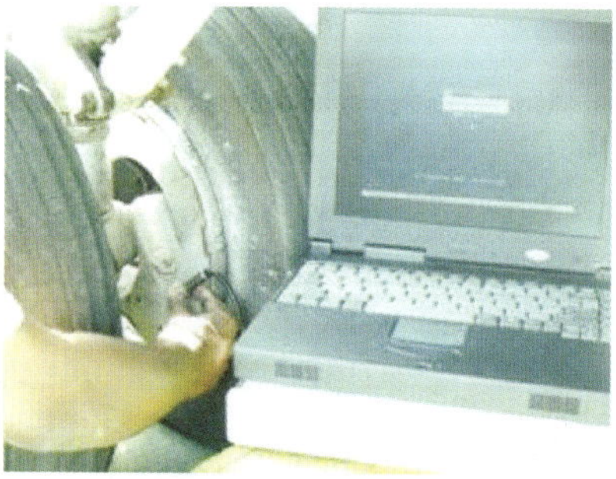

涡流探伤检查

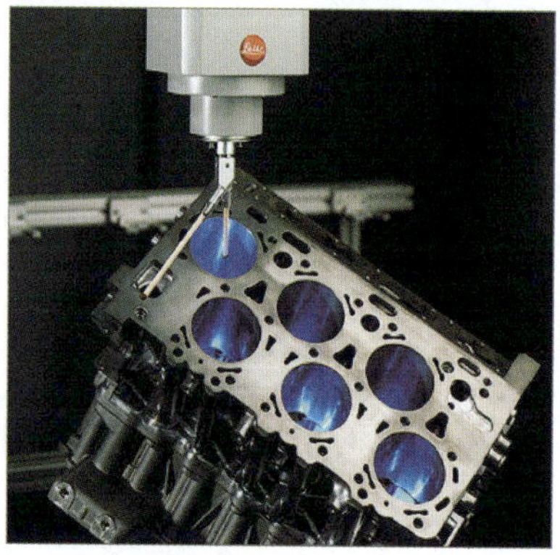

非接触式检查

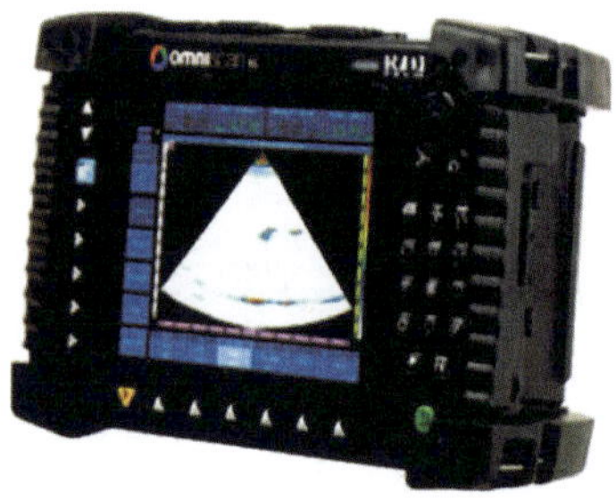

超声成像技术

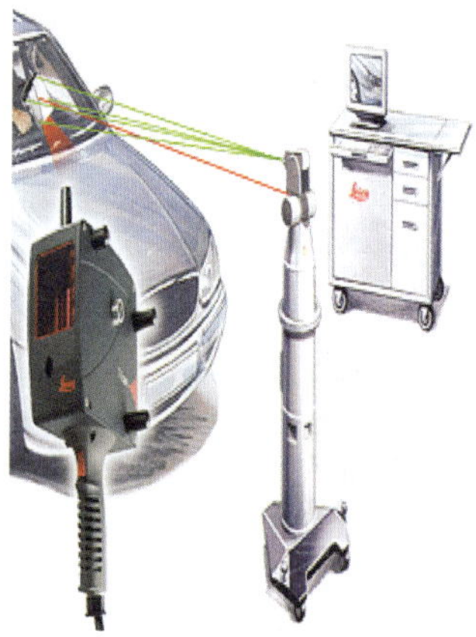

光学传感器检测

(4)运用 CCD 相机在汽车发动机缸盖等零部件表面滑动或移动，通过提取零部件边缘图像特征，经处理后与标准图像库进行比对分析，可检测零部件是否存在明显表面缺陷或是否在指定位置安装。

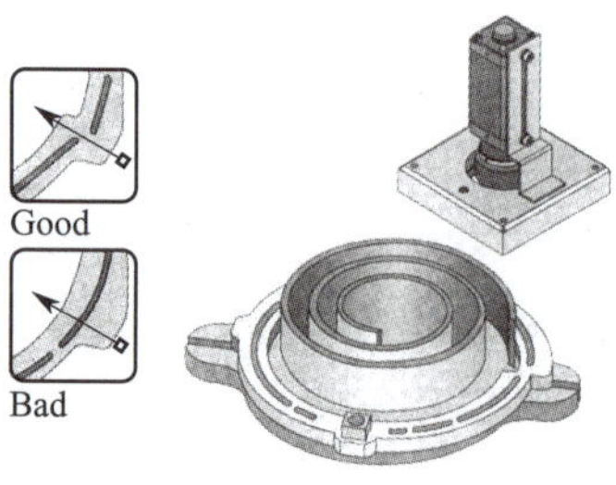

CCD 相机检测

滚动振动试验台

3. 在铁路机车、车辆质量检查试验方面

使用机车、车辆滚动振动试验台对机车、车辆的动态特性、运转性能特性、轨道与机车和车辆相互作用特性进行测试，将该检查试验方法与在干线上进行运行试验的情况相比较，可以进行在干线上所做不到的验证临界设计值的试验，从而求得机车、车辆的临界值，同时大幅缩短研究开发时间，节约经费。

第三节　铁路货车领域采用的现代化检查技术

随着国民经济发展需要，铁路行业作为国民经济的大动脉，发挥着重要的作用。中国铁路大规模应用现代化检查技术，积极结合铁路行业的特点，大量采用高新技术，实现铁路行业现代化检查技术的突飞猛进，走在了世界铁路科技发展的前列。

铁路货车是完成货物运输的运载工具，及时消除铁路货车各种缺陷和损伤，为铁路运输提供技术状态良好的车辆，是铁路货物列车运行安全畅通的重要保障。为了全面提升铁路货车现代化检查技术水平，突出“以人为本、安全第一”的管理理念，在铁路货车设计、制造、检修、运用部门采用了大量的声、光、电以及信息化集成技术的检查、检测装备，实现了科技保安全、保质量的目标；实现了铁路货车的检查、检测方式由人工检查向智能检查、自动检查，检测结果由人工判断向自动判断的跨越；保证了在劳动效率大幅提升条件下，铁路货车新造、检修、运用质量的全面提升；满足了铁路货车提速、重载的需要。

随着货物列车的提速、重载技术不断发展，铁路货车检修、运用部门在保安全、保运输、保质量方面承担了越来越大的责任，因此随着科学技术的逐步发展，越来越多的现代化检查技术应用于铁路货车，特别是铁路货车检修、运用的过程中。

人工检查

未采用现代化检查技术之前，对铁路货车的检查、检测需要人工完成，其过程繁琐、复杂，检测精度低，同时，无法对作业过程实现有效追溯，因此，检修质量的可控性较差。如在铁路货车定检轮对收入时，需要使用第四种检查器对轮对踏面、轮辋及轮缘数据进行手工测量，使用轮对内侧距检查尺对轮对内侧间距进行测量，使用轮径尺对车轮直径进行测量等，采用人工方式对一条轮对的测量数据达 16 个，测量精度仅为 0.1 mm。这些数据在测量过程中，由于受测量仪器精度、人员经验、责任心等影响，测量数据不准确，误差较大。同时作为轮对、轴承检修重要依据的轴承标志板需要人工检查和记录，所有检测数据需要人工填写记录，易发生错误，加上铁路货车定期检修工作普遍采取了流水线作业，人工检查劳动效率低下，无法满足现代化流水线生产需要。又如在铁路货车运用部门，对列车的技术检查作业依靠人钻、眼看、手摸、锤敲、耳听，作业方式落后，检车员工作环境艰苦、劳动强度较大、效率低下，且由于列检检车员均为“单兵”作战，作业过程和作业质量控制较为困难。再如，列检检车员发现滚动轴承存在外观异状时，使用千斤顶将侧架顶起后，人工转动滚动轴承，使用“七字检查法”（听、看、摸、捻、转、诊、鉴）凭经验判断轴承内部故障，由于受到听诊人员经验、现场环境的影响，无法及时准确判断轴承故障，加之顶起侧架需要消耗大量的人力和较长时间，生产效率较低。

基于以上原因，铁路货车在设计、制造、检修、运用部门大量地采用了现代化检查技术，可解决人工检查、检测中普遍存在的精度不高、数据不准、质量追溯性差、数据无法共享等问题。随着铁路形势发展的需要，一大批采用现代化检查技术的铁路货车装备应运而生，为铁路货车设计、制造、检修、运用能力全面释放、安全控制能力进一步提高奠定了坚实的基础。

概括起来，目前铁路货车检修、运用采用的现代化检查技术主要分为现代化检测技术、现代化试验技术、现代化探伤技术和现代化安全控制技术。

一、现代化检测技术

1. 铁路货车检修领域

（1）采用非接触激光测量和 CCD 图像识别技术，使用轮对尺寸自动测量机，实现轮对收入数据的自动测量和轴承标志板刻打数据的自动识别。

（2）采用接触式测量和数据模型自动识别技术，使用转向架组装正位检测台，实现对组装后转向架数据的自动测量和评定；使用枕簧自动检测分检机，实现对转向架摇枕弹簧自由高度的自动测量、分筛和选配。

（3）采用压力传感和数据模型自动识别技术，使用数控弹簧测力机，实现对制动机内部弹簧自由高度和工作载荷高度的自动测量、评判。

（4）采用扭力传感器和数据模型自动识别技术，使用轴端螺栓智能扭力扳机、交叉杆端头螺栓智能扭力扳机，实现对铁路货车滚动轴承轴端螺栓、交叉杆支撑装置端头组装螺栓扭紧力矩的自动检测。

（5）采用压力、扭力传感器和数据模型自动识别技术，使用微控轴承压装机，实现对滚动轴承与轮对的智能压装和压装数据监控；使用微控轮对压装机，实现对车轮与车轴的智能压装和压装数据自动检测、监控。

（6）采用位移传感器和数据模型自动识别技术，使用制动梁自动检测机，实现对铁路货车制动梁几何尺寸及变形的自动检测。

2. 铁路货车运用领域

（1）采用温度传感器和数据模型自动识别技术，使用车辆轴温智能探测系统（THDS），通过对车辆的每个轴承温度实时检测，并将检测信息实时上传到铁路局车辆运行安全监测站，进行实时报警。结合车号智能跟踪装置，实现车次、车号跟踪和热轴铁路货车车号的精确预报，重点探测铁路货车轴承温度，对热轴铁路货车进行跟踪报警，重点防范热切轴事故。

(2)采用图像拍摄、存储和数据模型自动识别技术，使用铁路货车故障轨边图像检测系统(TFDS)，通过利用轨边高速摄像技术，实时在线检测通过货车，采用图像智能识别技术和人机结合的方式判别运行货车隐蔽和常见故障，实现列检作业革命性变革，极大地提高了列检作业质量和效率，释放了劳动生产力，改善了铁路货车运输安全性和可控性。

(3)采用压力传感器、剪力传感器和数据模型自动识别技术，使用铁路货车运行品质轨边动态检测系统(TPDS)，通过对铁路货车的安全指标进行动态检测，重点检测铁路货车脱轨系数、轮重减载率等动力学参数，并检测车轮踏面擦伤、剥离以及货物超载、偏载、偏重等危及行车安全的情况，实现对铁路货车脱轨、车轮踏面擦伤、剥离以及货物超载、偏载、偏重等安全隐患的防范。

(4)采用声学传感器和数据模型自动识别技术，使用铁路货车滚动轴承故障轨边声学诊断系统(TADS)，通过采集列车通过时铁路货车滚动轴承内部发出的声响，实现与标准数学模型库进行比对分析，综合评判滚动轴承内部早期缺陷。

(5)采用温度传感器、图像拍摄及数据远程传输技术，使用货物列车途中车辆故障远程诊断系统(Trouble of Rolling stock Diagnosis System，以下简称 TRDS)，通过便携式温度及图像采集仪、远程诊断指导专家组复示终端、信息跟踪复示终端智能判断运行货车热轴拦停故障，自动提示处置结果，对铁路货车故障特征的图像传输，为专家组提供远程诊断依据，为应急指挥提供决策依据，实现铁路货车途中故障的机务、车务、车辆部门联动检查、处置。

二、现代化试验技术

1. 铁路货车检修领域

(1)采用压力传感器和数据模型自动识别技术，使用微机集中控制单车试验器，通过采集铁路货车制动机试验过程中制动机内部压缩空气压力的变化，与数据模型库进行比对分析，实现对单辆货车制动机性能的试验和数据检测。

(2)采用压力传感器和数据模型自动识别技术，使用 120 阀试验台、空重车自动调整装置试验台，通过采集制动阀试验过程中内部压缩空气压力的变化，与数据模型库进行比对分析，实现对单个制动阀性能的试验和数据检测。

(3)采用非接触激光测量、压力传感和数据模型自动识别技术，使用闸调器试验台，通过采集闸调器试验过程中几何尺寸变化、施加拉力变化情况与数据模型库进行比对分析，实现对闸调器性能的试验和数据检测。

(4)采用压力传感和压力限制技术，使用微控制动软管风水压试验台，通过采集制动软管试验过程中压力变化情况并进行压力限制和精密控制，实现对制动软管性能的试验。

(5)采用压力传感技术，使用罐车呼吸阀试验台，通过采集呼吸阀试验过程中压力变化情况，实现对罐车呼吸阀性能的试验和数据采集。

(6)采用温度传感器和数据模型自动识别技术，使用轴承磨合机，通过采集滚动轴承在压装后模拟运行时产生的运转温度与环境温度比对，实现对滚动轴承的磨合试验结果的自动评判。

2. 铁路货车运用领域

采用压力传感、限制和无线数据传输、数据模型自动识别技术，使用列车制动机试验监测装置，在列车制动机性能试验时，通过采集列车主管尾部压力变化数据，辅以自动控制，实现对列车制动机性能试验结果的综合评判。

三、现代化探伤技术

1. 采用磁粉探伤检查零部件表面缺陷的技术，使用轮对荧光磁粉探伤机、交叉杆磁粉探伤机、钩尾框磁粉探伤机等设备，实现对轮对轴身、交叉杆、钩尾框、钩舌、制动梁端轴等铁路货车重要零部件表面缺陷的无损检测。

2. 采用超声波探伤检查零部件表面及内部缺陷的技术，使用多通道超声波探伤仪，实现对铁路货车车轴表面及内部裂纹、夹渣等缺陷的无损检测。

3. 采用超声波探伤检查零部件表面及内部缺陷的技术、压力传感技术和数据模型自动识别技术，使用微机控制轮对超声波探伤机，实现对铁路货车车轴表面及内部缺陷的无损检测和结果的自动评判。

四、现代化安全控制技术

1. 铁路货车检修领域

采用气体传感器和浓度自动识别技术，使用罐车明火试验装置，通过采集罐车罐体内部有害气体的浓度，与数学模型进行比对，实现对罐车罐体内有害气体的是否符合作业条件的监控。

2. 铁路货车运用领域

采用激光限位、图像采集、人像模糊识别技术，使用列检人身安全防护系统，通过激光射线布防、LED警示线、视频切换等多维联动预警方式，实现对检车员作业安全的有效控制。

铁路货车现代化检查技术应用在设计、制造、检修、运用等各个生产环节，涉及的领域和技术十分广泛，作为面向铁路货车检修、运用领域一线干部、职工的科普类书籍，本书重点介绍了铁路货车在检修、运用方面所采用的现代化检查技术。

第二章　铁路货车检修领域采用的现代化检查技术

第一节　无损检测技术

一、无损检测技术简介

（一）无损检测技术的由来与定义

一千多年前，我们的祖先就会运用渗漏现象和敲击的办法来判断陶器和瓷器的质量状况，可以说这是世界上最早的“无损检测”技术在工业上的典型运用；在日常生活中，人们手拍西瓜，判断其生熟情况，也是利用了无损检测技术；在早期的铁路货车运用部门，检车师傅观察轮轴中轮座内、外侧是否存在透油透锈现象，从而判断轮座镶入部车轴是否存在疲劳裂纹，同样是无损检测技术的成功运用。那么，什么是无损检测技术呢？

无损检测技术是指在不损伤和破坏材料、工件结构的情况下，对它们的物理性质、机械性能以及内部结构等进行检测的一种方法，是探测其内部或表面缺陷的现代检验技术。

（二）无损检测的方法

国内外无损检测的方法有很多种，但常规的无损检测方法仅有五种。非常规的无损检测方法有：声发射检测（AE）、泄漏检测（LT）、应变检测（ST）、红外热成像检测（TT）、目视检测（简称 VT）等。下面重点介绍常规的无损检测方法。

1. 常规的无损检测方法

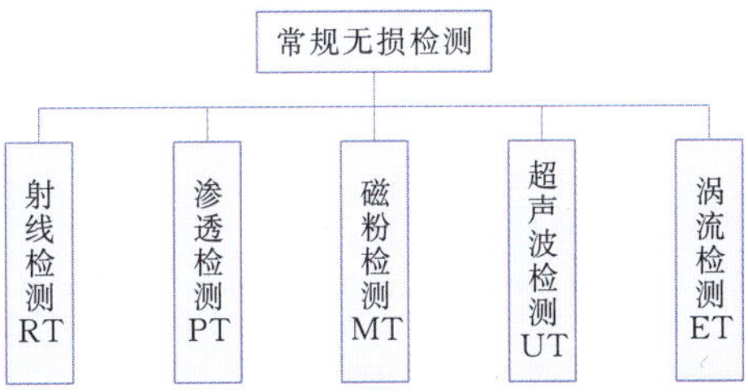

2. 各种常规无损检测方法的应用范围及其优缺点（见表 2-1）

表 2-1　常规无损检测方法的应用范围及其优缺点

检测方法	对试件的要求	检测出的缺陷	判伤方法	主要优缺点
射线检测 RT	适用于任何材料，但厚度不能太大	近表面及内部缺陷	从照相底片看出缺陷的分布情况、大小和种类	优点：能保存永久的缺陷记录，定性、定量比较容易。 缺点：费用高、设备笨重、射线对人体有害
超声波检测 UT	适用于任何材料	任何部位的缺陷	根据信号的指示，可判定有无缺陷及其位置与大小，但不能确定缺陷的种类	优点：适用范围广，对人体无害。 缺点：试件表面要求高，不能判定缺陷的性质

续表

检测方法	对试件的要求	检测出的缺陷	判伤方法	主要优缺点
磁粉检测 MT	限于铁磁性材料	表面及近表面微小缺陷	直接观察缺陷形状，但不能确定其深度	优点：设备简单，操作方便，缺陷显示直观、迅速。 缺点：不能检验非铁磁性材料和内部缺陷
渗透检测 PT	除表面多孔性以外的任何材料	表面开口缺陷	直接看出裂纹分布情况，不能确定缺陷深度	优点：不要专门设备，操作简单，缺陷显示直观。 缺点：速度慢、渗透探伤材料为易燃、低毒品
涡流检测 ET	限于金属材料	表面及近表面细小裂纹	可判断缺陷的大小，不能确定其性质和深度	优点：设备简单小巧，便于携带。 缺点：测量速度慢

（三）铁路货车检修系统开展的无损检测工作

1. 铁路货车检修系统无损检测发展史

解放初期，铁道部就开展了无损检测工作，磁粉探伤设备仅用马蹄形磁轭探伤器，人员少、技术差。当时使用的方法只有干法磁粉探伤，探伤用的磁粉颗粒较大，适用于粗糙表面工件的质量检查或检查比较大的表面缺陷。随着铁路运输的飞速发展，对铁路货车配件的性能要求越来越高，例如车轴轴颈的表面粗糙度很高，干法磁粉探伤不能满足要求。后来发展了湿法磁粉探伤，湿法探伤用的磁粉很细，能有效地探出轴颈表面的细小磨削裂纹。超声波探伤设备是引进瑞士制造的穿透式超声波探伤仪，这种探伤方法设备简单，但使用的范围不广，很快被脉冲反射式模拟化探伤仪所替代。1997 年数字化多通道探伤仪在铁路货车检修系统得到广泛应用。2006 年则开始推广渗透探伤技术。

2. 铁路货车检修系统开展的无损检测方法

目前，铁路货车检修系统已使用磁粉、超声波、渗透三种无损检测方法。

（1）磁粉探伤的目的

磁粉探伤用于探测铁路货车大部件外露表面或近表面的缺陷，目前铁路货车大部件全部采用具有复合磁化功能的磁粉探伤法。

知识点：有哪些部件需要磁粉探伤？

主要有下列铁路货车部件需要磁粉探伤：铁路货车车轴、轴承外圈、钩舌、钩体、钩尾框、16 型车钩转动套、牵引杆、钩舌销、钩尾销、钩尾销螺栓、钩尾销插托、摇枕、侧架、摇动座、交叉杆、制动梁等零部件。

(2)超声波探伤的目的及探伤范围

超声波探伤的目的:主要用于探测车轴内部的缺陷、轮座镶入部的缺陷和不退卸轴承轮轴的轴颈根部或卸荷槽部位的缺陷,也可用于对车轴表面缺陷的探测,目前铁路货车轮轴超声波探伤采用的设备是手工多通道超声波探伤仪和微机控制自动化探伤机。

超声波探伤范围:对于超过轮对组装质量保证期的轮轴、轮对,每次施行段修及厂修时,都要对车轴施行全轴超声波穿透探伤检查、对轮座镶入部施行超声波探伤检查;段修时如不退卸轴承,还要对车轴轴颈根部或卸荷槽部位施行超声波探伤检查。

(3)渗透探伤的目的及探伤范围

渗透探伤主要用于探测罐车卡带与卡带连接杆焊缝,采用溶剂去除型着色渗透剂——快干式显像法。

二、超声波探伤

(一) 超声波探伤的原理

超声探伤原理是利用超声波的许多特性(如反射和绕射等),在被检材料或工件中发生的传播变化,通过观察超声波探伤仪荧光屏上的超声波信号,来判定被检工件的内部和表面是否存在缺陷及其缺陷位置。超声波探伤原理示意图如图 2-1 所示。

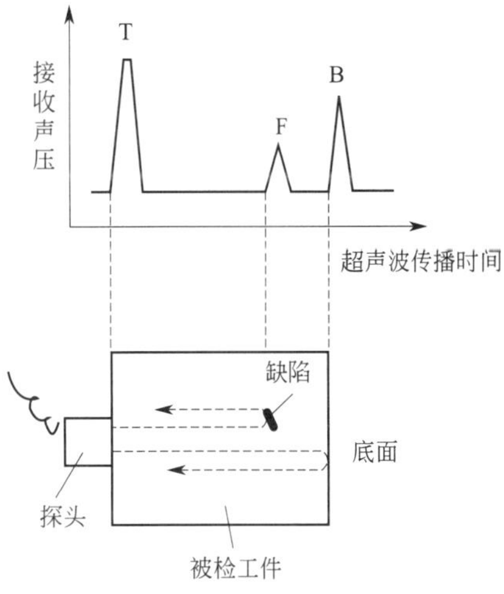

图 2-1　超声波探伤原理示意图

知识点:什么叫超声波?

人耳听不到的,振动频率高于 20 000 Hz 的弹性振动,称为超声波。

(二) 超声波探伤的分类

超声波探伤的方法有很多种,较常用的有以下几种。

1. 按原理分:脉冲反射法、穿透法。
2. 按显示方式分:A 型显示、B 型显示、C 型显示。
3. 按振动形式分:纵波法、横波法、表面波法。
4. 按接触方式分:直接接触法、液浸法。
5. 铁路货车检修系统使用的探伤方法:

对轮座镶入部施行超声波探伤检查,全轴超声波穿透探伤检查,对车轴轴颈根部或卸荷槽部位施行超声波探伤检查,可以说用的都是脉冲反射法;用直探头(即 0°探头)在轴端面对车轴进行穿透探伤检查,在轮轴微机控制超声波自动化探伤机轴身组合探头中,也用 0°探头检测车轴透声性能,应用的都是纵波法;对轮座镶入部施行超声波探伤检查应用的横波法。

以前,铁路货车检修单位使用的轮轴微机控制超声波自动化探伤机、多通道超声波探伤仪基本上使用的是 A 型显示方法,目前,正逐步开发使用带 B 型显示、C 型显示的超声波探伤设备。

知识点：什么叫B型显示？

B型显示呈现的是声束方向工件断面上深度不同和横向大小不同的缺陷分布图像，通过该图像可以看出各缺陷的深度和垂直于声束方向的缺陷横向大小，在没有缺陷的部位则没有图像显示。B型显示波形如图2-2所示。

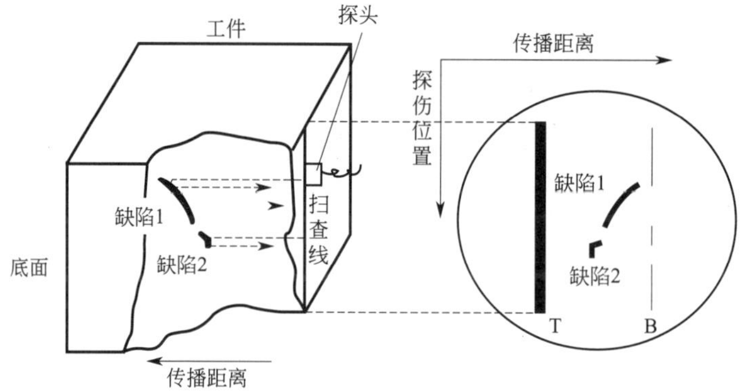

图2-2　B型显示波形图

知识点：什么是C型显示？

C型显示呈现的是声束方向的缺陷俯视平面形状图，可以直观显示缺陷的形状、大小，但是没有反映出缺陷的深度，有的仪器利用彩色显示屏用不同颜色表示出一定的深度范围，便可以得知缺陷的近似深度。C型显示波形图如图2-3所示。

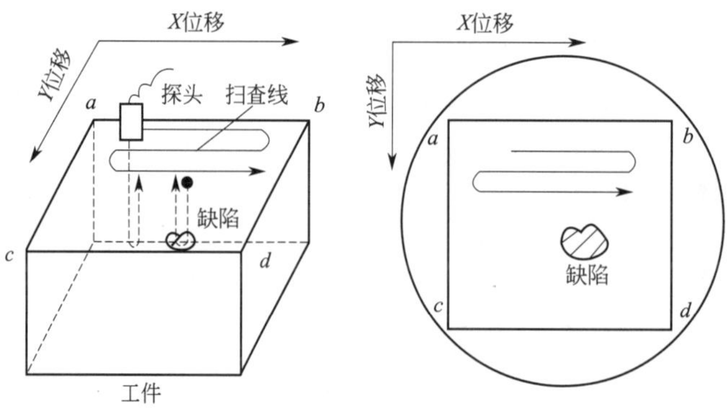

图2-3　C型显示波形图

（三）铁路货车检修系统使用的超声波探伤技术

铁路货车检修系统使用的超声波探伤技术主要应用在手工超声波探伤仪和轮轴微机控制超声波自动化探伤机上。

1. 轮轴微机控制超声波自动化探伤机

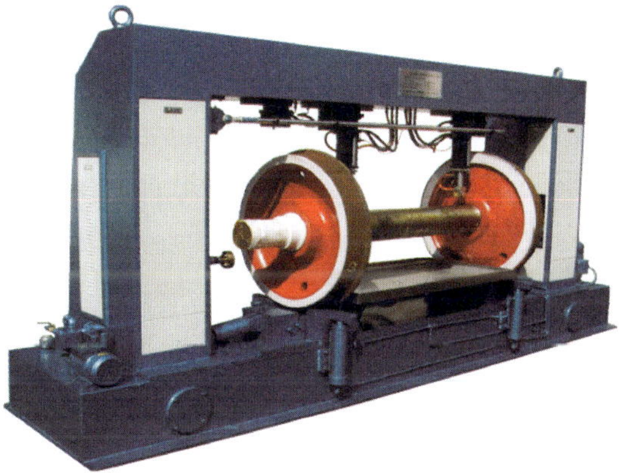

（1）结构特点

该设备由机架、转轮机构、轴身和轴端探测机构、液压系统、耦合系统、机械动作控制系统、超声波发射接收处理系统、计算机控制系统等部分组成。它适用于铁路货车轮对（RE_{2A}、RE_{2B}、RE_2、RD_2）轮座镶入部、轴颈卸荷槽处裂纹探测及全轴穿透检查，该机型具有自检功能、缺陷识别功能和自动报警功能，能显示、存储和打印探伤结果。

（2）操作步骤

工作前应检查机器各部位油缸活塞杆是否呈收缩状态，探头定位有无异常，探头与探头线连接是否良好，更换或添加的耦合液是否按皂化油与水 1∶6 配制。对新安装探头，使用时间达到 2 周或探测数量达到 1 000 条轮对的探头应进行检测，不合格的报废；探头在测试或使用过程中如果出现双峰或多峰现象，应更换探头。

知识点：

1. 什么是耦合液？

施加于探头与探测面之间以改善超声能量传递的介质，如甘油、水等称为耦合液。

2. 在自动化探伤机作业过程中，对耦合液的使用有什么具体要求？

如果耦合液的液体界面下降到一定程度，其损失量影响到耦合效果时，应按规定比例适量补充耦合液，耦合液的更换与补充均应记录在超声波探伤仪器日常性能校验记录的备注栏中。每月至少全部更新一次耦合液，并清洗存液箱。

3. 什么是探头的双峰或多峰现象？

平行移动探头，同一反射体产生两个或多个波峰的现象称为探头的双峰或多峰。探头主声束产生双峰或多峰现象会影响缺陷的定位和判断。

每天上、下午开工前，由探伤工、探伤工长、质检员、验收员共同检查设备的技术状况，校验系统的探伤灵敏度；将控制面板上的自动/手动选择按钮打至自动位，在样板轮对两轴端涂抹轴承脂后，将其推上探伤机转轮器上；样板轮探到裂纹后，轮对图形将在对应裂纹方位做出标记，探测过程中或探测完毕皆可点击红色标伤部位，查看伤波裂纹图形；样板轮对转动一圈，该轮上六个裂纹（两个卸荷槽、轮座内外侧及左右穿透）在无漏报的情况下才会存盘；检测完毕后，打印“轮轴微机控制超声波自动探伤机日常校验记录”及波形图，参加校验人员共同签章。

探伤轮对时，应核对轴号与“车统—51C(A)”，轮对轴端标记与卡片记录应保持一致；轮对除锈质量及车轴端面不应有凸台、毛刺；探头移动区域锈垢、凸台陡坎及飞边毛刺须打磨平整；将待检轮对推上探伤机转轮器，端面涂刷Ⅳ型轴承脂；将轮对送入探伤机，每条轮对探完后，在车轮的轮辋内侧面粘贴标记。故障轮对复查：探伤过程中发现的车轴裂纹或缺陷，为减少误判，故障轮对用多通道超探仪进行人工复探。

探伤完毕后，应用抹布擦干净车轴探伤表面耦合剂；每条轮轴、轮对探伤结束后，探伤人员应详细填写或打印探伤记录并盖章；应将探伤数据准确录入 HMIS 信息系统；完工后应擦拭探伤设备及各类量具，做好日常保养，做到场清物洁；微机超探人员每天必须填写的探伤记录，见表 2-2。

表 2-2　探伤记录表

序号	编号	记 录 名 称	保存期
1	辆货统—427	轮轴微机控制超声波自动探伤机日常性能校验记录	3 年
2	辆货统—430	轮轴微机控制超声波自动探伤机季度性能检查记录	3 年
3	车统—51C	轮轴卡片(段修)	3 年
4	车统—51A	轮轴卡片(厂修)	7 年
5	车统—52A	铁路货车轮轴(轮对、车轴、车轮)超声波(磁粉)探伤发现缺陷记录簿	段修 3 年、厂修 6 年
6	车统—53A	“铁路货车轮轴(轮对、车轴、车轮)超声波(磁粉)探伤记录”探伤记录簿	段修 3 年、厂修 6 年

(3)质量控制点

操作人员应持有技术资格证、轮轴工上岗证、微控超探机培训合格证；开工前应检查各部工作是否正常，探头及探头线是否磨耗过限或折断，不良时应及时更换；应检查油泵工作油和耦合液是否泄漏或缺少，缺少时应及时补充；应检查各滑动部位是否缺油，各连接件及紧固件是否松动；开通总电源，先应试运转，确认主油泵电机和耦合泵电机旋转方向正确，确认工作油压表指示为 4～4.5 MPa，耦合液压力应在 0.25～1 MPa；试验各部探头油缸动作是否正确，检查有无漏油现象；每天校验用的样板轮轴应有专用场地存放，不得露天存放，轴中央的人工伤每半月应用塞尺清除一次尘污，确保探伤灵敏度无误；应经常检查和添加工作油和耦合液，半年更换一次工作油，每月更换一次耦合液；“轮轴微机控制超声波自动探伤机日常校验记录”内容填写应完整，并且应有探伤工、工长、检查员及验收员确认后的签章；“轮轴微机控制超声波自动探伤机季度校验记录”内容填写应完整，并且应有主管领导、探伤工、工长和检查员、验收员、轮轴专职、设备专职、设备维修工确认后的签章；探伤机大、中、小修记录内容应齐全，不应超过规定检修时间；探伤前，车轴端面应打磨平整，车轴轴身除锈质量应达到露出基本金属表面；每一条轮对探伤结束后，操作人员应粘贴探伤标记；“车统—51C”、“车统—52A”、“车统—53A”填写应完整规范；各项检修项目应录入 HMIS 系统，数据录入应保持准确无误。

(4)检测结果判断

缺陷的判定及处理：探伤机系统对被检车轴回波信息进行自动采集、分析、评价、处理之后，输出探测结果。探伤人员应按照相关规定对车轴进行手工复探检查。

2. 手工超声波探伤仪

手工超声波探伤仪分为模拟化探伤仪和数字化多通道探伤仪。早期的模拟化探伤仪型号有CTS-6型、CTS-8C型、CTS-11型、CTS-22型、CTS-23型、CTS-26型等，其特点是：只有一个通道，荧光屏上缺陷的位置、深度、声程不能直观显示，波形也不能存储等。

随着数字化信息技术的不断应用，数字化多通道超声波探伤仪也相继诞生。其特点是：采样频率高，能快速捕获回波信号；内置铁路货车轮轴工艺规程，智能化的季度、日常校验功能，中文菜单提示；具有多个通道，可自由切换；提供了探头标定功能，能生成轮轴探伤工艺规程中的各种报表；存储量大，能存缺陷记录和探伤管理报告，并可打印探伤报告和管理报表；具有峰值记忆、波形冻结等功能，智能寻找闸门内最高波；高速USB接口，可与计算机通信，进行数据的传输和保存。

下面以某型多通道超声探伤仪为例，具体介绍如下。

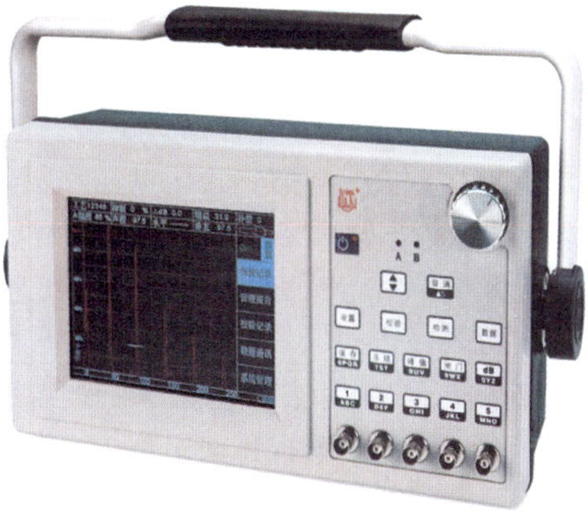

(1)结构特点

该型超声探伤仪主要有：CPU、程序存储器、数据存储器、人机对话(键盘)、发射电路、接收电路、数字/模拟转换器(A/D)、显示器件、接口电路、电源。

(2)操作步骤

开工前检查探头、探头线、电器连接线应无偏磨、破损、折断，计量器具计量标识不过期；探伤仪应有小修和大修的检修时间，定检过期的仪器不得用于探伤(探伤仪的小修、大修周期分别为1年和4年，设备使用寿命为8年。)；对新安装探头、使用时间达到2周或探测数量达到1 000条轮对的探头应进行检测，不合格的报废；探头在测试或使用过程中如果出现双峰或多峰现象，应更换探头。

每天上、下午应进行日常校验，由探伤工、探伤工长、质检员、验收员共同检查设备的技术状况，校验系统的探伤灵敏度；左上角为校验的日期和时间，按所设定的打印机类型打印输出“多通道超探仪日常性能校验记录”(辆货统—430)，参加校验人员共同签章；在施行段修及以上修程时，探伤人员应了解手工超声波探伤轮对、轮轴的范围。

知识点：

手工超声波探伤轮对、轮轴的范围有哪些？

1. 在检修流水线上，轮轴不退卸轴承时，对车轴施行全轴超声波穿透探伤检查、车轴轴颈根部或卸荷槽部位施行超声波探伤检查，第二次手工超声波探伤与第一次超声波探伤不得由同一探伤人员完成。

2. 新制车轴组装前对车轴施行全轴穿透探伤检查；轮对组装后对轮座镶入部施行超声波探伤检查。

3. 对微机控制超声波自动化探伤机发现的故障轮对、轮轴进行复查。

探伤前，应核对轴号与“车统—51C(A)”，轮对轴端标记与卡片记录应保持一致；应检查轮对除锈质量，车轴端面不应有凸台、毛刺。探头移动区域锈垢、凸台陡坎及飞边毛刺须打磨平整。应正确选用耦合剂，用直探头作穿透检查或用小角度探头作卸荷槽检查时，对退轴承的滚动轴承轮对用机油；不退轴承滚动轴承轮轴使用Ⅳ型轴承脂，对于轮座镶入部的探伤检查用机油。

多通道探伤仪在铁路货车检修探伤中主要应用于全轴穿透、轮轴镶入部、轴颈根部或卸荷槽部位的裂纹检查，其中轴颈根部或卸荷槽的裂纹检查最为复杂，下面以此为例，对多通道探伤作业过程做一介绍。

各型轮对不退轴承小角度超声波探伤均在轴端面进行探测，探测时轮对应停止转动，确定探伤灵敏度后，在实际探测轮轴时，只允许调节增益或衰减量，其他按键及参数均不得调整。扫查时，探头指向中心孔，探头均匀受力，在中心孔与轴端螺栓孔之间的环形区域内作往复移动，发现缺陷后，应恢复到规定的探伤灵敏度对缺陷进行测定。用轴颈卸荷槽专用探头时，将探头沿圆周方向旋转，应保证探头旋转一周，在车轴小角度纵波探伤发现裂纹波后需重新对探伤灵敏度进行复查。只有在规定的探伤灵敏度的基础上，所发现的裂纹高度达到或超过荧光屏满幅的80%，才能判定该条轮对存在裂纹缺陷。轴颈根部或卸荷槽部位发现裂纹的最后确定应以退卸轴承后，使用磁粉探伤方法判定的结果为准。判定为缺陷的车轴需用白铅油在轮对上作出明显标记送厂。

探伤完毕后，应用抹布擦干净车轴探伤表面耦合剂；每条轮轴、轮对探伤结束后，探伤人员应详细填写或打印下列探伤记录并盖章，探伤记录见表2-3。

表2-3　探伤记录

顺号	编　　号	记 录 名 称	保存期
1	辆货统—425	超声波探伤仪日常性能校验记录(模拟式探伤仪)	3年
2	辆货统—426	多通道超探仪日常性能校验记录(数字式探伤仪)	3年
3	辆货统—429A	超声波探伤仪季度性能检查记录(模拟式探伤仪)	3年
4	辆货统—429B	多通道超声波探伤仪季度性能检查记录(数字式探伤仪)	3年
5	车统—51C	轮轴卡片(段修)	3年
6	车统—51A	轮轴卡片(厂修)	3年
7	车统—52A	铁路货车轮轴(轮对、车轴、车轮)超声波(磁粉)探伤发现缺陷记录簿	段修3年、厂修6年
8	车统—53A	“铁路货车轮轴(轮对、车轴、车轮)超声波(磁粉)探伤记录”探伤记录簿	段修3年、厂修6年

(3)质量控制点

操作人员应持有技术资格证、轮轴上岗证；标准试块、半轴试块表面应洁净，不应有碰伤、锈痕等不洁物；使用的仪器及探头应从铁道部评审通过的厂家中选择；探伤机小修、大修记录内容应齐全，不应超过规定检修时间；新购或使用超过2周或1 000条轮对的探头应有检测报告；应正确选择与仪器匹配的探头型号、工作频率及探头角度；“探伤仪的日常性能校验记录”内容填写应完整，并且应有探伤工、工长、检查员及验收员确认后的签章；“探伤仪的季度性能校验记录”内容填写应完整，并且应有主管领导、探伤工、工长和检查员、验收员、轮轴专职、设备专职、设备维修工确认后的签章；探伤前，车轴轴身除锈质量应达到露出基本金属表面；超声波穿透探伤应在车轴两端面进行检查；操作人员探头的移动范围及速度应按规定执行；每一条轮对探伤结束后，操作人员应粘贴探伤标记。认真填写“车统—51C”、“车统—52A”、“车统—53A”，各项检修项目应录入HMIS系统，数据录入应保持准确无误。

(4)检测结果判断

知识点：什么叫裂纹？

裂纹：在工艺和使用过程中，使金属或非金属组织受到连续性破坏而形成的缺陷。磁粉探伤时，其磁痕特征一般为线性锯齿形，两端呈尖角状，磁粉聚集的图像不规则，但清晰、密集。

① 裂纹波

特点：其反射波很干净，波峰尖锐、猛烈，根部前沿比较干净，后沿有时存在微少杂波。因裂纹有一定深度，当探头往复移动时，反射波在扫描线上左右移动，而且波峰逐渐由高变低，再由低变高。当探头作周向平稳运动时，裂纹反射波仅有波幅的逐渐变化，而无左右移动。波形特征如图 2-4 所示。

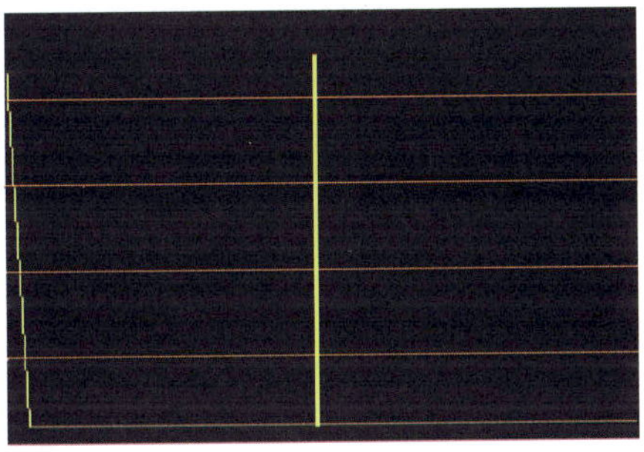

图 2-4　裂纹波形图

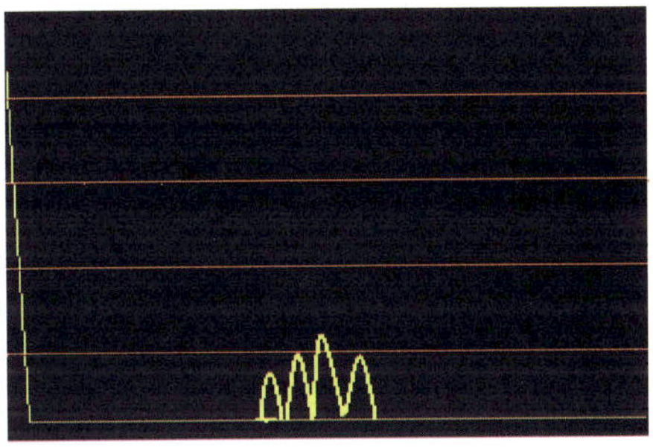

图 2-5　透油、透锈反射波形

② 透油、透锈反射波

特点：这种波前后不规则，比裂纹波宽，且有很多杂波伴随，不尖锐，波幅不高。波形特征如图 2-5 所示。

③刀痕(挤压痕)反射波

特点：单个波近似裂纹波，但位移小，在圆周方向一周存在。多根刀痕存在时，移动探头有严重的此起彼伏现象，静态特征时波幅较高，而且反射波前后有数条较小的反射波。波形特征如图 2-6 所示。

④腐蚀沟反射波

特点：分布在出现裂纹的区域内，有时与裂纹重合，反射波根部宽大，短而粗。当移动探头时，腐蚀沟波有游动现象，但距离比裂纹波小得多。波形特征如图 2-7 所示。

⑤形状反射波

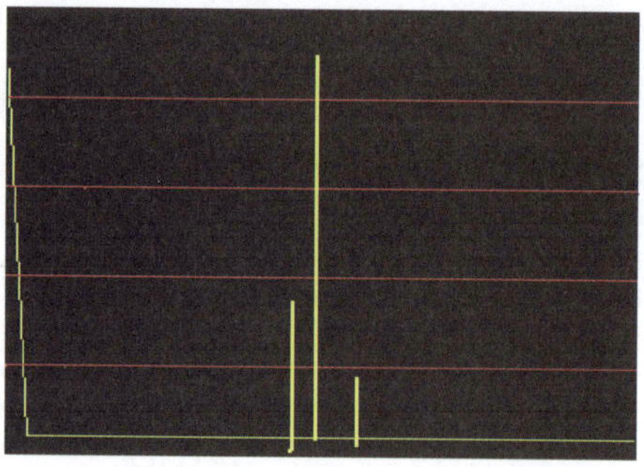

图 2-6　刀痕(挤压痕)反射波形

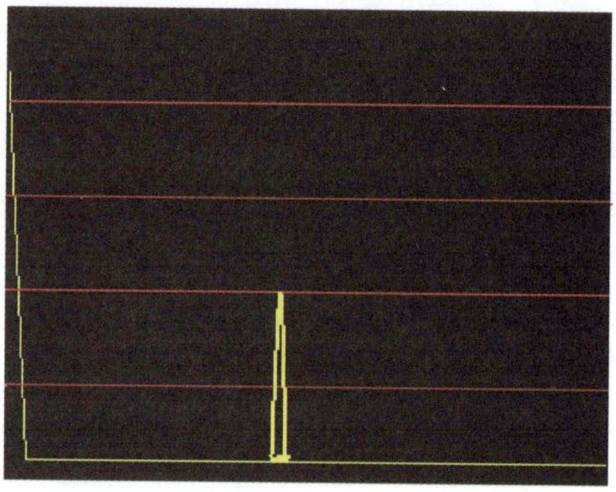

图 2-7　腐蚀沟反射波形图

特点：由于轮座后肩存在 R75 的圆弧，声波在车轴端部斜入射至车轴侧面表面时，由于声束与侧面法线构成某一角度，发生波形转换，从而产生了形状反射波。以每格代表240 mm计算，不论直探头在端面如何移动，该波形固定存在于 2.6 格左右。波形特征如图 2-8 所示。

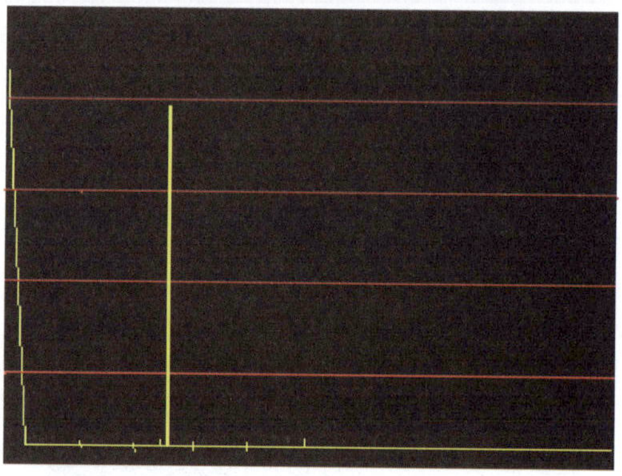

图 2-8　形状反射波形图

⑥疏松、偏析和晶粒粗大

特点：车轴中 3 级以下的疏松与偏析对超声波多次反射影响不大，只有严重的疏松偏析才会造成超声波的大量吸收和反射，使反射次数减少。车轴中往往由于截面较大，或加热时炉温过高、保温时间过长等造成晶粒粗大。若仍用较高频率(2.5 MC、5 MC 或更高)探伤，会发现反射波很少(1～2 根)。正常灵敏度下无缺陷波，如图 2-9(a)所示。提高灵敏度时会出现草状回波或林状回波如图 2-9(b)所示。晶粒粗大提高灵敏度时，出现的缺陷波有一种虚幻感，移动探头时，缺陷波变化特快，缺陷波分布在始波与底波之间。判定晶粒是否粗大重要的标志是改用低频率探伤时多次反射会恢复，并且不出现缺陷波。

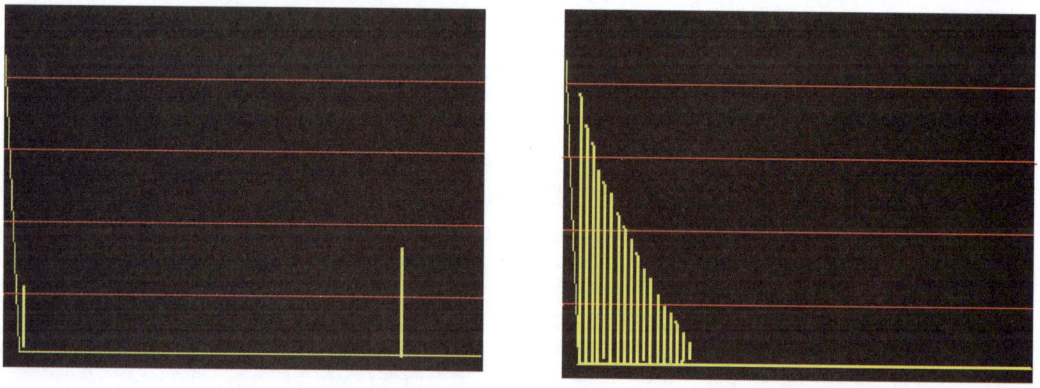

(a)疏松偏析波形图　　(b)草状回波或林状回波波形图

图 2-9　疏松偏析波形图及草状回波或林状回波波形图

⑦白点

特点：白点是存在于车轴内部的裂纹群。它在纵向断口上表现为表面粗糙的椭圆形的白色斑点。这种缺陷对超声波的吸收与漫反射都很厉害，对底波与多次反射影响很大。当白点裂纹较大时可使底波消失，这时只有杂乱分布的缺陷波。

车轴中呈放射型分布的白点纵波圆周探伤时，对底波反射次数的影响有时也不一定明显，这是值得特别注意的一点。其金相分析及波形特征如图 2-10 所示。

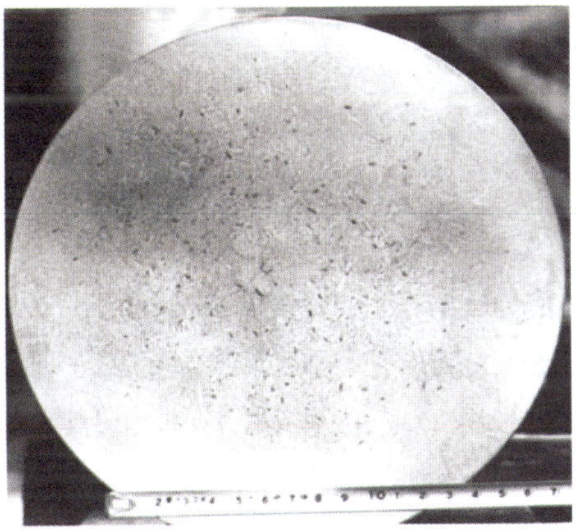

(a)白点金相分析图

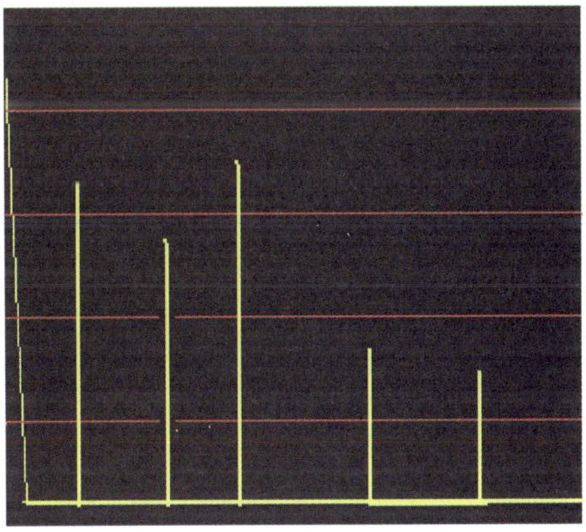

(b)白点反射波形图

图 2-10　白点金相分析及波形特征图

⑧分散性夹杂物

特点：分散性夹杂物也能造成对底波的吸收或形成丛林状缺陷波，但与白点比较，对底波的多次反射影响较小。在正常灵敏度下，夹杂物缺陷反射脉冲幅度虽高，但对底波及底波反射次数影响不大。其金相分析及波形特征如图 2-11 所示。

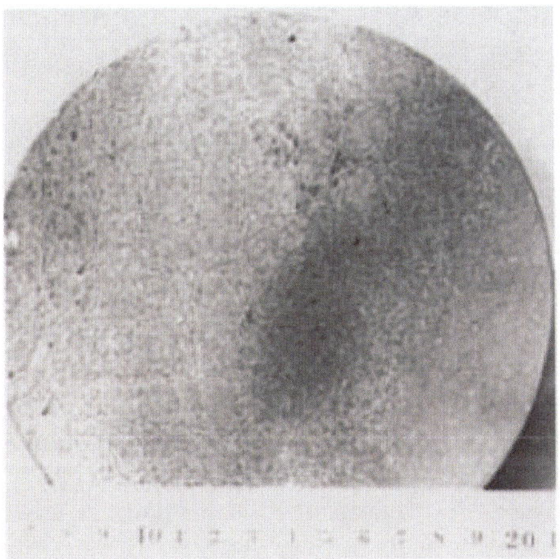

(a)分散性夹杂物金相分析图

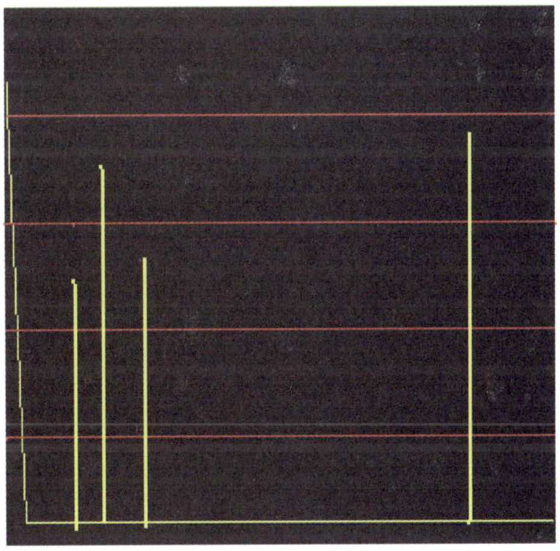

(b)分散性夹杂物波形图

图 2-11　分散性夹杂物波形特征图

⑨内裂纹

特点：内裂纹是未暴露表面的内部断裂，它带有极大的危险性。这种缺陷多是锻造或热处理不当所致。内裂纹不管是纵向的或者是横向的，对超声波多次反射有很大影响。就轴中存在的纵向内裂纹而言，当超声波顺裂纹方向入射时，底波即使出现，由于声波被裂纹边缘侧面吸收和漫反射，反射次数也很少。当超声波垂直于内裂纹方向入射时，往往无底波，只有裂纹多次反射，其金相分析图与波形特征如图 2-12 所示。

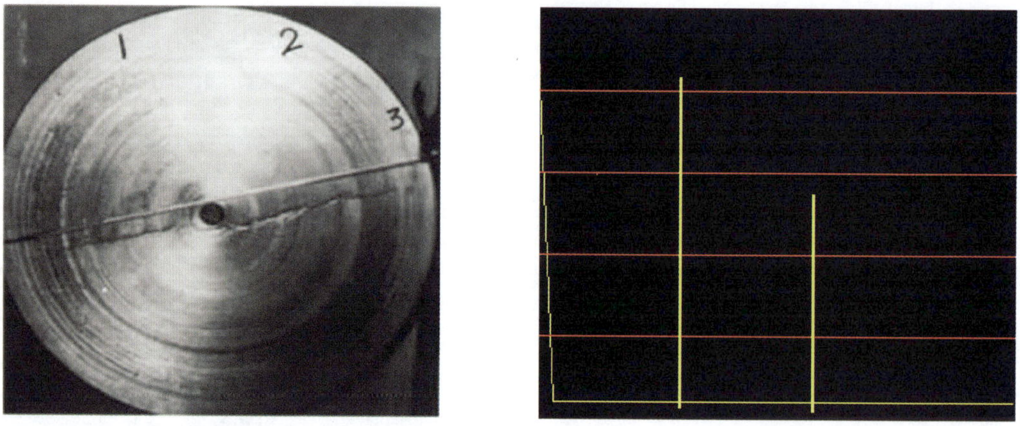

(a)内裂纹金相分析图　　(b)内裂纹波形图

图 2-12　内裂纹金相分析及波形图

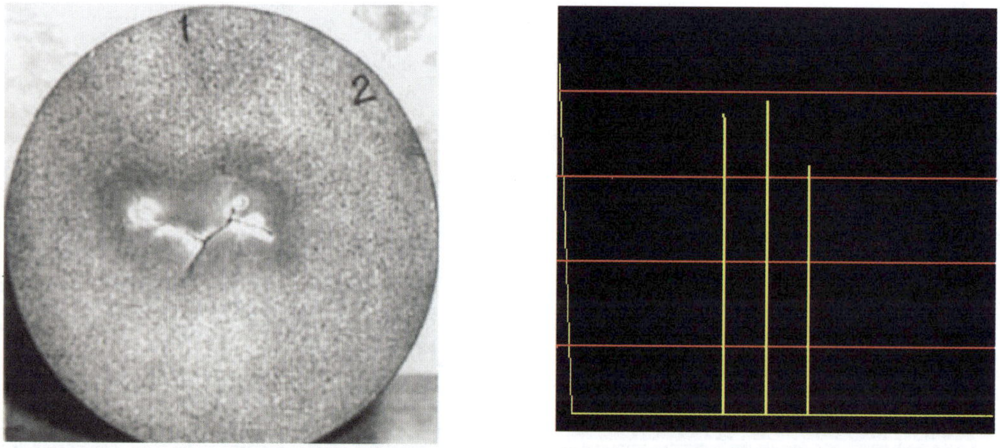

(a)残余缩孔金相分析图　　(b)残余缩孔反射波形图

图 2-13　残余缩孔金相分析及反射波形图

⑩ 残余缩孔

特点：车轴中的残余缩孔多是由于冒口切除不足而残留下，因经锻打多呈心部裂纹状，其金相分析图如图 2-13(a)所示，这种缺陷对底波反射次数影响极为严重，同时有脉冲宽大的缺陷波。因缺陷多呈裂纹状，所以在周围各处探伤时，对多次反射影响不完全相同，还要注意，残余缩孔的级别越小，对多次反射的影响也越小。其波形特征如图 2-13(b)所示。

知识点：

在探伤过程中，很多探伤人员不知道怎样区别裂纹与单根的刀痕波，在此，根据实际探伤

经验介绍以下知识，供读者参考。

从产生的根源分析：刀痕是由加工不当所引起的，而且在车轴圆周方向一周存在，深度基本一致；而裂纹是由于车轴疲劳所致，在车轴圆周长短不一，深度也不尽相同。

从动态包络图形分析：刀痕波出现后，波幅不变，一周基本不消失，裂纹波幅有起伏变化，有可能一周间断出现。裂纹波动态包络曲线图如图 2-14 所示。

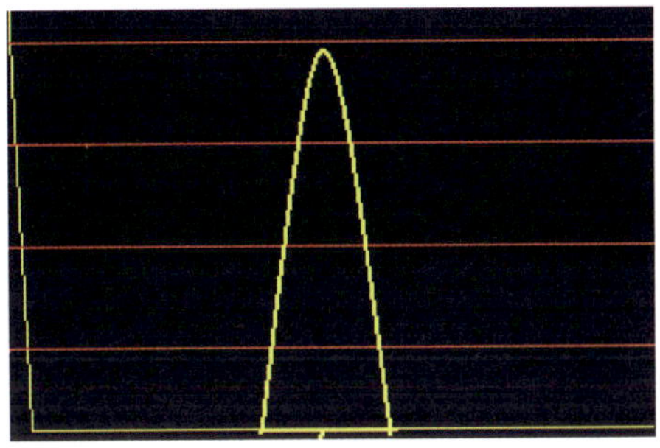

图 2-14　裂纹波动态包络曲线图

三、磁粉探伤

(一)磁粉探伤的原理

磁粉探伤的原理是：铁磁性材料被磁化后，在表面和近表面的缺陷处磁力线发生变形，逸出工件表面形成磁极并形成可检测的漏磁场。此时，在工件表面上撒上磁粉或浇上磁悬液，磁粉粒子便会吸附在缺陷区域，显示出缺陷的位置、形状和大小。缺陷漏磁场的产生如图 2-15 所示，轮座自然裂纹如图 2-16 所示。

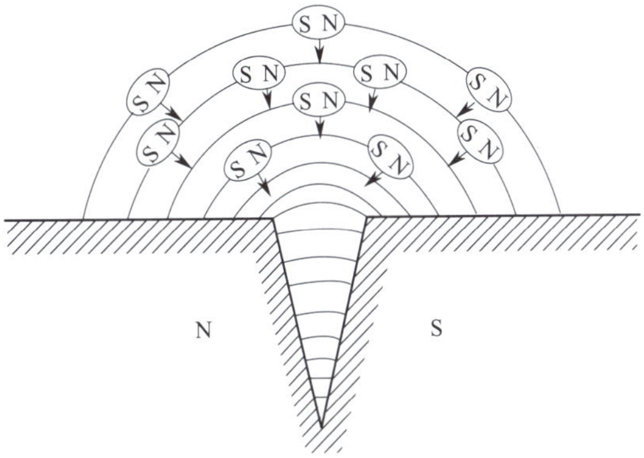

图 2-15　缺陷漏磁场的产生

图 2-16　轮座自然裂纹图

(二)磁化方法的分类

根据工件的几何形状、尺寸大小和欲发现缺陷的方向而在工件上建立的磁场方向，一般将磁化方法分为周向磁化、纵向磁化和复合磁化。

1. 周向磁化——是指给工件直接通电，或者使电流流过贯穿空心工作孔中的导体，指在工件建立一个环绕工件的并与工件轴垂直的周向闭合磁场，用于发现与工件轴平行的纵向缺陷。包括通电法、穿棒法等，铁路货车轴承外圈探伤应用的方法就是穿棒法。

2. 纵向磁化——是指将电流通过环绕工件的线圈，沿工件纵长方向磁化的方法，使工件的磁力线平行于线圈的中心轴线，用于发现与工件轴向垂直的周向缺陷(横向缺陷)。利用电磁轭和永久磁铁磁化，使磁力线平行于工件纵轴的磁化方法亦属于纵向磁化。包括线圈法、磁轭法等，铁路货车部门吊具探伤及临时性复探使用的马蹄形探伤器应用的就是磁轭法。

3. 复合磁化——是指通过复合磁化，在工件中产生一个大小和方向随时间成圆形、椭圆形或螺旋形变化的磁场。因为磁场的方向在工件上不断地变化着，所以可发现工件上所有方向的缺陷。铁路货车大部件磁粉探伤应用的方法都是复合磁化。

知识点：

1. 通电法

通电法是将工件夹于探伤机的两磁化夹头之间，使电流从被检工件上直接流过，在工件的表面和内部产生一个闭合的周向磁场，用于检查与磁场方向垂直、与电流方向平行的纵向缺陷。通电法如图 2-17 所示。

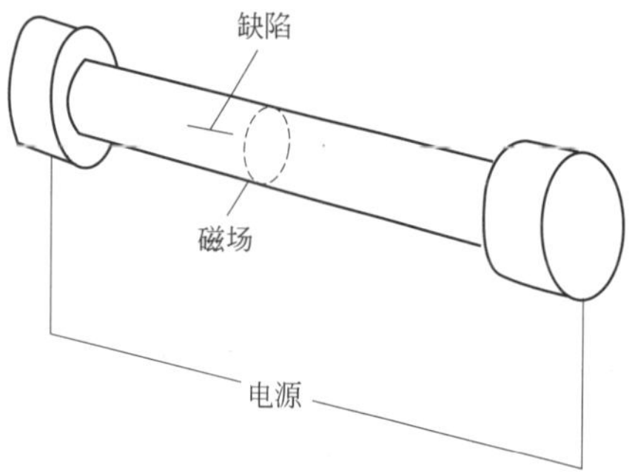

图 2-17　通电法

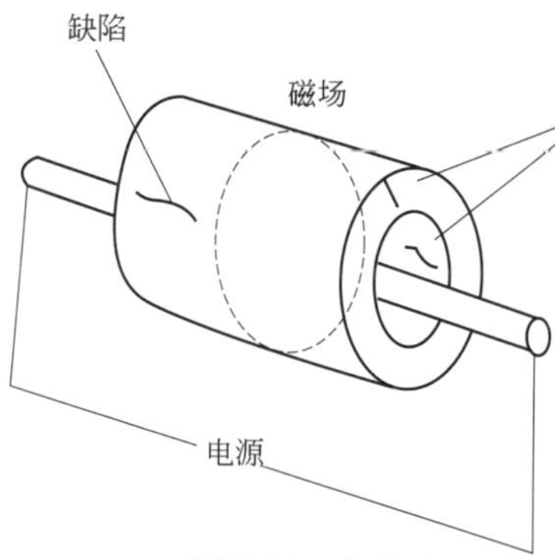

图 2-18　穿棒法

2. 穿棒法

穿棒法是将导体穿入空心工件的孔中，并置于孔的中心，电流从套体上通过，形成周向磁场，所以又叫芯棒法。由于是感应磁化，可用于检查空心工件内、外表面与电流平行的纵向缺陷和端面的径向缺陷，穿棒法如图 2-18 所示。

3. 线圈法

线圈法是将工件放在通电线圈中，或用软电缆缠绕在工件上通电磁化，形成纵向磁场，用于发现工件的周向（横向）缺陷。线圈法如图 2-19 所示。

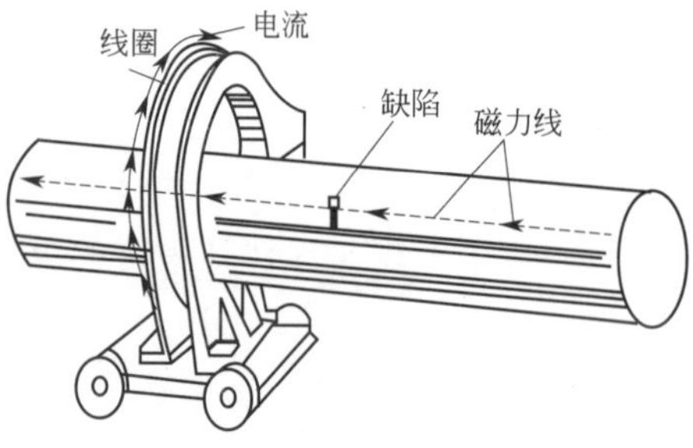

图 2-19　线圈法

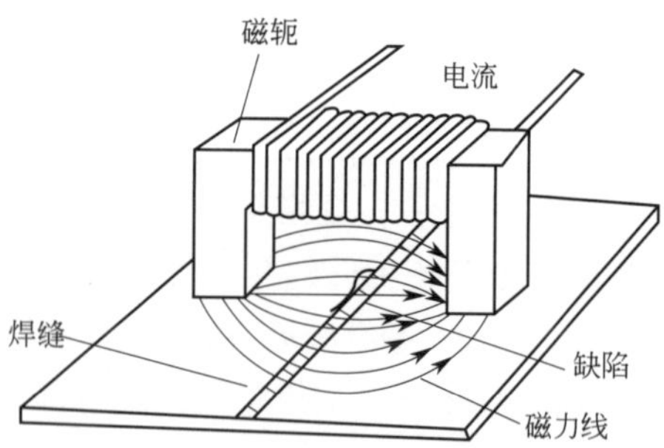

图 2-20　电磁轭局部磁化

4. 磁轭法

用固定式电磁轭两磁极夹住工件进行整体磁化，或用便携式电磁轭两磁极接触工件表面进行局部磁化，用于发现与两磁极连线垂直的缺陷。在磁轭法中，工件是闭合磁路的一部分，用磁极间对工件感应磁化，所以磁轭法也称为极间法。电磁轭局部磁化如图 2-20 所示。

（三）磁粉的种类

磁粉的种类很多，按磁痕的观察方式分为荧光磁粉和非荧光磁粉；按施加的方式分为干法用磁粉和湿法用磁粉。

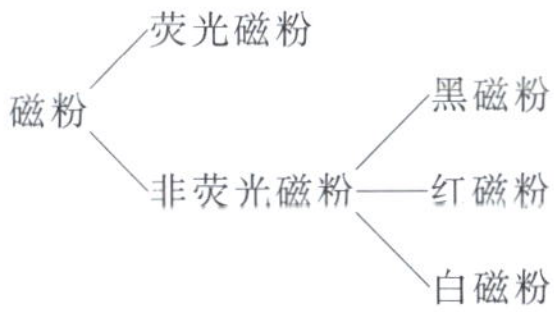

1. 荧光磁粉

在黑光下观察磁痕显示的磁粉称为荧光磁粉。荧光磁粉是以磁性氧化铁粉、工业纯铁粉等为核心，外面用树脂黏附一层荧光染料或将荧光染料在铁粉表面经化学处理而制成。

2. 非荧光磁粉

在可见光下观察磁痕显示的磁粉称为非荧光磁粉。常用的有四氧化三铁黑磁粉、γ-三氧化二铁红磁粉、以工业纯铁等为原料的磁粉，用黏合剂覆制成的白或其他颜色的磁粉。干法的载体是空气，湿法的载体是油或水。

（四）磁粉探伤技术在铁路货车检修系统的运用

磁粉探伤技术在铁路货车检修系统主要运用在轮轴和铁路货车大部件上，下面以CJW-3000型微机控制轮对荧光磁粉探伤机为例。

知识点：CJW-3000 是什么含义？

CJW-3000 数字、字母的含义：

C —代表磁粉探伤机；

J —代表交流电；

W —代表固定式；

3000 —代表最大周向磁化电流；

全称为交流固定式磁粉探伤机，最大周向磁化电流 3 000 A。

(1)结构特点

该机主要有以下几个部分：磁化电源、螺管线圈、工件夹持装置、指示装置、磁粉或磁悬液喷洒装置、照明装置和退磁装置等。

该机有微机控制和 PLC 控制两种控制方式。微机控制具有图形化触摸屏操作界面，自动化程度高，动作可靠，能对探伤机在工作时的电压、电流等数值实时采集，实现了对探伤机的工作状态、探伤结果和探伤者的有效监控，自动提示日常和季度校验，将探伤结果进行永久保存以便核查，并打印或通过信息管理系统上传中心服务器。还具有主要故障的自诊断和远程诊断功能。

该机为机电一体化设备，探伤轮对上下料采用通过式进出，以适用于轮对检修流水线的配套使用。根据轮对结构的特殊性，磁化原理采用了二路复探磁化技术，经一次性通电即可全方位复合磁化轮轴，探伤介质采用荧光磁粉，从而有效地提高了工作效率。

(2)操作步骤

电器动作检查：接通电源，打开控制台钥匙控制开关，应检查各控制开关及指示灯作用是否良好；打开紫外线灯控制开关，紫外线灯应预热 5 min；控制柜周向磁化电源电压值是否为 380×(1±10％)V，纵向磁化电源电压是否为 220×(1±10％)V，控制电源指示灯是否显示正常。

机械动作检查：对设备各润滑点、喷液泵、阀门应认真进行检查，并排出油水分离器的积水；将门帘开关拨至接通位，分别按动门帘开关按钮，观察门帘开关动作是否正常；按出轮按钮，观察出轮摆臂和缓冲杆是否抬起；按动进轮按钮，观察出轮摆臂是否复位，出轮机构是否动作正常；按动回转开停按钮和回转暂停按钮，观察转动机构是否动作正常；按动“夹紧”和“松开”按钮，观察探头关闭是否正常；按动喷液开停按钮，观察喷液是否正常。

每日上、下午开工前必须由探伤工、工长和质量检查员、验收员共同参加校验，确认设备状态及灵敏度，均符合标准时方可进行探伤；日常校验合格后，真实、准确填写各项性能校验记录；设备故障检修后，应重新进行日常性能校验；粘贴 A 型试片的部位，应擦拭干净，无锈蚀、油污及灰尘，露出金属面并保持干燥；将 A1-15/50 型标准试片粘贴在试验用的轮轴、轮对和车轴易发生裂纹或磁场强度较薄弱的部位(车轴中央部位、轴颈根部、车轮内侧辐板孔附近)。

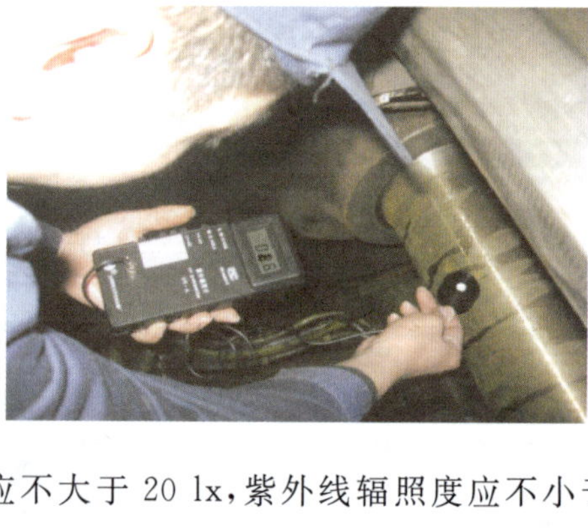

粘贴试片时，试片带沟槽面应与试验用轮轴、轮对、车轴的表面密贴，带有“＋”字沟槽的试片，应有一条刻线与车轴轴线平行，粘贴在辐板孔附近的试片应有一条沟槽沿车轮直径方向，胶带沿试片四周呈井字形将试片黏贴牢固。试片粘贴后应平整、牢固，胶带不应遮盖试片的沟槽部位。

紫外线辐照度和白光照度：探测面的白光强度应不大于 20 lx，紫外线辐照度应不小于 800 $\mu W/cm^2$。

知识点：

什么是 lx(勒克斯)？

英文为 lux，简作 lx，就是勒克斯，简称勒。勒克斯是照度单位，照度是反映光照强度的一种单位，其物理意义是照射到单位面积上的光通量。

配制荧光磁悬液时，应按比例添加乳化剂(JFC)5 g/L，消泡剂(28 号)2～5 g/L，亚硝酸钠 15 g/L，三乙醇胺 15 g/L，荧光磁粉 1～3 g/L；配制磁悬液的方法如下：按比例将少量的乳化剂(JFC)与消泡剂加入水中搅拌均匀，成为水分散剂，用少量水分散剂与磁粉混合，并搅拌成糊状，再加入余量的分散剂，然后将配制的磁悬液倒入磁悬液容积箱中，最后按比例加入乳化剂、消泡剂、水和亚硝酸钠、三乙醇胺。

简要步骤：

乳化剂 ↘
水(成为水分散剂) —取少量→ 磁粉 —加余量分散剂→ 倒入容积箱 →
消泡剂 ↗

→ 加剩下的乳化剂、消泡剂、水 → 加亚硝酸钠和三乙醇胺

测量荧光磁悬液浓度：使用梨形沉淀管接取从喷管中喷出的磁悬液 100 mL，静止沉淀 30 min，浓度应为 0.2～0.6 mL/100 mL；磁悬液根据探伤工作量、季节变化、清洁程度、喷洒时的损失情况，确定更换时间，最长更换周期不超过 1 个月。在每天开工前检查，不足时给予补充；配制磁悬液或添补、更换全部磁悬液时，要把时间、配制量等详细填写在“磁粉探伤机日常性能校验记录”的备注栏内。

对车轴进行磁化并检查 A 型试片磁痕显示状况：根据被探伤的轮对型号，按下相应按键，将磁化开关置自动位；按下喷液按钮，调整各喷液阀门和喷头，控制磁悬液的喷洒压力和覆盖面，使磁悬液喷洒缓流、均匀、被探测部位覆盖全面；夹紧(周向磁轭)装置夹紧车轴时，两磁轭应与车轴的两端面(或轴承前盖螺栓密封座)接触良好，防止打火现象(如何防止打火，见知识点)；按下磁化按钮，观察探伤机周向、纵向磁化电流；观察试片显示，观察试片上沟槽缺陷痕迹清晰可见；试片圆形沟槽显示封闭“O”形聚粉磁痕和“十”形沟槽聚粉磁痕，清晰者为合格。

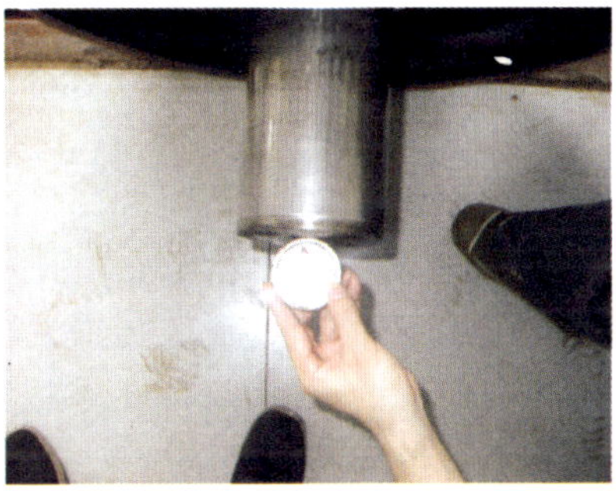

测量退磁后的剩磁：车轴退磁后，在距探伤机 4 m 以外用磁强计车轴两端中心孔附近(轴承未开盖时在螺栓端头)测量，其轮对剩磁不超过 0.7 mT(7 Gs)，轮轴剩磁不超过 1.0 mT(10 Gs)。凡参加日常和季度校验的人员均须在校验记录本上签章。在日常性能校验记录备注栏注明“辐板孔试片显示清晰”。

知识点：

车轴磁粉探伤中，打火烧伤是怎样产生的，又如何防止呢？

产生打火烧伤的原因是：

1. 车轴与磁化夹头接触部位有铁锈、氧化皮及脏物；

2. 磁化电流过大；

3. 夹持压力不足；

4. 在磁化夹头通电时夹持或松开工件。

预防打火烧伤的措施是：

1. 清除掉与电极接触部位的铁锈、油漆和非导电覆盖层；

2. 在磁化夹头覆盖上厚度均匀的铅垫或铜编织垫，铅蒸气是有害的，使用时应注意通风，铜编织物仅适用于冶金上允许的场合；

3. 磁化电流应在夹持压力足够时接通；

4. 必须在磁化电流断电时夹持或松开工件；

5. 用合适的磁化电流磁化。

探伤前，应检查车轴表面及核对卡片：车轴外露表面锈垢、油垢、灰尘应清除干净，须露出车轴基本金属表面；仔细查看轮对轴端标记，核对"车统—51C(A)"内容填写是否正确。发现运用时间达到规定寿命(国产 40 钢车轴 22 年，50 钢及进口车轴 25 年，有＋＋标记 20 年，RD_{2A}型车轴 20 年)应送厂处理。运用时间达到或超过 20 年的 RD_2 型国产 40 钢车轴需退卸轴承，对轴颈卸荷槽进行磁粉探伤检查。

段修及以上修程的轮对下列部位必须进行表面磁粉探伤检查：轮对在施行段修及以上修程时，车轴外露部位(滚动轴承轮对不退卸轴承或轴承内圈时，防尘板座及轮座外侧的外露部位除外)；带辐板孔轮对的车轮辐板孔内侧部位；铁路货车颠覆或脱轨事故卸下的轮对，其车轴外露部位；轮对厂修时，对解体后的车轴各部位、再加工部位及需换轴组装的新制车轴的再加工部位施行复合磁化荧光磁粉探伤检查。

开始探伤检查：将轮对送到进轮托板上，按"进轮"按钮，轮对从托板的高点滚滑下来，缓慢地落入探伤位置，自动喷液、回转；应严格控制磁悬液的喷洒压力和覆盖面，应做到缓流、均匀、全面覆盖；当磁悬液在车轴表面充分湿润，覆盖均匀后按"回转停"按钮，随后按"夹紧"按钮，夹紧轮对时，磁轭与轴端面接触须严密；车轴进行复合磁化，磁化时工作者须仔细观察磁化电流的数值；经自动退磁后幕帘关闭，探伤人员进行判伤；为防止漏看，分别在车轴轴身和已退卸轴承轴颈处观察的起始点用白色粉笔画"—"，观察至少一周；带辐板孔轮对须观察辐板孔处有无裂纹，有裂纹的测量最长裂纹长度，未超限的在辐板外侧涂打"◎"白铅油圆环标记及刻打样冲眼；发现车轴缺陷磁痕时，须用标记笔划出缺陷磁痕并进行重复确认。

车轴各部分均不允许存在横向裂纹和横向发纹，发现时送厂修。检修车轴轴身纵向裂纹总数不超过 3 条，单个长度不大于 60 mm，并且不在同一横断面上时可不处理，超过时送厂处理。检修车轴轴身除外其他各部位发现纵向裂纹送厂处理。检修车轴轴身上存在纵向发纹时可不处理。车轴各圆弧部位有纵向发纹送厂处理。轴颈、防尘板座及轮座上存在长度不大于 25 mm，且各部位均不超过 5 条，或同一断面不超过 3 条的纵向发纹时，可不处理(对其长度不超过 4 mm 的纵向发纹可不计算在内)；如存在长度大于 25 mm 的纵向发纹时，须送厂处理。已有铲槽的车轴再发现裂纹时一律报废。轴端已有"＋＋"标记的车轴再发现裂纹时一律报废。车轮辐板孔裂纹大于 5 mm 时送厂报废。

每条轮对探测结束后，在轮辐板内侧面粘上磁粉探伤检查标记“M”，发现车轴有缺陷或车轮辐板孔裂纹超限时，必须使用白铅油在车轴上做出标记，注明缺陷性质和位置。在距探伤机不小于 4 m 处抽验轮对的剩磁强度，抽查数量不低于探伤轮对总数的 1/4。

填写相关记录：经探伤的轮对必须填写铁道部统一的记录，记录由作业者个人填写并统一归档保管，探伤记录见表 2-4，各项检修数据应准确录入 HMIS 系统。

每班工作结束后，放掉气动水杯里的积水，清除电极里的油污，保证其良好的导电性能。关闭风源，依次关闭照明灯开关、控制台钥匙开关及总电源空气开关。擦拭探伤设备及各类量具，做好日常保养。探伤人员每天应填写的记录见表 2-4。

表 2-4　探伤记录

序号	编　号	记 录 名 称	保存期
1	辆货统—424	磁粉探伤机(器)日常性能校验记录	3 年
2	辆货统—428	磁粉探伤机(器)季度性能检查记录	3 年
3	车统—51C	轮轴卡片(段修)	3 年
4	车统—51A	轮轴卡片(厂修)	3 年
5	车统—52A	铁路货车轮轴(轮对、车轴、车轮)超声波(磁粉)探伤发现缺陷记录簿	段修 3 年、厂修 6 年
6	车统—53A	“铁路货车轮轴(轮对、车轴、车轮)超声波(磁粉)探伤记录”探伤记录簿	段修 3 年、厂修 6 年

(3)质量控制点

操作人员应持有技术资格证、轮轴上岗证；应具有磁粉的悬浮性检验报告、磁吸附性检验报告、磁粉的颗粒度(目数)检验报告；“探伤机的日常性能校验记录”内容填写应完整，并且应有探伤工、工长、检查员及验收员确认后的签章；“探伤机的季度性能校验记录”内容填写应完整，并且应有主管领导、探伤工、工长和检查员、验收员、轮轴专职、设备专职、设备维修工确认后的签章；探伤机大、中、小修记录内容应齐全，不应超过规定检修时间；探伤前，紧固松动的连接件、紧固件；检查各机械注油点，每班应注油一次；每月向气动元件的油杯中加注一次润滑油，以保证气动元件的正常润滑，及时排放油水分离器中积水；确认风源压力不小于 0.5 MPa；车轴轴身除锈质量应达到露出基本金属表面；探伤机喷液回路中有杂物应及时进行清理，以保持喷液系统畅通无阻，作用良好，喷出的磁悬液应完全覆盖被探工件表面；用磁悬液长颈或梨形沉淀管检查磁悬液浓度时应达标，定期补充或更换磁悬液；A 型试片应无锈蚀、折叠，粘贴方法及部位应规范；紫外辐照计检定应在保质期内，测量探伤设备的辐照度应达到指定标准，使用紫外灯切勿频繁开关，以免紫外灯寿命缩短或损坏，作用不良应及时更换；白光照度计检定应在保质期内，测量探伤设备的白光照度应达到指定标准；A 型试片中的磁痕显示应清晰可见；操作人员探伤中应密切观察周向磁化电流和纵向磁化电流；探伤中发现缺陷磁痕应重复磁化确认；操作人员应按规定测量剩磁；每一条轮对探伤结束后，操作人员应粘贴探伤标记；“车统—51C”、“车统—52A”、“车统—53A”填写应完整规范；各项检修项目应录入 HMIS 系统，数据录入应准确无误。

(4)检测结果判断

知识点：

伪磁痕：磁粉探伤时，其磁痕特征是绝大部分的磁粉聚集图像都比较散乱，再磁化检查时，一般复现状况不好或完全不复现。

横向裂纹或横向发纹：磁粉探伤时，其磁痕的延伸线与车轴轴线的夹角大于或等于45°；纵向裂纹或纵向发纹：磁粉探伤时，其磁痕的延伸线与车轴轴线的夹角小于45°为纵向裂纹或纵向发纹。

①工件截面突变

特点：磁痕松散，有一定宽度，具体特征与结构有关。

鉴别方法：磁痕显示有规律，总是出现在部件的固定部位，根据工件的几何形状，很容易找到成因，工件截面突变处磁痕如图2-21所示。

②电流过大

磁化电流过大，会在工件截面突变处、棱角处产生漏磁场，形成磁痕。

特征：磁痕松散，沿工件棱角处分布，磁化电流过大磁痕如图2-22所示。

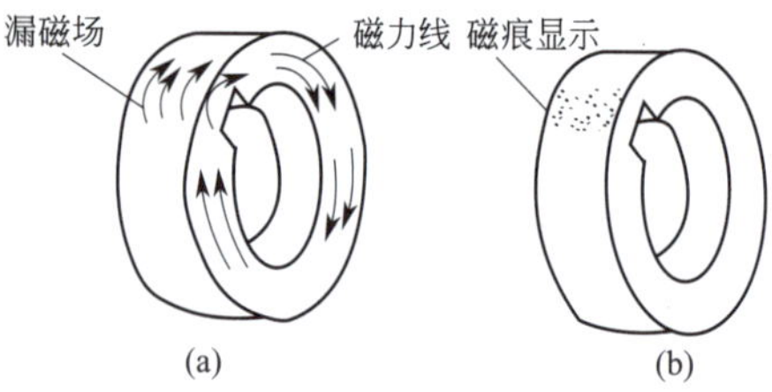

图2-21　工件截面突变处磁痕显示

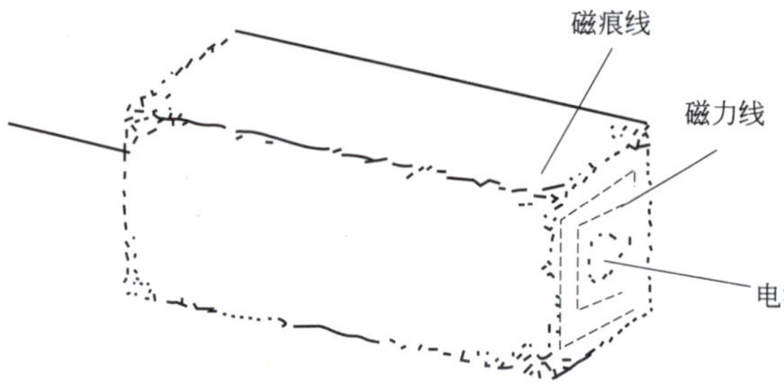

图2-22　磁化电流过大磁痕显示

③磁写

两个已经磁化的工件相互接触或一块钢铁在一个已经磁化的工件上划一下，在接触部位产生磁性变化，产生的磁痕称为磁写。

特点：磁痕松散，线条不清晰，磁写磁痕如图2-23所示。

鉴别方法：将工件退磁后，重新进行检验，如果是磁写，磁痕会消失。

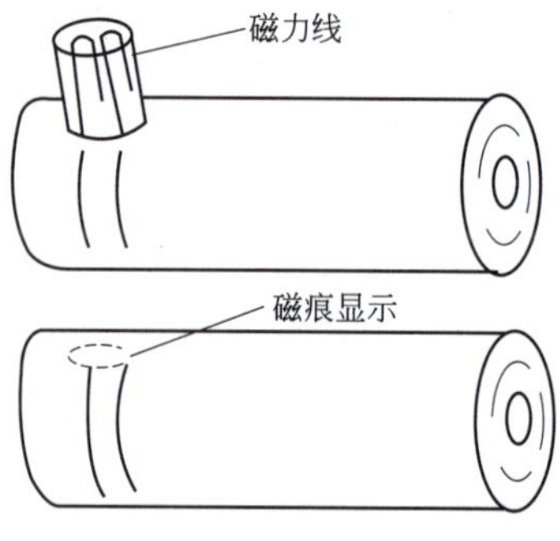

图2-23　磁写磁痕显示

④金相组织不均匀

材料的组织不同，磁导率差别很大，必然会在组织不同分界面处产生漏磁场，形成磁痕。在高碳钢中经常会产生带状组织，沿带状组织处易形成磁痕。

特征：导致磁导率的差异与组织差异大小有关。

鉴别方法：根据材料及制造工艺结合磁痕特征进行分析，

必要时采用着色法或金相法辅助分析。

⑤局部冷作硬化

冷加工也能提高材料的硬度（奥氏体不锈钢刀就是通过冷碾提高其硬度），硬度变化材料的磁导率会发生变化，不同磁导率交界处可能产生漏磁，形成磁痕。

特征：宽而松散；工件经除应力退火后，再次磁粉检测，磁痕能消失。

⑥磁极和电极附近

磁极和电极一方面磁通密度和电流密度大，另一方面接触不密实，因此容易在附近磁极和电极产生漏磁场，背景噪声大，易掩盖真实缺陷。

特征：磁痕松散。

鉴别方法：更换极头位置，重新进行检测看磁痕是否存在，同时为了消除夹头附近的盲区。

⑦划痕、刀痕

划痕、刀痕称假缺陷，不属于无损检测范畴，工件上形成排液沟的外形滞留磁粉形成的磁痕显示，尤其沟槽底部磁痕显示有类似缺陷显示，但漂洗后磁痕不再出现。

发纹：是由原材料中的微小气孔、针孔、金属和非金属夹杂物等，经锻轧而形成的原材料缺陷。

磁痕特点：

a. 沿金属纤维分布，细而长；

b. 发纹深度较浅，磁痕均匀而不浓密；

c. 发纹一般不长，多在数 10 mm 以下；

d. 发纹在工件横截面是随机的，越靠近心部，出现的概率可能越大，实际发纹磁痕如图 2-24所示。

图 2-24　实际发纹磁痕显示图

⑧分层（也称夹层）

钢锭中的残余缩孔、气泡、密集缩松等在轧制过程中没有完全结合，形成分层。分层本身是一种内部缺陷，但有时在断面上暴露出来。

磁痕特点：与轧制面平行，磁痕清晰，呈连续或断续的线状。

⑨裂纹

磁痕特征一般为线性锯齿形，两端呈尖角状，磁粉聚集的图像不规则，但清晰、密集。车轴自然裂纹用黑磁粉干法探伤效果如图 2-25 所示，车轮轮毂自然裂纹如图 2-26 所示，轴颈卸荷槽自然裂纹如图 2-27 所示。

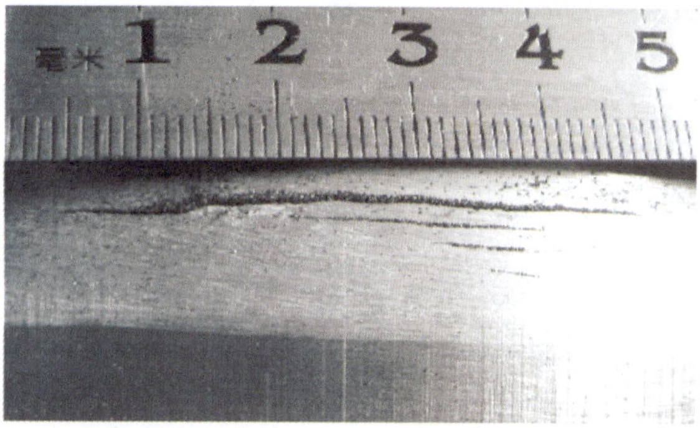

图 2-25　自然裂纹用黑磁粉干法探伤效果图

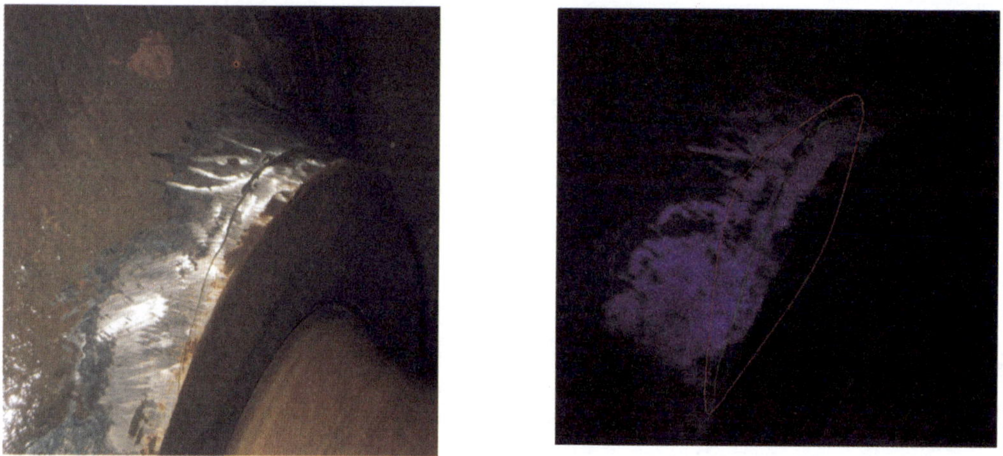

(a)打磨后的自然裂纹效果图　　(b)荧光磁粉探伤效果图

图 2-26　车轮轮毂自然裂纹图

(a) 卸荷槽自然裂纹　　(b) 荧光磁粉探伤效果

图 2-27　轴颈卸荷槽自然裂纹图

四、渗透探伤

在铁路货车检修探伤中，渗透探伤技术主要应用于对铁路罐车卡带与卡带连接杆焊缝的裂纹检查。由于在现车对卡带与卡带连接杆焊缝进行探伤时，其他的探伤方法无法使用，因此在卡带不拆卸的情况下，渗透探伤方法是目前技术条件下最为实用的方法。

（一）渗透探伤工作原理

零件表面被施涂含有着色染料的渗透液后，在毛细管的作用下，经一定的时间的渗透，渗透液可以渗进表面开口缺陷中；经去除零件表面多余的渗透液和干燥后，再在零件表面施涂具有吸附作用的显像剂；在毛细管作用下，显像剂将吸附缺陷中的渗透液，使渗透液回渗到显像剂中；在一定的光源下，缺陷处非渗透液痕迹被显示出来，从而探测缺陷的形貌和分布状态（工作原理分解图如图 2-28 所示）。

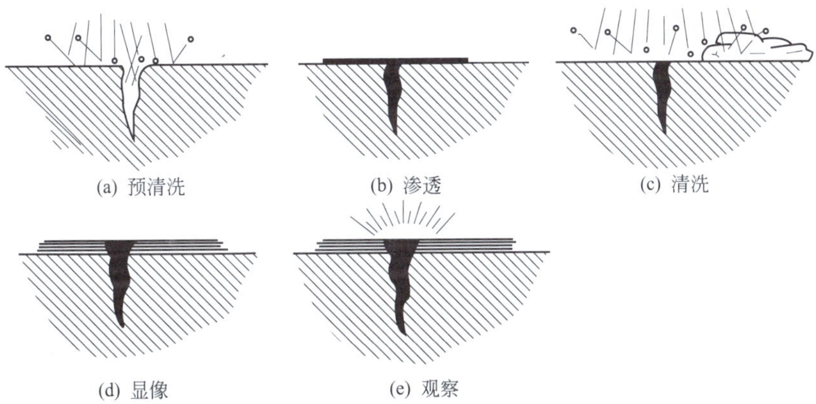

图 2-28　工作原理分解图

（二）渗透探伤材料及特点

渗透探伤材料如图 2-29 所示。

渗透检测材料主要包括渗透剂、清洗剂、乳化剂、显像剂四大类。检测材料必须是同厂家同族组的，不同族组的产品不能混用。渗透检测剂系统的选择，首先应满足渗透检测所需的灵敏度和可靠性，其次也要考虑经济性。

1. 渗透剂

渗透剂是一种含有着色染料或荧光染料且具有很强的渗透能力的溶剂。它渗入表面开口的缺陷并被显像剂吸附出来，从而显示缺陷的痕迹，因此渗透剂是渗透检测中最关键的材料，其质量的好坏直接影响检测的灵敏度。

图 2-29　渗透探伤材料

2. 清洗剂

去除剂(清洗剂)是用来除去被检工件表面多余渗透剂的溶剂。

水洗型渗透剂是采用水进行直接去除,清洗剂就是水;后乳化型渗透剂是在乳化后再用水去除,清洗剂就是水和乳化剂。

3. 乳化剂

乳化剂是由表面活性剂和添加溶剂组成,主要是表面活性剂,添加溶剂的作用是调节黏度、调整与渗透剂的配比、降低材料费用等。

4. 显像剂

显像剂是渗透检测中另一个重要材料,其作用是将开口缺陷中的渗透剂吸附到被检工件表面上来,并加以放大。

(三) 操作步骤

1. 在每个工作班开始前,由探伤工、探伤工长、质检员、验收员共同参加日常校验。先将该试块按正常工序进行处理,应采用不锈钢镀铬试块(B 型试块)校验工艺操作系统的灵敏度,B3 型试块应至少显示 2 个裂纹[图 2-30(a)],B5 型试块应至少显示 3 个裂纹[图 2-30(b)],合

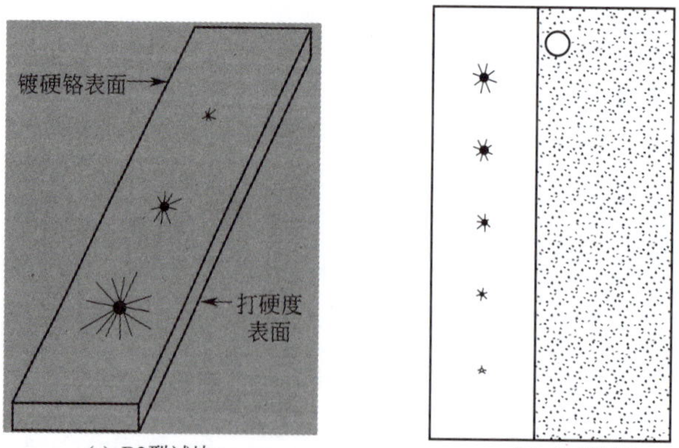

(a) B3型试块　　(b) B5型试块

图 2-30　试块示意图

格后方可进行探伤;每周或探伤工艺操作条件发生变化时,当工件温度超出 3~50 ℃范围时,应用铝合金试块(A 型试块,如图 2-31 所示)作对比试验,对检测规范进行修正后方可探伤;试块每次使用完毕,应清洗干净,以备重复使用。

2. 预处理

被探工件在探伤前,可使用锉刀、砂纸、钢丝刷等工具清除焊缝及热影响区各种铁锈、油脂、焊接飞溅、毛刺及污物等,清理工作应从探伤部位四周向外扩展 25 mm。清洗后,检测面上遗留的溶剂和水分等必须干燥,且应保证在施加渗透剂前不被污染。

3. 渗透

将渗透剂喷涂于受检表面,渗透剂必须湿润全部受检表面。渗透时间在 15~50 ℃的温度条件下不小于 5 min,在 3~15 ℃的温度条件下不小于 10 min(图 2-32)。当温度低于 3 ℃时,应用铝合金试块作对比试验,对渗透间操作方法进行修正。

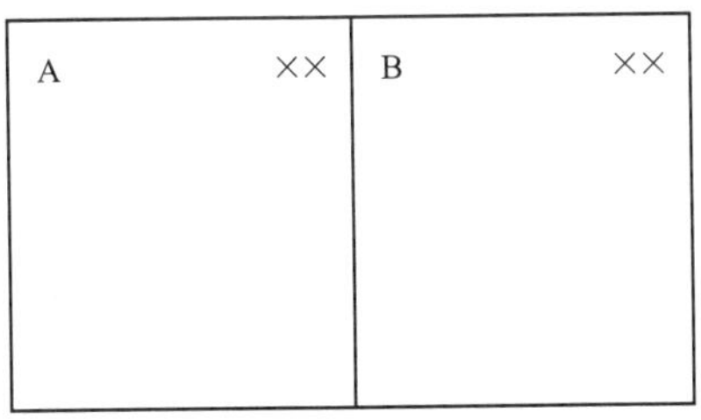

图 2-31 A 型试块

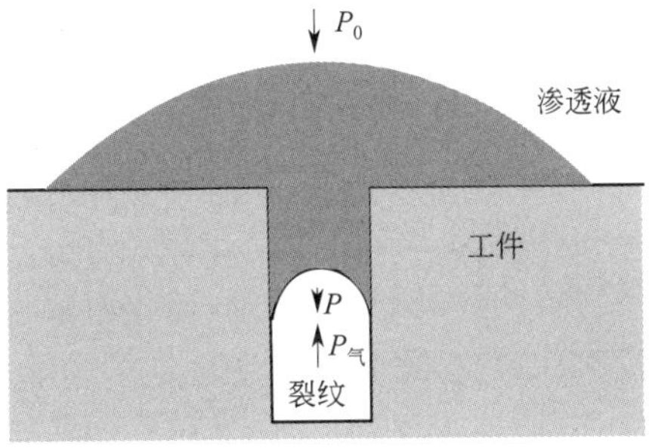

图 2-32 渗透液显示图

4. 去除

达到规定的渗透时间后,先用干净不脱毛的布沿着一个方向擦拭,直至大部分多余的渗透剂被清除后,再用蘸有清洗剂的干净不脱毛的布进行擦拭,直至将被检面上多余的渗透剂全部擦拭干净。不得往复擦拭,不得用清洗剂直接在被检表面冲洗。

5. 干燥

在室温下自然干燥 5~10 min。

6. 显像

显像:显像剂在使用前应充分搅拌均匀,显像剂施加应薄而均匀,不可在同一地点反复多次施加。喷施显像剂时,喷嘴离被检工件表面距离为 300~400 mm,喷洒方向与被检面夹角为 30~40 ℃。显像时间一般不少于 7 min。

7. 观察

在施加显像剂后应仔细观察被检表面的痕迹显示变化情况,但最终评定应在 7~30 min 时间内进行。受检表面有缺陷时,即可在白色显示剂上显示出红色图像。受检表面白光照度应大于 500 lx,对细小显示,可用 5~10 倍放大镜进行观察。

8. 后处理

探伤结束后,应清除残留的渗透剂和显像剂。清除方法可用刷洗、布擦或纸擦等。

9. 复探

在检测过程中或检测结束时,若发现下列情况,应将被检表面彻底清洗干净后,以去掉缺陷内残余的渗透剂，重新进行检测，否则会影响检测灵敏度：

(1)焊缝缺陷返修后的部位；

(2)发现检测过程中操作方法有误；

(3)难以确定迹痕是缺陷引起还是非缺陷因素引起；

(4)需要采用机械方法去除缺陷时，在去除缺陷的工作结束后。

10. 标记

探伤完毕对卡带作如下标记：对探伤合格的工件在卡带与连接杆四条焊缝中心的连接杆上划“○”标记；不合格工件卡带与连接杆四条焊缝中心的连接杆上划“×”标记，并在缺陷部位划“—”标记，通知有关人员返修。合格与不合格工件应隔离放置。

11. 使用新的检测剂、工艺条件变化时，每周应用B型试块检验渗透检测系统灵敏度及操作正确性。

12. 记录与报表

探伤完毕应填写探伤记录，探伤记录至少包括以下内容：产品名称、产品编号、焊缝名称及编号、表面状态、渗透剂检测剂、试块型号、渗透时间、显像时间、环境温度、缺陷情况、探伤者及探伤日期等。

(四)质量控制点

渗透检测剂易燃，易挥发，操作时要严禁火种，并保持通风良好。探伤场地温差较大时，应做温度对比试验，不宜在温度过低的场地探伤，否则影响检测效果；A型试块、B3或B5试块不应有碰伤、锈蚀现象；应用白光照度计检查受检表面，白光照度应达标；探伤工、工长、检查员及验收员应签章确认，填写日常校验记录；罐车卡带焊缝的除锈质量：探伤部位应露出金属表面，清理工作应从探伤部位四周向外扩展25 mm，用钢丝刷和砂轮磨去除氧化皮、熔渣、铁锈等，油漆等涂层应用碱洗等化学方法去除；不能用打磨法去除；机械方法清除污物时产生的金属细末可能堵塞缺陷，清除后应采用酸洗、碱洗或溶剂清洗；清洗后自然干燥，检测面上遗留的溶剂和水分等必须干燥，且保证在施加渗透剂前不被污染；渗透材料应使用同族组、同厂家的，渗透剂不能喷得太多，否则去除困难。时间一般不得少于10 min；防止过清洗，不得往复擦拭，否则易将浅而宽的缺陷中的渗透剂洗掉；也应防止欠清洗，防止着色底色过浓；干燥时间不能太长，否则会将缺陷中的渗透剂烘干，不能形成缺陷显示，干燥时间一般5～10 min；压力喷灌喷涂前应晃动喷罐中的弹子，使显像剂重新悬浮，固体粉末呈细微颗粒均匀分散状；喷涂时要预先调节好，一次成形，不能反复喷涂；显像时间也不能太长，否则缺陷痕迹显示会变模糊；显像后要注意痕迹形状变化情况，便于定性；确定为相关显示后，要进一步确定缺陷性质、长度和位置，应画上标记并做好记录；操作人员探伤结束后，残留的渗透剂和显像剂应清洗彻底；探伤记录填写应完整规范。

(五)检测结果判断

在被检表面观察到迹痕之后，应首先确定这些迹痕是否由缺陷引起。无法确定时，可重新进行检测或用其他方法进行验证。除显示痕迹是由外界因素或操作不当造成的之外，其他任何大于1 mm显示痕迹均按缺陷处理。

线性显示是指长度大于等于宽度3倍的显示。圆形显示是指长度小于3倍宽度的显示。

各类主要缺陷迹痕特征主要有以下几种。

1. 焊接裂纹

在焊接过程中或焊后，在焊接接头区域内出现的裂纹，按部位不同，可分为纵向裂纹、横向裂纹、熔合区裂纹、根部裂纹、弧坑裂纹和热影响区裂纹等；按产生的温度和时间的不同，可分为热裂纹和冷裂纹。热裂纹一般位于焊缝中心（纵向），显示呈曲折的波浪状或锯齿状红色细线条；冷裂纹一般常位于焊层下紧靠熔合线片，与熔合线平行，显示呈两端尖细中间粗的直线状红色细线条；弧坑裂纹位显示于焊缝断弧的弧坑处，一般呈星状，如渗透剂回渗较多会扩展成圆形。

2. 焊接表面气孔

在焊接过程中，焊缝金属中所存在的气体，未能在其凝固前完全逸出而形成的。显示呈圆形、椭圆形或长圆条形，红色亮点。

3. 未焊透

焊接件的两母材间未被电弧熔化焊合而留下的空隙。显示呈一条连续或断续的红色线条。

4. 未熔合

焊接填充金属和母材间或填充金属间没有熔合在一起，其分为坡口未熔合和层间未熔合两种。显示呈直线状或椭圆形的红色条状（图 2-33）。

图 2-33　工件上自然裂纹

五、无损检测新技术的应用

（一）超声相控阵技术的应用（具有 B 型、C 型显示功能）

目前，铁路货车行业对车轴进行超声波自动化探伤检测时，一直采用单晶片探头 A 型扫描技术，即采用单个角度的横波斜探头扫查车轴轮座镶入部，采用小角度纵波探头扫查车轴轴颈根部，建立在此探伤技术上的自动检测设备也只是采用机械臂代替人工移动探头，检测技术上没有根本性突破。由于受到 A 型扫描技术及单晶片探头声场结构的限制，提高车轴检测灵敏度必然会带来误判率较高的问题，因此，提高车轴疲劳裂纹检测灵敏度及可靠性的根本途径，就是要研究引进先进成熟的超声检测技术替代现有的 A 型扫描技术。

相控阵超声波检测技术是世界上超声波检测领域最为先进、成熟的检测技术，在国外铁路行业车轴检测方面已经应用，在国内铁道行业车轮轮辋检测中也有应用案例。

某型铁路货车轮轴超声自动探伤机，利用相控阵超声波检测，其若干阵元组成的阵列换能器（多晶片探头），通过控制各阵元的发射、接收，实现检测声束控制的检测方法。相控阵探头一般由阵列探头和电子控制系统两部分组成，其中阵列探头是由若干只子探头（或晶片）按一定规律排列起来的探头阵列。用电子方法控制施加到相控阵探头中各子探头上激励电压的时间，以控制各子探头发射的声波在不同方向、不同位置上的相位，使其声场能够根据需要在不同方向或不同位置上的同相位叠加，实现探头声束的扇形扫查、线性扫查和聚焦。相控阵扇形扫查示意图如图 2-34 所示。

相控阵技术与目前铁道行业采用的 A 型扫描技术相比较，有以下优点。

1. 相控阵超声波检测技术缺陷显示直观可靠。普通超声探伤为 A 型扫描技术，是波形显示技术，缺陷在示波屏上显示回波，操作者根据回波高度评价缺陷严重程度，缺陷显示不直观，可靠性差。而相控阵超声波检测技术可自动生成裂纹的 B 型显示、C 型显示图像，能够直观显示裂纹的大致尺寸及其相对位置。此外，普通超声波探头，在探伤时为了完成对工件的全部扫

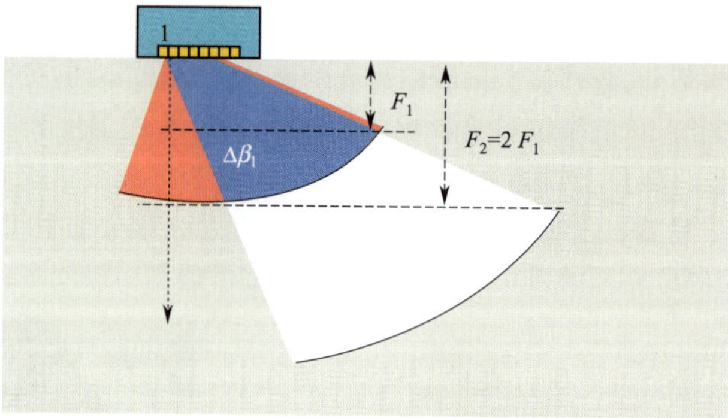

图 2-34　相控阵扇形扫查示意图

查工作，除需要围绕工件圆周运转外，还要左右移动扫查，降低了探头对工件检测的可靠性。而相控阵探头在工作时是静止状态，只需工件转动即可完成对整个工件的检测过程，使得检测结果更加准确。车轴表面裂纹的 B 型显示、C 型显示如图 2-35 所示。

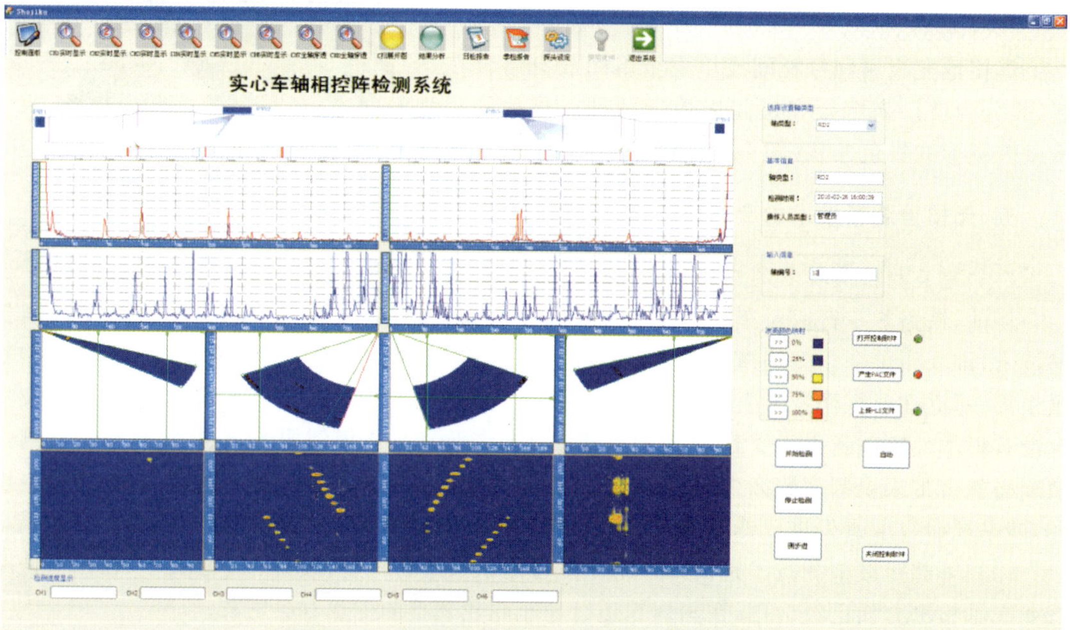

图 2-35　车轴表面裂纹的 B 型显示、C 型显示图

2. 相控阵超声波探头可实现声速聚焦检测，灵敏度高。通过动态控制声束的偏转和聚焦，可实现焦点的动态控制，从而实现动态聚焦检测，这不仅可以提高检测灵敏度，达到车轴表面 0.5 mm 当量裂纹检测灵敏度要求，还可以提高检测信噪比，使裂纹信号识别更加容易。尤其在轴颈根部及轮座压装部，相控阵在获取高灵敏度的前提下，可以有效抑制杂波干扰。普通超声探伤为单晶片 A 型扫描技术由于受声场结构的限制，在达到 0.5 mm 当量裂纹检测灵敏度时，压装应力波、透油透锈波及润滑油脂发射波也将大幅度提高，传统的探伤方法将不可避免地带来误判率较高的问题。

3. 相控阵超声波探伤缺陷定性准确，误判率低。相控阵超声波探伤获取有关反射源的信息较单晶片 A 型扫描技术全面，信息量大，从而可方便地对探伤缺陷性质进行评估。通常超声波在发射和反射时，声束都会产生扩散，扩散角与晶片和发射源形状有关。当为单晶探头时，晶片接收到的是一定范围内反射波的集合波形；但用相控阵探头时，因阵列小晶片能分别独立接收反射波，由于小晶片接收波形各不相同，因而能捕捉到反射波的扩散细节，可获得有关反射源的形状信息，方便探伤人员对缺陷性质进行鉴别。

4. 相控阵超声波检测技术可根据需要在不同方向或不同位置上实现声场相位叠加，以控制声束的指向性，采用单个小型的电控单元探头可在同一位置做多角度检测。对于探头前后移动扫查区域受到限制的轮对，相控阵超声波检测只需要旋转一周即可完成检测，不需要前后移动探头扫查，技术上具有明显的优势。

5. 相控阵超声波检测技术可以动态存储检测过程的全部 A 型扫描信息及 B 型、C 型扫描图像，并可以查询和网络传输，增强了探伤结果的可追溯性，有利于强化探伤管理及监控工作。

(二)超声衍射时差技术(TOFD)

TOFD 是英文 Time Of Flight Diffraction 的字首缩写，常被翻译为超声衍射时差法。TOFD 技术是一种通过超声波的尖端衍射来检测缺陷、通过波的传播时差来测量缺陷、通过信号的图像化处理来显示缺陷的新型超声检测技术。

20 世纪 60 年代，常规 A 型脉冲回波式超声检测得到了广泛应用，很好地解决了钢板、锻件以及焊缝的探伤问题。然而在应用中发现，常规超声波探伤不能精确地测量缺陷的尺寸，从而不能借助断裂力学所取得的成果来评判设备内部的缺陷是否达到或超过临界尺寸。为解决这一问题，有经验的探伤人员首先观察和注意到了从缺陷边缘产生的衍射波，并使用这一衍射波来测量缺陷尺寸，使测量精度得到了很大的提高。然而由于衍射波与脉冲反射回波相比很微弱，在反射回波灵敏度下很难记录到衍射波，而且如果单纯提高灵敏度，衍射波又会淹没在杂波之中。因此，在反射回波显示的同时去测量衍射波具有较大的困难，只有在某些场合下可以实现。问题尽管依然存在，却启发出一条研究思路，那就是只显示缺陷的衍射波而避开缺陷的反射回波，这一研究方向就正是 TOFD 技术的思想起源。

进行 TOFD 检测时，发射探头在主机的脉冲发射控制之下发射声脉冲。一般情况下，接收探头首先接收到直通波，最后接收到底面反射波。如有缺陷存在，则在直通波和底面反射波之间，还会接收到缺陷端点(或边界)的衍射波，其工作原理如图 2-36 所示。除上述波外，在缺陷端点和底面处还由波型转换产生横波，转换横波的信号一般位于底面反射波后。上述波信号经过接受放大

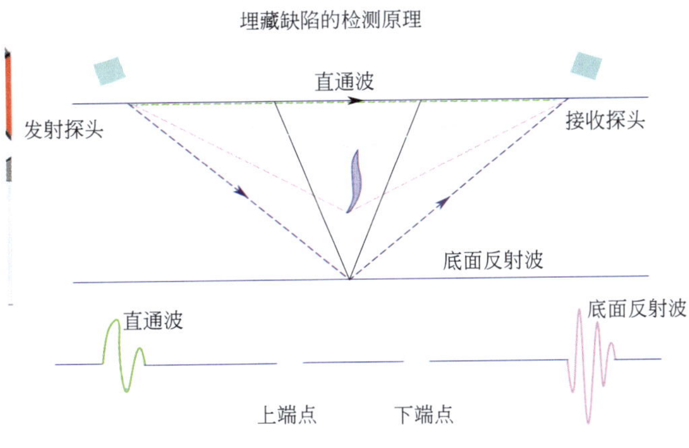

图 2-36　TOFD 工作原理图

器的放大和 A/D 转换发送到主机上，同时，位置编码器传出的轴坐标信号也被主机接受。

信号的图像化处理：TOFD 主机按照一定的采样率对每个检测位置记录下一个全波 A 型扫描信号，全波信号所反映的相位对数据评判起着重要的作用。一次扫查操作所得到的所有连续 A 型扫描信号按照信号幅度取灰度或色度就形成了 B 型、D 型扫描显示。其中 B 型扫描为进行平行扫查时所得到的工件二维图像，D 型扫描为进行非平行扫查时所得到的工件二维图像。

与常规超声检测技术相比，TOFD 技术主要具有以下优点：缺陷的测量精度高，并能测量缺陷的自身高度；可以检出有效区域内任意方向上的缺陷；借助缺陷的 B 型、D 型扫描显示，可以有效地提高缺陷的检出率，提高缺陷定性的准确性并降低误判率；一次扫查即可得到整个缺陷的信息，并可离线分析。

需要指出的是，TOFD 检测技术是超声检测技术发展出来的一个分支，在检测时仍然存在着局限性，这些局限性主要表现为：不能理想地检测近表面缺陷、难以检测各类粗晶材料、对工件的几何尺寸和结构有要求。

（三）数字图像采集系统及新技术在铁路货车轮轴磁粉探伤机上的应用

目前，铁路货车检修部门使用的 CJW-3000Ⅲ型微机控制轮对磁粉探伤机，作业环境一直在暗室中，且存在磁场及紫外线，对人体有害。由于探伤人员的技能水平差别和长期工作易产生疲劳等因素，使得检查质量难以保证，从而影响生产质量，而且缺陷磁痕无法保存图像。一条检修线每天要检查一百多条轮对，每条轮对检查时间要到 4 min 左右，不仅工作强度大，而且工作环境也不够理想，为铁路运输安全埋下了隐患。

新型铁路货车轮轴磁粉自动化探伤机的成功研制，将结束长期以来作业环境差，轮轴磁粉探伤过程及探伤结果难于复现、难于追溯的历史。该机增加了数字图像采集系统，数字成像原理就是在工件磁化后通过 CCD 工业数字相机，分段把工件表面磁痕采集到计算机上，通过数字成像技术，在工控机上显示 1∶1 的磁痕图像，能够更直观的观察磁痕，并且具有存储、传输、查询、打印功能。

数字图像采集技术性能：

①探伤图像采集、显示及存储：能自动生成被探轮轴（轮对）、车轴探伤部位及带辐板孔车轮的辐板孔内侧周边检测结果数字图像，并能通过监视器对其进行实时分析判断；数字图像显示清晰、完整，分辨率应不低于 5 pixel/mm；能够存储所有被探轮轴（轮对）车轴探伤结果的数字图像，并形成探伤记录，方便查询、打印；能够对检测工件数量、探伤结果进行分类统计；具备部分探伤缺陷磁痕图像库（并可通过实践逐步存储积累更多缺陷磁痕图像），方便缺陷磁痕对比和识别；具备存储 10 000 条轮轴（轮对）车轴探伤图像和轴端标记图像的内存容量。

②自检与校验：设备开机时自动对探伤设备电气系统、机械系统、信息采集与存储系统等进行自检诊断，并显示和存储自检结果。具有对日常性能校验结果进行判定和存储的功能，未进行日常性能校验或日常性能校验不合格时，探伤设备不进行下一步作业。

③实时监控、报警：具有对探伤设备的工作电压、磁化电流、紫外线辐照度等主要技术参数进行实时监控和自动记录功能。具有磁悬液的高低液位、磁化电流的过载及欠流报警功能。

④网络传输功能：设备具备网络接口，支持 TCP/IP 协议。

⑤设备结构合理、操作方便，具有足够的刚度、强度和安全保护系统，符合国家安全环保法规，能够 24 h 连续满负荷无故障运行。

第二节　现代化检测技术

在铁路货车检修中，铁路货车零部件需要检测的尺寸比较多，比如轮轴收入检查需要检测轮径、轮缘厚度、轮辋宽度、轮对踏面磨耗等参数，制动梁检修需要检测制动梁全长、两闸瓦托中心距、两闸瓦托扭曲度等参数，枕簧检修及组装需要检测各簧的自由高度和自由高度差等。传统使用测量尺或样板进行人工检测的方法测量精度不高、检修效率较低、劳动强度较大。随着铁路货车的快速发展，一些先进的、现代化的检测手段逐步替代了传统的人工测量方法，保证了铁路货车零部件的测量精度，提高了检修效率，大大降低了劳动强度。

在铁路货车零部件检测中应用较多的现代化检测技术，主要分为以下几种。

1. 机器视觉测量技术

它是非接触测量技术的一种，采用 CCD 图像拍摄技术，将所拍摄的被测部件的实际图像与标准图像进行比对、分析，自动判断部件外部缺陷或进行尺寸数据测量。铁路货车检修中普遍采用这种技术的设备是轮对尺寸自动检测机。

2. 传感器检测技术

采用位移、压力、温度等传感器对零部件尺寸进行检查、测量，对零件组装力矩进行检测、控制。铁路货车检修中普遍采用这种技术的设备是枕簧自动检测分选机、制动梁自动检测机、智能扭力扳机、阀类弹簧自动检测机等。

3. 传感器自动监控技术

铁路货车检修中普遍采用这种技术的设备是轴承压装机和轮对压装机。这两种设备中的传感器并不是直接进行尺寸检测，而是在轴承或轮对的压装过程中对压力曲线变化进行监控，对压装力和终止贴合压力实施控制。

下面对这三种技术在铁路货车检修设备中的应用详细介绍。

知识点：什么是非接触测量？

非接触测量是以光电、电磁等技术为基础，在不接触被测物体表面的情况下，得到物体表面参数信息的测量方法。典型的非接触测量方法有激光三角法、电涡流法、超声测量法、机器视觉测量等。

它的优点是：排除了接触测量对柔性物体测量的人为等受力干扰；可以测量一些不可接触的物体，如辐射体、高温物体等；因为是数字图像处理，计算机识别，因而采集速度较快。

它的缺点是：对专业知识要求较高，诸如图像处理、摄影测量原理等；与接触测量仪如关节臂、三坐标机等相比，其精度不算高。

知识点：什么是 CCD？

CCD 是英文“Charge-Coupled Device”的简称，中文全称为“电荷耦合元件”，也可以称为

CCD 图像传感器。它是一种半导体器件，能够把光学信号转化为数字信号。

CCD 从功能上分为线阵 CCD 和面阵 CCD。扫描仪中使用的大多是线阵 CCD，它只有 x 轴一个方向，y 轴方向扫描由扫描仪的机械装置来完成，数码相机中使用的大多是面阵 CCD，它包括 x 和 y 轴两个方向，用于摄取平面图像。因此，CCD 的作用就和传统相机的胶片一样，但是它能把图像像素转换成数字信号，实现图像的获取、存储、传输、处理和复现。

一、轮对尺寸自动检测技术

轮对是铁路货车重要的走行部件，对于铁路的安全运输起着关键性的作用。在轮对的检修过程中，轮对收入时需要检测的轮对参数有 20 多个。传统的检测方法是人工使用量具进行接触式测量，需要的量具主要有 4 种，分别是：使用轮对内距尺测量轮对内侧距及内侧距最大差，使用车轮轮径尺测量车轮直径及车轮直径差，使用轮辋厚度测量尺测量车轮轮辋厚度，使用第四种检查器测量车轮踏面圆周磨耗深度、轮缘厚度、车轮踏面擦伤或局部凹陷深度、踏面剥离长度等。

传统的人工检测方法精度低，自动化程度和工作效率不高，并且受人为因素影响很大。因此轮对尺寸检测的自动化对于提高生产效率，降低检修成本，保证铁路货车运行安全具有重要的意义。

轮对尺寸自动检测机是一套集光—机—液—气—电技术于一体的全自动测量轮对尺寸的设备，测量方法主要采用的是 CCD 图像传感技术。这种设备的测量系统本身完全静止不动，只要将轮对放置到它的定位系统中就能自动完成检测工作，并且每条轮对测量时间不超过 3 min。它的计算机控制系统可以按照“车统—51C”卡片的格式输出检测结果，也可以和 HMIS 系统连接，这样就做到了检测数据的自动输出、储存和上传，全面提高了工作效率，保证了测量准确度，同时还可以满足检修过程中的管理要求。

下面以某型轮对尺寸自动检测机（图 2-37）为例，对其结构与性能、操作步骤、质量控制点等内容进行简单介绍。

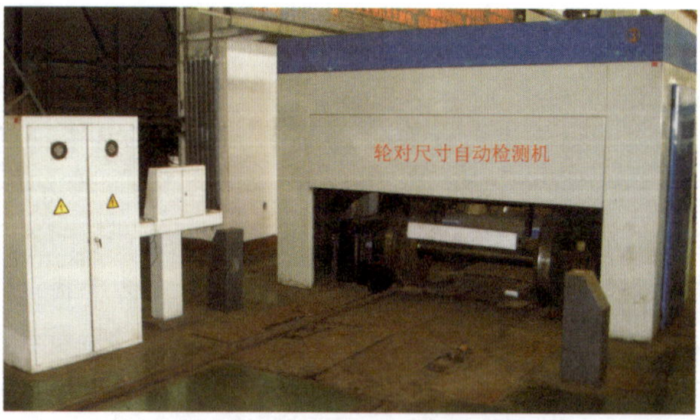

图 2-37　轮对尺寸自动检测机

（一）结构与性能

1. 结构简介

轮对尺寸自动检测机由外观检查装置、检测装置和控制台三大部分组成。

外观检查装置由转轮机构、推轮机构、信息采集装置等组成，装置示意图如图 2-38 所示。

轮对进入外观检查装置后，定位在一组能驱动轮对转动的转轮机构中，轴头两端的外观检查装置支架上分别装有面阵 CCD7 和 CCD8，这两套高精度面阵摄像头将轴承标志板上的信息通过图像处理卡输出到显示器屏幕上，操作者读取信息并将信息输入到工控机内，在此工位可通过按动“点动”按钮使轮对转到合适的位置进行轮对外观检查。同时该装置还有保护检测装置的作用，在检测开始前，外观检查装置可以挡住待检测的轮对，防止撞坏检测装置。被记录信息后的轮对由液压系统控制推轮机构将轮对推入检测装置。

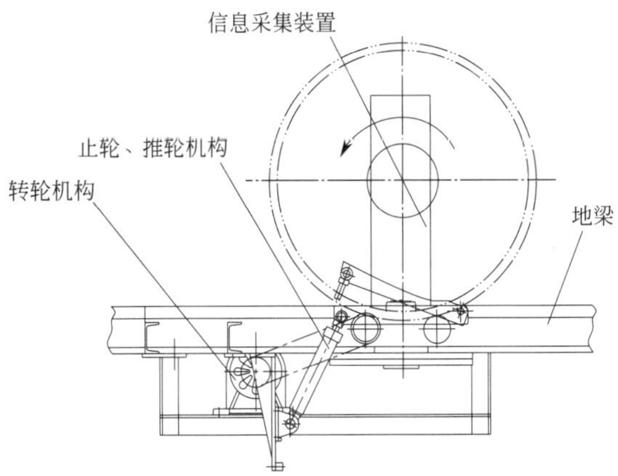

图 2-38 外观检查装置示意图

检测装置由托起机构、转轮机构、测量系统、靠尺机构、背景板、定位推出机构、上旋电机等组成，装置示意图如图 2-39 所示。进入检测装置的轮对由液压托起机构控制，被托起到一定高度后，气动系统推出定位靠尺并与轮对内侧接触定位，由六组面阵 CCD 摄像头（CCD1～CCD6）和两套测距传感器（P1、P2）组成的测量系统同时对该轮对的轮径、轮缘厚度、轮座轴直径、轴中央直径、内侧距、轮辋厚度、轮辋宽度等尺寸进行测量。首次测量完后，由上旋转机构驱动轮对旋转再次测量，测量结果采集到工控机内。完成自动检测的轮对，由液压系统控制推轮机构将轮对推出进入轮轴检修的下一道工序。

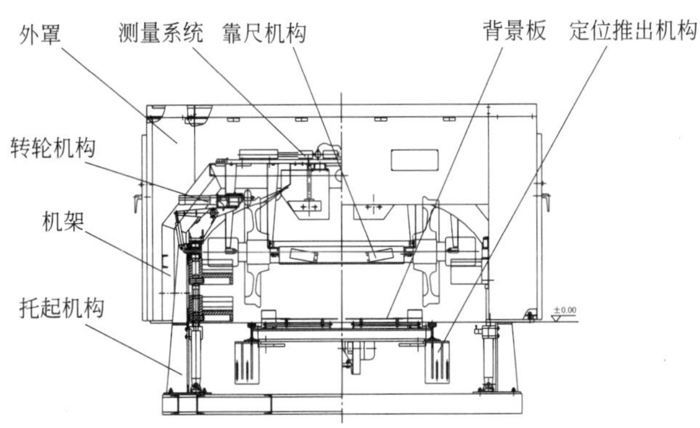

图 2-39 检测装置示意图

控制台如图 2-40 所示由工控机、显示器、打印机等组成。检测装置检测到的数据被采集到工控机内，经数据运算处理后，生成“车统—51C”卡片及轮对下道工序应做的检修信息，并自动打印输出。轮对收入尺寸检测工作者在控制台上进行相应操作，完成轮对几何尺寸的全自动检测过程。

图 2-40 控制台

2. 测量系统介绍

轮对尺寸自动检测机的整个测量系统使用了 8 套高精度面阵 CCD 摄像头、2 套精密传感器和 4 套线性精密导轨气缸定位机构，所有上述测量系统相应安装于轮对所需检测尺寸的范围内，测量系统固定不动，避免了因测量元件的运动而产生的误差。测量系统布置如图 2-41 所示。

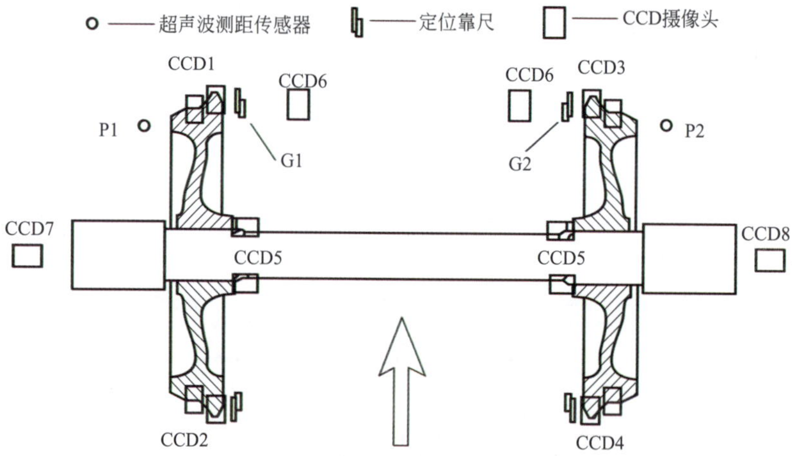

图 2-41 测量系统布置示意图

CCD1、CCD2、CCD3、CCD4 用来测量车轮踏面几何尺寸，即：滚动圆直径、踏面圆周磨耗、轮缘厚度、轮辋宽度。为了检测车轮踏面表面质量，同时满足轮对内侧距三等分测量的要求和轮对中心线同轴度的要求，该检测系统设计一个旋转驱动装置，由摩擦轮驱动轮对旋转，这样来完成轮对内侧距、轮径差及轮辋厚度最小尺寸的测量。

CCD5 用于测量轮座轴直径和轮中轴直径，G1、G2 为线性精密直线导轨定位靠尺，为测量系统提供踏面尺寸测量的计算基准。

CCD6 用于测量轮辋厚度。

CCD7 和 CCD8 两台摄像机将轴承标志板的图像输入计算机。

整个测量过程全部数据的测量和自动测量全部动作均在计算机控制下完成,"轮轴卡片"(车统—51C)上的测量收入尺寸由计算机输出,非测量内容由测试人员直接录入,其测量内容及报警修程提示由计算机自动完成。

3. 轮对自动检测工作过程

轮对检测全过程为:轮对推入→预上轮挡料→自动进轮→落轮→靠轮→人工读入轴承标志板内容并输入相应标志板内容→进入轮对自动测量(轮对每周相隔 120°循环测量 3 次)→微机进行数据处理→检测头复位→输出打印检测结果→摩擦轮复位→轮对顶起推出。

轮对自进入微机检测设备后,从顶轮机构将轮对推入到检测完毕,顶轮机构将轮顶起并推出,其检测各项指标内容、数据处理、数据储存、输出打印检测结果等一系列工作均由微机控制系统自动完成,无需人工处理,大大减少了轮对尺寸检测工作量,减轻了劳动强度。

(二)操作步骤

在控制台上,先按下"开电源"按钮,这时电源信号灯亮,表明控制台电源已经接通;然后闭合"UPS 电源"开关,待 UPS 电源自检完毕绿灯亮后,在 UPS 上按"ON"按钮约 1 s,听到"哗"一声响后,UPS 开机;按下"油泵启动"按钮,油泵信号灯亮,表明油泵控制电路正常,此时油泵电机启动和运转;闭合"DV 24 V 电源"开关,然后闭合"CCD 电源"开关,最后闭合"背景灯"开关,这时背景灯亮;在打印机的进纸处放置"轮轴卡片"(车统—51C),启动打印机;启动工控机。

首先对设备进行日常性能校验。将样板轮推入到检测装置,操作者使用鼠标单击屏幕菜单栏"文件"菜单下的"CCD 测试"命令,控制工控机对样板轮各部尺寸进行自动检测,将检测到的数据与标定值进行比较,误差不能大于±0.5 mm。校验合格后,操作工控机打印校验记录,参加校验人员在记录上应签字确认。

轮对尺寸自动检测机的日常性能校验应指定相关人员共同参加,校验记录应按有关要求保存。如:某车辆段规定,由设备操作者、工长、检查员、验收员共同参加日常性能校验,校验完成后参加校验人员在校验记录上签字确认,校验记录由轮轴班组保存一个段修期。

开始测量时,点击测量程序图标,启动测量程序,操作者进行当班登记后,进入测量界面。

把控制台上的"手动/自动"开关拨在"自动"位。

推轮对到外观检查位。CCD7 和 CCD8 将把被测轮对左右轴承标志板的画面传输到工控机的显示器上。操作者对被测轮对进行外观检查,然后把画面显示的标志板信息和外观检查结论输入到程序界面的相应位置。对于车轮标记不清的要在"车轮标记"栏内注明哪项内容不清,如所有标记不清可填写成"标记均不清"。例如:制造工厂代号为"MG",熔炼炉罐号为"1564",班次为"甲",但制造年月不清的车轮,标记输入为"年月不清 MG 1564 甲"。需要转动轮对时,可按下控制台的点动按钮"外检位电机"或支架上的点动按钮,当轮对转动到合适位置时即可松开按钮。输入完毕,点击"下一步"按钮,轮对被推到自动测量位。

轮对尺寸自动测量完成后,工控机界面上自动显示测量结果(超限尺寸以红色字体显示)和故障情况,并自动提示相应的轮对修程。点击"保存、打印"按钮打印"轮轴卡片"(车统—51C)。打印输出的"轮轴卡片"上的内容应包括:轮轴收入基本情况、轴承标志板信息、设备自动采集到的轮对各部尺寸数据、根据检测数据判定的故障情况及根据故障情况判定的轮对修程。

打印输出的“轮轴卡片”随该轮对流入下一道工序。待完成后续全部检修工作后，将记录存入装用该轮对的车辆技术档案袋内，实现档案化管理，一车一档。“轮轴卡片”(车统—51C)保存时间为 3 年。

(三)质量控制点

每班开工前，应按规定对设备进行日常性能校验，设备操作者应认真填写记录，参加校验人员按规定签字确认。

操作者使用该设备对轮对进行自动测量前，应先检查光源，确保光源在背景板上照度均匀；检查背景板，确保清洁；检查靠尺，确保不沾有异物、靠尺头部不松动；检查被测轮对踏面，确保轮缘处无异物；确保没有其他轮对滑入测量位。否则，都可能产生较大的测量误差或引起成像错误。操作者还应检查油位，确保油位指示在 2/3 以上，否则可能会导致轮对托起不到位。

操作者使用该设备对轮对进行自动测量时，应防止强光源直接照进测量位，测量过程中不能打开外罩门，否则会引起轮辋厚度误差。如果测量速度突然变慢，应检查光源，可能是光源没有照在轮缘背景板和轮座背景板上或者光照不均匀造成。

每班作业结束后，操作者应严格按照以下顺序关机：退出测量程序→正常关闭计算机→关闭油泵电源→关闭 CCD 电源→关闭 DV 24 V 电源→背景电源→UPS 电源→总电源→关闭 UPS 电源，在 UPS 上按“OFF”按钮约 1 s，“哗”一声响后，UPS 关机。断电 5 min 内应及时断开 UPS 电源，避免 UPS 电源烧坏。

校验用的样板轮应每年到当地具有法定计量资质的计量单位进行相关尺寸的计算，出具计量报告，并做防腐和防锈处理。

设备上安装的传感器为精密计量器具，应定期送计量部门检定，检定合格后方可使用，检定周期不超过一年。

知识点：计量器具的检定机构有哪些？

依据《中华人民共和国计量法》和《中华人民共和国计量法实施细则》，国务院计量行政部门对全国计量工作实施统一监督管理，县级以上人民政府计量行政部门对本行政区域内的计量工作实施监督管理。县级以上人民政府计量行政部门可以根据需要设置计量检定机构，或者授权其他单位的计量检定机构，执行强制检定和其他检定、测试任务。计量器具的检定分为强制检定和非强制检定，强制检定是指由县级以上人民政府计量行政部门所属或者授权的计量检定机构，对用于贸易结算、安全防护、医疗卫生、环境监测方面，并列入《中华人民共和国强制检定的工作计量器具目录》的计量器具实行定点定期检定。非强制检定计量器具可以由本单位计量部门检定或者送到第三方计量单位检定。

二、制动梁自动检测技术

对制动梁外形各部尺寸进行检测的传统方法是使用样板或量具检测，需要使用的检测样板或量具有：制动梁全长检测量规、两闸瓦托中心距及制动梁 L 差测量尺、支柱孔中心至闸瓦托弧面中心距量具、制动梁两闸瓦托扭曲量具、制动梁两闸瓦托倾斜度量具和塞尺等。使用样板或量具进行检测具有劳动强度大、检测效率低、精度低的缺点。

制动梁自动检测机是利用比较法原理，采用接触式测量法对制动梁各部尺寸进行自动测量的现代化检测设备。利用比较法原理测量，制动梁不需要精确定位，减少了制动梁变形及定位误差对测量结果的影响；对中机构可以随时进行“尺寸校正”，消除了测量接触件磨损误差，保证了测量精确度。制动梁实现自动检测后，两人操作 4～5 min 就能检测 4 根制动梁，而且精度能够达到 0.01 mm，比原来手动检测时效率提高了 1.6 倍，精度提高了 100 倍。

下面以某型制动梁自动检测机（图 2-42）为例，对其结构与性能、操作步骤、质量控制点等内容进行简单介绍。

图 2-42　制动梁自动检测机

（一）结构与性能

1. 结构组成及测量原理

制动梁自动检测机由对中机构、顶升机构、测量机构和控制系统 4 部分组成。

制动梁自动检测机对制动梁各部尺寸的测量采用的是比较法。

先将传感器与经过标定的标准制动梁试件接触，确定此时的各传感器读数为相对零位。传感器内部已设定以相对零位为基准，传感器测量导杆相对于零位伸出时为正，被压缩时为负，其读数反映出伸出或压缩量。在测量时，通过测量机构动作使传感器与被测制动梁接触，采集数据送入微机，通过两只相互关联的位移传感器读数与标定值可计算出制动梁的一个尺寸。

2. 机械工作过程

当制动梁到达对中工位时，两侧气缸推动制动梁端轴调整制动梁位置，减小制动梁位置偏差。

当制动梁运动到测量工位时，根据制动梁类型启动不同的程序动作。首先顶升机构动作，使制动梁脱离检修小车；当升起到位后，一端闸瓦托弧面被固定的靠模定位，由位移传感器测量出另一端闸瓦托弧面与理想位置的偏差。测量全长的 2 只位移传感器，分别固定在两侧移动的平台上；测量闸瓦托中心距的位移传感器，一端与测量全长的位移传感器固定在移动的平台上，另一端固定在测量闸瓦托扭曲度的固定靠模板上；当制动梁升起到位后，移动平台带动其上的位移传感器到达测量位置，同时，在固定靠模板上的滑动板动作，滑板的一端测量块与闸瓦托内侧紧密贴合，另一端使固定在靠模板上的位移传感器测量杆位移；与此同时，测量支柱中心偏差的机构在电机、气缸等的带动下与支柱表面接触，接触块推动位移传感器测量杆位移。

各传感器取得的数据送至微机处理，得出各测量数值，自动显示在操作界面上的相应表项中。

（二）操作步骤

开机操作。打开主机下方活门，合上配电板上的断路器开关。转动自动操作面板上的“上电”旋钮开关。此时，电源指示灯亮，说明电源无误。打开计算机，启动制动梁自动检测程序。

每班开始作业前，应先对制动梁自动检测机进行日常性能校验。将标准的制动梁试样（图2-43）放在制动梁检修小车上，闭合一下自动操作面板上的“上料”按钮，试样到达对中工位时被自动对中，如图2-44所示。再闭合一下“上料”按钮，使试样到达测量工位；闭合自动操作面板上的“启动”按钮一次，尺寸测量工序便开始动作。

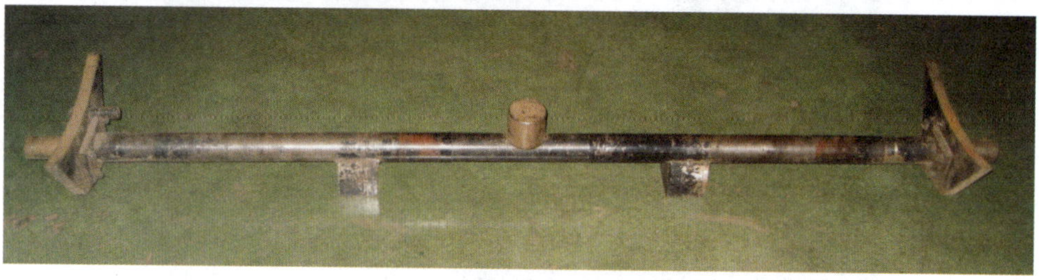

图2-43　制动梁标准试样

图2-44　制动梁标准试样自动测量

点击程序界面中的“制动梁校验”按钮，进入“日常校验”界面，如图2-45所示。此时，日常校验表格中显示系统已经记录的相关信息。点击“启动”按钮，即可完成制动梁自动检测机的日常性能校验。当测量结果显示为“合格”时，点击界面“保存”按钮，将校验的数据保存到数据库中。点击“打印”按钮，系统将自动输出日常校验记录。

制动梁自动检测机的日常性能校验应指定相关人员共同参加，校验记录应按有关要求保存。如：某车辆段规定，由设备操作者、工长、检查员、验收员共同参加日常性能校验，校验完成后参加校验人员在校验记录上签字确认，校验记录由制动梁班组保存一个段修期。

校验完成后，即可对制动梁进行自动检测。检测分为手动操作和自动操作。

手动操作。将自动面板上的转换按钮旋至“手动”位置，按以下顺序按动按钮：“升起1”

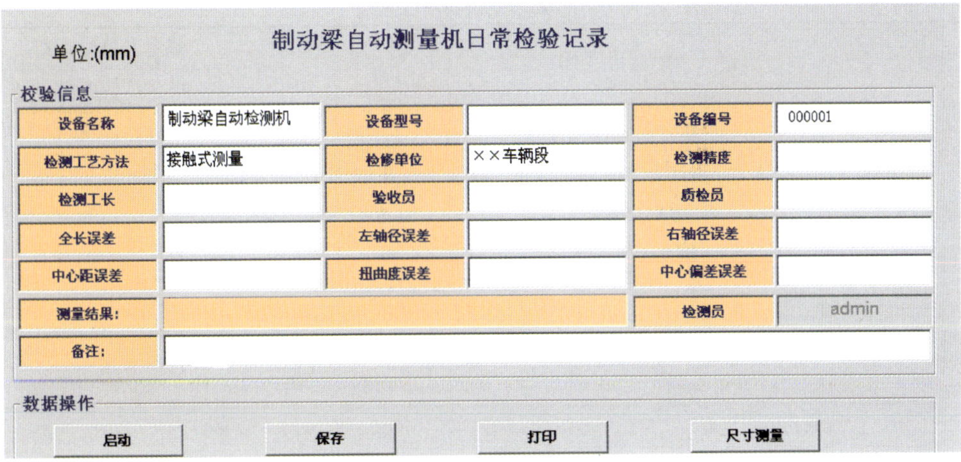

图 2-45　日常校验界面

(或“升起 2”)→“测量”→“电机进”→“电机退”,手动检查各运动机构的工作状况,以工作准确可靠、无异常响声为宜。

自动操作。将操作柜控制面板上的操作控制旋钮旋至“自动”位置。在测量工作界面下进行制动梁尺寸自动检测。其操作过程如下:按“上料”按钮,工件到达对中工位后自动对中,再按“上料”按钮,工件到达测量工位后启动不同的程序动作。组合式制动梁按“启动”按钮一次,槽钢梁连续按“启动”按钮两次。设备将完成对该梁各项尺寸的自动检测,并将测量数据显示在相应的表项中。

根据被测制动梁实际情况输入“基本信息”表项中的内容,保存测量结果。重复上述自动操作步骤,完成制动梁流水自动检测作业。

检测完成后,制动梁自动检测机将实际检测到的数据显示在系统界面上,并根据设定的检修尺寸极限,自动判定被测制动梁是否合格,对于不合格项自动以“*”警示。

数值测量由微机自动完成,不能进行人为修改。检测合格的制动梁须利用设备自带的打印功能,输出“制动梁检修记录”(ZG—27)。制动梁尺寸检测工作者须在记录相应位置签字或盖章。

打印输出的“制动梁检修记录”随该梁流入下一道工序。待完成后续全部检修工作后,将记录存入装用该梁的车辆技术档案袋内,实现档案化管理,一车一档。一车一档检修记录保存期限应大于对应车型的一个段修期。

(三)质量控制点

每班开工前,应按规定对设备进行日常性能校验,设备操作者应认真填写记录,参加校验人员按规定签字确认。

使用制动梁自动检测机检测后,对检测结果有疑问的,应该使用检测尺人工复测,确保各项尺寸符合表 2-5 规定。

标准试样两端的闸瓦托如果发生松动应及时进行处理,并应重新测试其相关尺寸。尺寸发生变化时,应修改测量界面“式样尺寸”项中的相应数值。

手动操作时,应严格按照“升起 1”(或“升起 2”)→“测量”→“电机进”→“电机退”的按钮顺序操作,否则,可能导致位移传感器损坏,造成测量结果失真。

表 2-5　制动梁检修限度表

<table>
<tr><th rowspan="2">序号</th><th rowspan="2" colspan="2">项　目</th><th rowspan="2">原形</th><th colspan="2">检修后限度要求</th></tr>
<tr><th>厂修</th><th>段修</th></tr>
<tr><td rowspan="3">1</td><td rowspan="3">全长</td><td>组合式制动梁</td><td>$1\ 770_{-5}^{0}$</td><td>$1\ 770_{-8}^{+1}$</td><td>$1\ 770_{-8}^{+1}$</td></tr>
<tr><td>转 K3 型制动梁</td><td>1 646</td><td>1 646±6</td><td>1 646±6</td></tr>
<tr><td>槽钢制动梁</td><td>1 770±3</td><td>$1\ 770_{-3}^{+6}$</td><td>$1\ 770_{-3}^{+6}$</td></tr>
<tr><td rowspan="3">2</td><td rowspan="3">两闸瓦托中心距</td><td>组合式制动梁</td><td rowspan="3">1524±3</td><td>$1\ 524_{-4}^{+6}$</td><td>$1\ 524_{-4}^{+6}$</td></tr>
<tr><td>转 K3 型制动梁</td><td>$1\ 524_{-4}^{+10}$</td><td>$1\ 524_{-4}^{+10}$</td></tr>
<tr><td>槽钢制动梁</td><td>$1\ 524_{-4}^{+10}$</td><td>$1\ 524_{-4}^{+10}$</td></tr>
<tr><td>3</td><td colspan="2">L 差不大于</td><td>3</td><td>10</td><td>15</td></tr>
<tr><td>4</td><td colspan="2">支柱孔中心至闸瓦托弧面中心距</td><td>53_{0}^{+5}</td><td>53_{-2}^{+7}</td><td>53_{-2}^{+7}</td></tr>
<tr><td>5</td><td colspan="2">两闸瓦托扭曲不大于</td><td>3</td><td>5</td><td>10</td></tr>
<tr><td>6</td><td colspan="2">两闸瓦托倾斜度不大于</td><td>1∶20</td><td colspan="2">1∶40，或闸瓦托内侧低于外侧 2 mm</td></tr>
</table>

使用过程中如果出现异常现象，应及时按下“复位”按钮结束操作，待查明原因后方可继续作业。“互联”、“电源”等插件在任何时候都不得带电插拔。

设备上安装的传感器为精密计量器具，应定期送计量部门进行检定，检定合格后方可使用，检定周期不超过一年。

三、枕簧自动检测分选技术

摇枕弹簧、减振弹簧是铁路货车转向架减振部的重要组成部分，各弹簧的检测、选配及组装质量对铁路货车的安全运行起着极大影响。传统的方法是人工使用弹簧自由高测量尺对摇枕弹簧、减振弹簧的自由高度进行测量并选配，这种方法劳动强度极大、生产效率很低，制约了铁路货车检修专业化、规模化、集约化的发展。

枕簧自动检测分选机可以完成对铁路货车摇枕弹簧、减振弹簧自由高度的自动测量及分选。每挡分选出的弹簧可以直接用于同一转向架的组装，极大提高了检修工作效率，降低了人工劳动强度。

下面以某型枕簧自动检测分选机（图 2-46）为例，对其结构与性能、操作步骤、质量控制点

图 2-46　枕簧自动检测分选机

等内容进行简单介绍。

（一）结构与性能

1. 结构组成

枕簧自动检测分选机的机械部分由检测机构、链式步进传输机构和分选机构组成。

检测机构由送料平台与测量主机组成，测量主机有上、中、下三个层次。上层是液晶显示屏操作控制箱；中层是弹簧长度检测机构，由气动推料板机构和活动测量板机构组成；下层是电气柜。

在测量过程中，当输送链停下时，将送料平台上的待测弹簧逐个放置到输送链的滚筒搁架上，3 s左右输送链自动运转，弹簧将随输送链自动步入检测工位。当弹簧进入检测位置停下后，控制测量气缸的电磁阀得到电，薄型气缸活塞杆伸出，活动测量板机构向右移动，将被测弹簧夹在两块活动测量板之间；传感器的感应探头固定在右侧活动测量机构上，弹簧碰到右活动测量板后，测量板带动传感器的感应探头移动，位移量与被测弹簧的长度相对应，如图2-47所示。传感器根据位移量大小输出相应的电压值，系统采集这一电压值，经运算、分析处理，得出被测弹簧的长度。

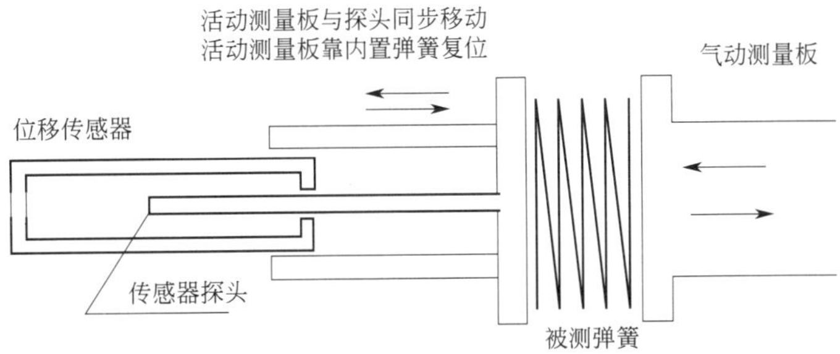

图2-47　测量原理示意图

测量完成后，电磁阀断电，薄型气缸活塞杆就将活动测量板机构拉回到待测量位置，等待下一个弹簧到位后，开始下一轮的测量，反复循环，与此同时，已测弹簧进入分选机构。

链式步进传输机构由电机传动机构、组合机架和滚筒式输送链组成。链式输送带的长度可根据分挡位的多少而变动。电机驱动传动机构由减速机、半轮减速箱等组成，带动输送链条走3 s、停3 s的节拍步进向前，输送被测弹簧，系统以10件/min的节拍测量、分检弹簧。

分选机构与检测机架是一个整体，由步进式的输送带、卸料平台、卸料机械手等组成，经检测后的弹簧，由输送带逐步向后输送，程序计算出弹簧到达分挡位应行走的步数，当运行到各自规定的位置时，程序发出卸料指令，每个卸料气缸自动识别分选指令并将弹簧推出，实现弹簧的八个挡分选配对功能，供下面组装工序使用。

卸料机械手由卸料挡板、导向轴套、气缸、电磁阀、外罩等组成。该组件安装在输送链条的一侧上方，和输送链条另一侧下方的分选平台相对应，它的作用是分选弹簧。每个挡位都受相应卸料驱动信号控制，接到卸料信号，电磁阀得电动作，接着卸料机械手将该弹簧推到相应的分选平台中，待组装人员使用。分选工作原理为：在测量分选和输送弹簧的过程中，程序对弹簧的检测长度进行比较判断，程序对弹簧输送行走的步数计数，当行走的步数与该弹簧挡位的定义步数相等时，PLC发出卸料驱动信号，控制分选推出弹簧。各挡位对不属于本分挡位的弹簧，卸料机械手将不会动作，让其通过各自的挡位，输送到机尾部卸料，也可根据需要，在合适位置设置废品挡。这样就实现被检测过的弹簧,按照各自的分挡位依次推出弹簧。分选平台上标注有相对应的弹簧挡次信号,这样不会混淆难辨,有利于安装者的正确选用。

2. 测量原理

高精度变压器式位移传感器存在如下特性:

$$\Delta S/\Delta U=K(\text{常数})$$

检测前,把检测弹簧的“标准样簧”(其长度为S_0),放入检测机构检测,通过传感器获得S_0对应的感应电势L_0;而在检测过程中,长度为S_1的被测弹簧通过位移传感器可测得S_1对应的感应电势L_1,基于变压式位移传感器的特性,就可以得到$S_1=S_0-K(L_0-L_1)$,K为传感器特性常数,从而可以得出被测弹簧的长度。检测过程中,位移传感器检测弹簧长度,输出相应感应电势,经过信号稳定、放大等处理后,送入A/D转换器,把模拟信号转换得到数字信号,然后再送入可编程中进行计算、判定、显示、计数、分选,从而实现弹簧长度的自动检测和分选的全过程,其原理如图2-48、图2-49所示。

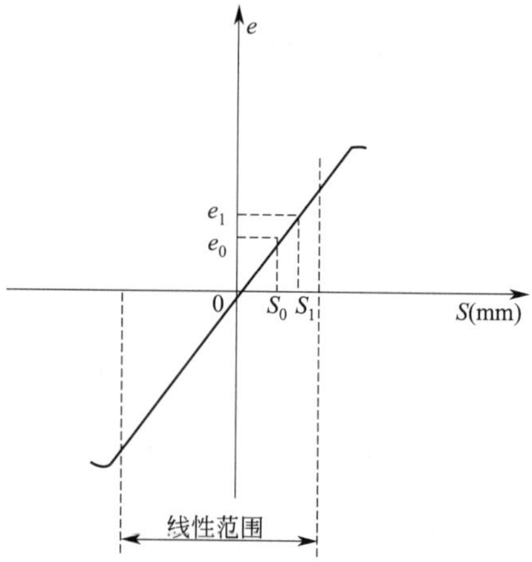

图2-48 传感器线性特性图

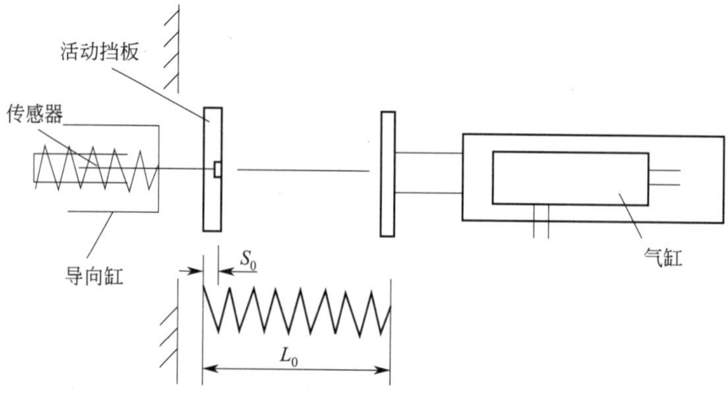

图2-49 检测示意图

在传感器线性范围内有:

$$L_0/L_1=S_0/S_1=e_0/e_1$$

式中:L_0——弹簧长度;

S_0——弹簧压缩活动挡板位移量;

e_0——S_0对应的感应电势量;

L_1——弹簧长度;

S_1——弹簧压缩活动挡板位移量;

e_1——S_1对应的感应电势量。

所以有:

$$L_1=L_0/e_0\times e_1;$$

$$L_1=K\times e_1$$

L_0/e_0是校样时设定的值,可看成常数K,此值一直保持到下一次校样时被新的规定值取代。

该分选机的工作原理如图 2-50 所示。

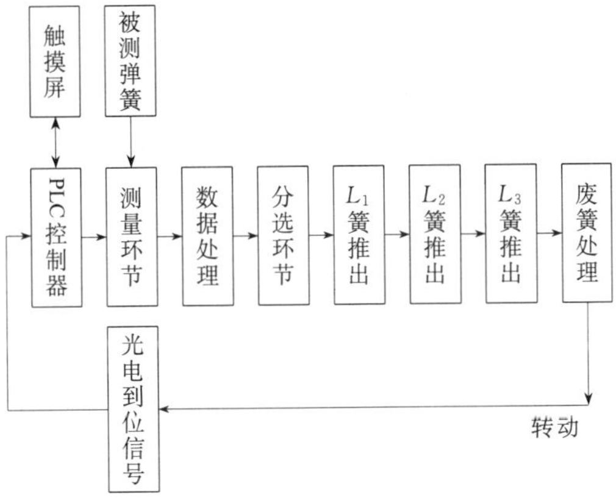

图 2-50　工作原理框图

(二)操作步骤

接通气源,观察气压表读数应在 0.5 MPa,否则调整压力到规定值,向测量主机上端两个油杯加入适量润滑油,保证润滑机构作用。

打开电控箱,合上空气开关,接通控制盒上电锁开关,电源指示灯亮,控制电源送电,触摸屏亮,程序自动进入"货车枕簧自动测量分选界面"。

每班开始作业前,应先使用样簧校对设备测量基本尺寸。

样簧校样原理:传感器检测"样簧"长度,产生一个相应的感应电动势,经过信号稳定、放大等处理后,送 A/D 进行模数转换,得到一个相应的电压参数,此时输入"样簧"的标准长度,并写入程序,系统记忆这两个数据,作为以后测量计算的基准值。

校样方法:将样簧放在测量机头的输送链滚筒搁架上,然后触摸"校样开关"键,这时测量气缸夹紧,画面文字提示"正在校样中…",然后操作"右"、"增"、"减"等三个键用来调整设定值,(转 8A 型样簧的高度值为 220.0 mm,转 K2 型样簧的高度值为 232.0 mm,转 K6 型样簧的高度值为 252.0 mm),操作"准写"、"设定"两个键用于设定校样标准值。设定完成后,关闭电源,重启进入系统。观察测量读数,确保在测量误差允许范围±0.1 mm 之内。

枕簧自动检测分选机的日常性能校验应指定相关人员共同参加,校验记录应按有关要求保存。如:某车辆段规定,由设备操作者、工长、检查员、验收员共同参加日常性能校验,校验完成后参加校验人员在校验记录上签字确认,校验记录由配发班组保存一个段修期。

校验完成后,即可根据所测量弹簧种类,在设备触摸屏上操作菜单进行各种弹簧高度检测。

枕簧自动检测过程中,图 2-51 界面自动显示当前弹簧的测量值和此段作业时间内连续测量分检的合格弹簧总数,另外画面上还显示当前时间。

如果要观察各挡位分选统计情况,触摸"统计"画面切换键,进入前测量值及分选统计界面画面,如图 2-52 所示。该界面计值显示、动态形象,便于测量观察,并且监视信息较多,有分选统计情况、推簧动作等信息。

检测合格的弹簧按照已经设置好的分挡条件,通过输送链自动流入对应规格的合格料箱内。

每班结束作业后应按照以下顺序关机：轻触“电机开/关”触摸键，切换到“关”状态即可停机→按“自动/手动”到“手动”状态→关闭控制盒“电锁”开关→断开电控箱空气开关→关断气阀。

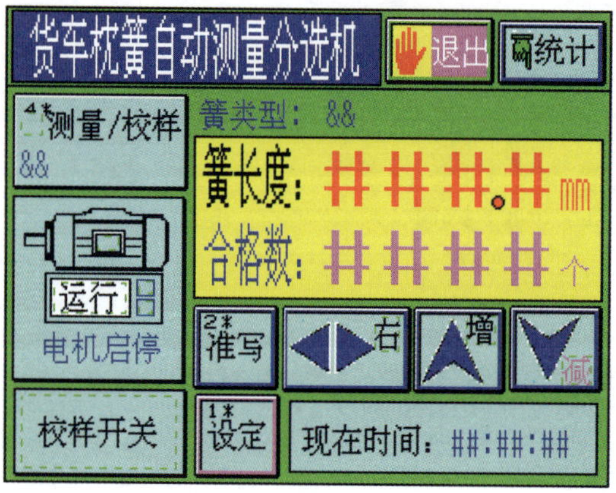

图 2-51　枕簧检测界面

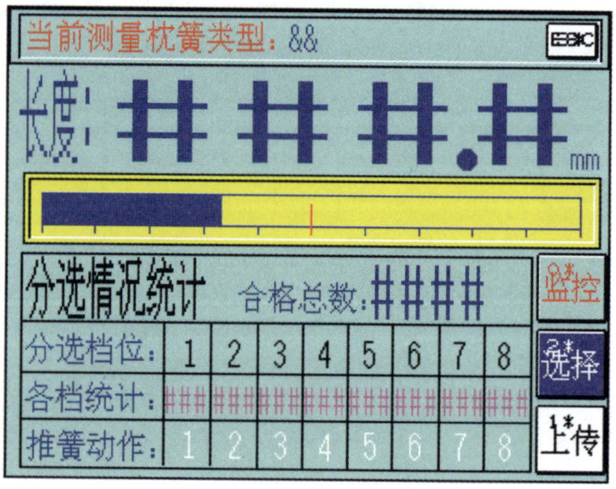

图 2-52　当前测量值及分选统计界面

（三）质量控制点

枕簧自动检测、分选前，操作者应对枕簧外观质量进行检查，发现有折断、裂损的，圆钢直径腐蚀、磨耗超过原形的 8%的，或弹簧支承圈不足 5/8 圈的直接报废，不再进行检测、分选。

为提高弹簧的测量准确性和一致性，放置弹簧时最好按固定角度，同方向放置。

枕簧经枕簧自动检测、分选机检测后，对检测结果有疑问的，须使用检测样板人工测量各部尺寸，确保符合要求。

正常停机时，必须等被检测弹簧全部卸料完毕后，才能停机。如果停机时有部分被检测弹簧没有卸料完毕，仍停留在分选传送架上，那么再次送电启动后，上次没有分选推出的弹簧，将不能分选，直接从输送链尾部滚出。设备运行发生故障时，可以直接关闭控制盒上电源开关紧急停机，不要在设备运行中处理故障，防止事故发生。

设备上安装的传感器为精密计量器具，应定期送计量部门进行检定，检定合格后方可使用，检定周期不超过一年。

四、转向架正位检测技术

交叉支撑转向架采用交叉杆来支撑摇枕和侧架，可以提高转向架的抗菱刚度，进而可以提高转向架运行的稳定性，在货车检修中常见的是转 K2 型、转 K6 型转向架。理论上，转向架侧架 4 个导框中心应成一矩形分布，这样可以最大程度的提高转向架的刚性和平稳性。但是，实际中交叉杆的组装可能会使转向架 4 个导框中心组成各种形式的四边形。当组装偏差超过一定限度时，就会加快轮轨偏磨和降低运行的平稳性甚至会造成脱轨事故。

分解后的交叉支撑装置须经检修合格后才可进行组装，组装时须使用专用定位胎具或自动定位检测组装装置，组装后的半成品转向架须进行正位检测。

转向架正位检测台既可以用来进行交叉杆的组装，又可以对组装后的转向架进行正位检测，能够保证转向架 4 个导框中心分布满足工艺要求。

下面以某型转向架正位检测台（图 2-53）为例，对其结构与性能、操作步骤、质量控制点等内容进行简单介绍。

图 2-53　转向架正位检测台

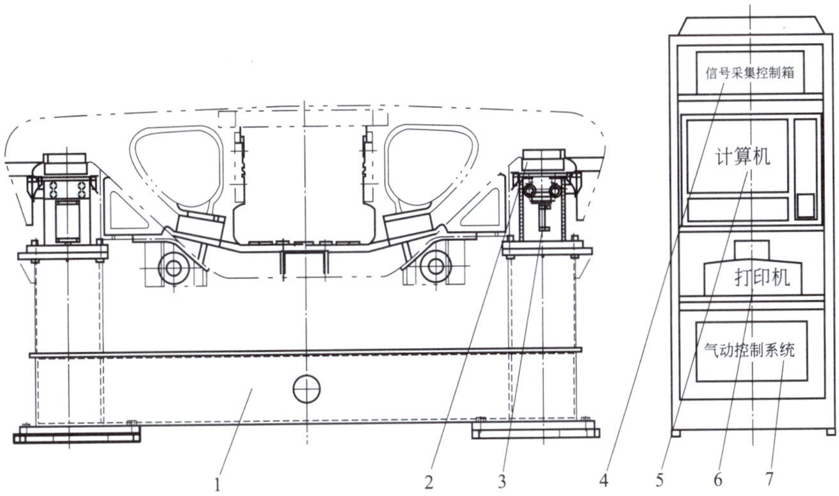

图 2-54　转向架正位检测台组成

1—基座;2—滑动座;3—测量装置;4—信号采集控制箱;5—计算机;6—打印机;7—气动控制系统

(一)结构与性能

1. 结构组成

转向架正位检测台,如图 2-54 所示,由基座、滑动座、测量装置、信号采集控制箱、计算机、打印机、气动控制系统等部分组成。被测转向架置于滑动座上面。

基座主要由底架和 4 个立柱等组成,采用了钢板焊接的具有较强刚性的整体基座。基座能够承受一般操作时的冲击载荷,设有安装测量机构的安装座、转向架支撑滑动座、转向架横向定位基准等。

基座顶部的 4 个滑动座支撑整个转向架半成品重量并能使转向架在水平面方向处于自由的不受力状态。

在基座的一侧设有 2 个横向气缸,能将转向架半成品推向横向基准挡。

气动控制系统由压力表、空气滤清器、压力调节阀、调速阀、多路空气分流器、电磁阀、限流阀等组成，主要功能是将气源的压力空气通过电磁阀送给各执行气缸。电磁阀受计算机及控制箱的控制。

测量头与导框的接触部分采用硬质合金钢材料，以便减小磨耗。软件中设计了用于标准构架的标定功能，可以随时对系统进行标定，这种标定方式可以消除由于测量头及基座组装时引入的误差，也可以消除测量头磨耗引起的误差。

传感器采用抗干扰强、对环境气候条件不敏感的精密光电式编码器。

整个测量过程全部由计算机控制，开始测量时首先计算机向控制器发出指令启动横向定位气缸，然后启动测量气缸，待测量头稳定后，计算机采集各个传感器的角度信号，完成采样后释放所有气缸，然后进入分析程序，并显示所有结果于计算机屏幕上，并等待操作员的指令。

2. 测量原理

测量装置是正位测量系统的主要部件，由导框中心测量机构和横向测量机构两部分组成。

转向架导框中心测量机构示意图如图 2-55 所示，它由传感器、定位器、滑槽、支架、连杆、测量头、测量转臂、气缸支架、执行气缸等组成。2 个传感器安装在支架上，测量转臂与传感器紧密相连，测量转臂的另一端与一连杆相铰接，连杆又与能在滑槽上左右滑动的滑块相铰接。气缸安装在支架上，气缸的一端与一横向杆相铰接，横向杆的两端又分别与两根连杆铰接，这两根连杆分别与测量转臂的中部相铰接。气缸缩回时，使测量转臂与定位器紧密接触。当气缸外伸时，气缸推动左右两侧的测量转臂和测量头在滑槽 3 内移动，直至与被测面紧密接触，根据传感器的输出信号可以确定被测面离支架中心的距离 C_1 和 C_2。

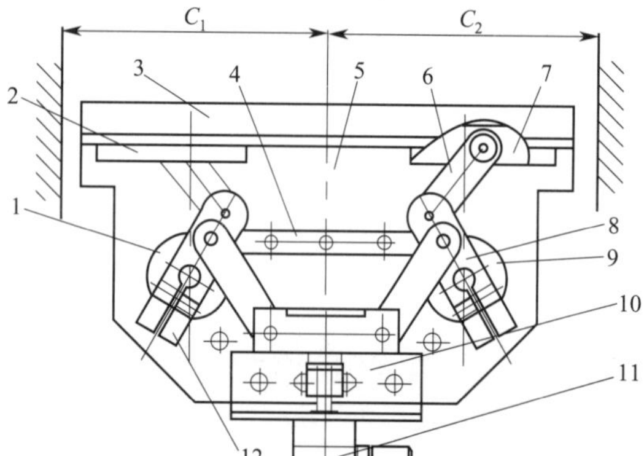

图 2-55 转向架导框中心测量机构

1—传感器；2—测量头；3—滑槽；4—定位器；5—支架；6—连杆；7—测量头；8—测量转臂；9—传感器；10—气缸支架；11—执行气缸；12—测量转臂

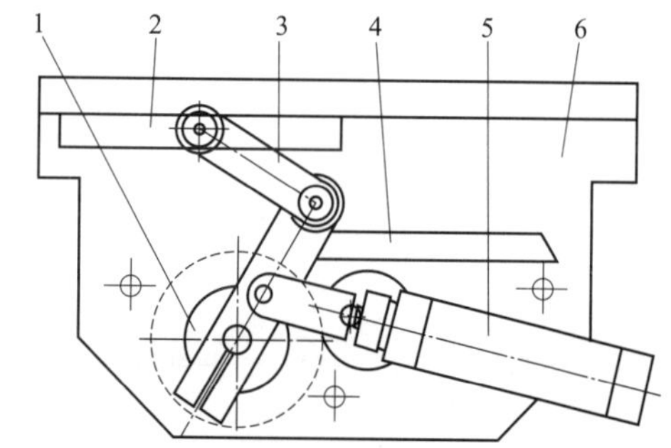

图 2-56 转向架横向测量机构

1—传感器；2—测量头；3—测量转臂；4—定位器；5—执行气缸；6—支架

转向架横向测量机构如图 2-56 所示，它由传感器、测量头、测量转臂、定位器、执行气缸、支架等组成。传感器安装在支架上，测量转臂与传感器紧密相连。气缸的一端安装在支架上，气缸的活塞杆与测量转臂相铰接。气缸缩回时，测量转臂与定位器紧密接触。当气缸外伸时，气缸推动测量转臂和测量头，直至与被测面紧密接触，根据传感器的输出信号可以确定被测面离传感器中心的距离 C。通过计算程序可以换算成前后侧架的横向间距。

（二）操作步骤

打开控制柜面板上的钥匙开关和急停按钮，给系统供电，工控机启动。进入计算机操作系统后，双击桌面上的“正位检测机”的图标，程序运行。

单击“登录管理”按钮，弹出登录管理对话框。在对话框的用户名下拉栏中选择用户名，输入密码，按“登录”按钮即可进行用户登录。登录成功后，在主框架顶部会显示出当前的操作用户。

每班开始作业前，操作者应利用设备自带的自检功能进行自检，并打印自检测试结果，确认系统正常后才可使用，打印的自检测试记录应按规定保存。如发现传感器故障或其他系统故障，经处理后需再次进行自检，确认系统正常后才可使用。

自检合格后，单击“检测”按钮，进入检测界面。在程序界面右上方的各个编辑框中输入待检测转向架的信息。把转向架吊放到正位检测台上后，单击“检测”按钮，检测台自动对转向架进行正位检测，进度条显示当前的检测进度。

测试完毕后，首先应观察计算机屏幕上的信息。这些信息有图视信息，图视信息显示在平面的上半部分，既可以显示出导框中心点的大概位置及其偏差的大小范围和具体数值，也可以看到侧架的偏斜方向，对测量结果有一个直观的了解，结果可视化显示如图 2-57 所示。圆的中心代表名义导框中心，实际测试点用十字叉表示，坐标显示在括号内。

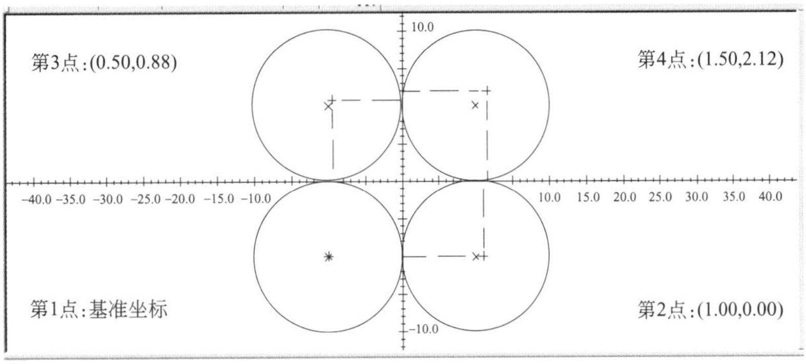

图 2-57　结果可视化显示

然后还应观察计算机屏幕下方的信息栏信息。这些信息有：各导框中心点相对于导框名义中心点的偏移坐标值、导框宽度值、轴距偏差、前后宽度差（两侧架对应的导框中心距之差）、最大宽度偏差、对角线长度之差、修正对角线长度之差、测试结果的评判及交叉杆的长短提示等，消息框内容如图 2-58 所示。

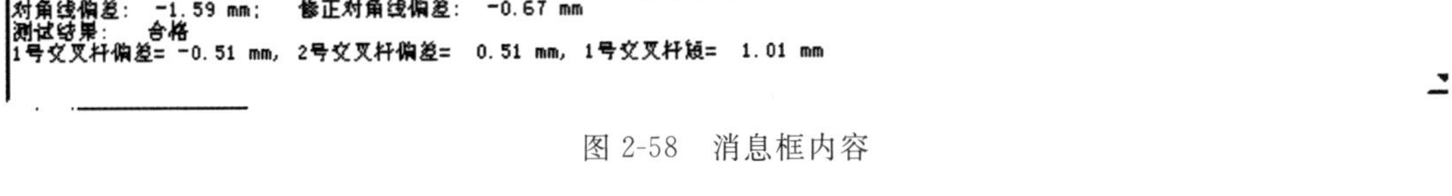
开始第1次测量......
所测各点坐标如下：
(x1,y1) =(0.0,0.0) ; (x2,y2) =(1.000 , 0.000) ; (x3,y3) = (0.500, 0.884) ; (x4,y4) = (1.500, 2.116) ;单位：mm
导框[1/2/3/4]宽度： 311.90 , 311.80 , 312.10 , 311.80 ;单位：mm
轴距偏差： 0.00 mm; 前后宽度差： -1.23 mm; 最大宽度偏差： 2.12 mm
对角线偏差： -1.59 mm; 修正对角线偏差： -0.67 mm
测试结果： 合格
1号交叉杆偏差= -0.51 mm, 2号交叉杆偏差= 0.51 mm, 1号交叉杆短= 1.01 mm

图 2-58　消息框内容

检测完毕后，系统自动显示检测结果，并自动判断检测的数据是否超过规定范围。如在规定范围内，显示“合格”；反之，显示“不合格”。

测量结果以规定的格式由微机打印出检测记录单，检查员、验收员应在记录单相应位置签字。检测记录单与“货车检修记录单”(车统—22B-2)装订在一起，随该转向架流入下一道工序。待完成后续全部检修工作后，将记录存入装用该转向架的车辆技术档案袋内，实现档案化管理，一车一档。“一车一档”检修记录保存期限应大于对应车型的一个段修期。

(三)质量控制点

每班开工前，应按规定对设备进行自检，自检合格后应打印自检测试结果，按规定保存。

在风压小于 0.4 MPa 或气缸泄漏时，应停止测量，以免测得不准确数据。在放置枕架半成品前，应查看是否有测量头未缩回或外露。若外露，应手工将其复位，以免损伤测量机构。

转向架经正位检测台检测后，对检测结果有疑问的应使用检测尺人工复测，确保 4 个导框中心构成矩形的对角线长度之差不大于 5 mm，两侧对应的导框中心距之差不大于 10 mm。

如测量结果不合格，可在相应的交叉杆端头与轴向橡胶垫之间加调整垫进行调整，每处的加垫厚度不能大于 2 mm。如加 2 mm 调整垫后，对角线长度之差仍不合格，须分解检查，检查原因并解决后再进行检测。

设备上安装的传感器为精密计量器具，应定期送计量部门进行检定，检定合格后方可使用，检定周期不超过一年。

五、阀类弹簧自动检测技术

在铁路货车检修中，制动阀、空重车阀内的弹簧高度与载荷等参数需要进行检测，传统的检测方法一是使用弹簧检测样板对弹簧高度进行测量，二是使用弹簧手动测试仪，通过手压操作杆、人工读数记录来判别弹簧性能。这两种检测方法的缺点是人工劳动强度大、检测精度低，检测数据也不便于管理。

数控弹簧测力机是一种采用接触式测量法，利用传感器技术对弹簧高度和加载负荷进行自动检测的现代化检测设备，适用于各型铁路货车空气制动阀及空重车阀弹簧的试验检测。

下面以某型数控弹簧测力机(图 2-59)为例，对其结构与性能、操作步骤、质量控制点等内容进行简单介绍。

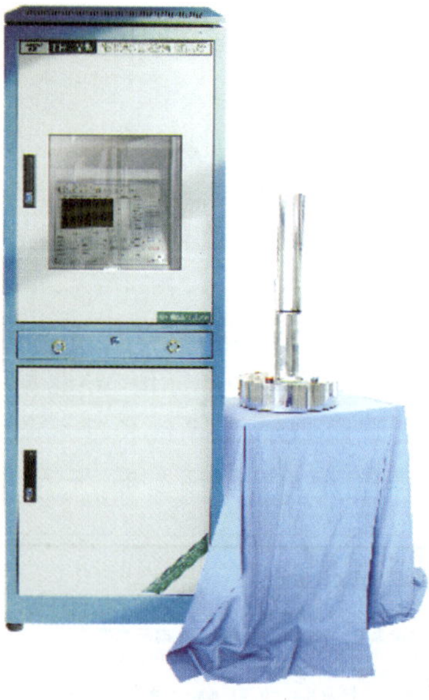

图 2-59　数控弹簧测力机

(一)结构与性能

1. 结构组成

数控弹簧测力机由计算机控制柜和测试台两大部分组成。

计算机控制柜用来存放交流稳压电源、主机、显示器、打印机、I/O 控制箱、键盘和鼠标等，其布置如图 2-60 所示。

测试台部分主要由罩体、支撑外筒、施力装置外筒、测试平台、接高座等组成，测试台外观如图 2-61 所示。

罩体上设有电源开关、压力显示屏、显示灯、电机驱动接口、采样控制接口和置零按钮。压力显示屏为 6 位荧光数码管，显示被测试弹簧的受力大小；显示灯分别为合格灯(显示蓝色)和不合格灯(显示红色)，在完成一次弹簧测试后，根据系统判定的测试结果，相应的显示灯变亮；电机驱动接口用于连接 I/O 控制箱的电机驱动接口；

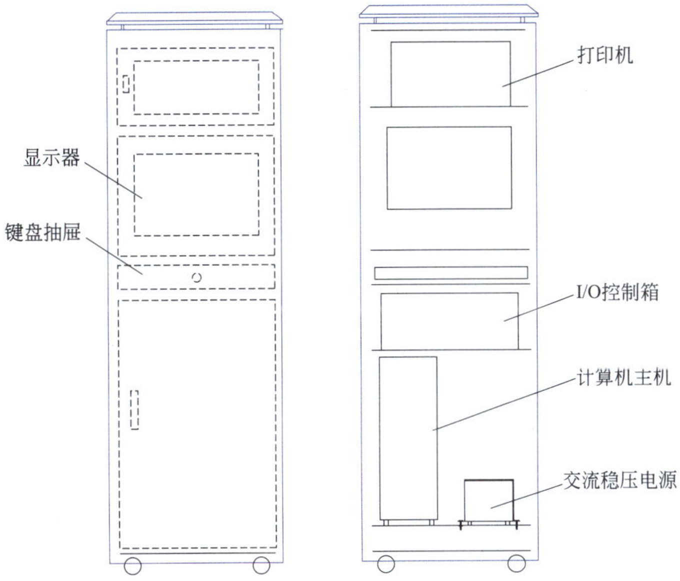

(a) 前视外观图　　(b) 后视内部结构图

图 2-60　计算机控制柜结构图

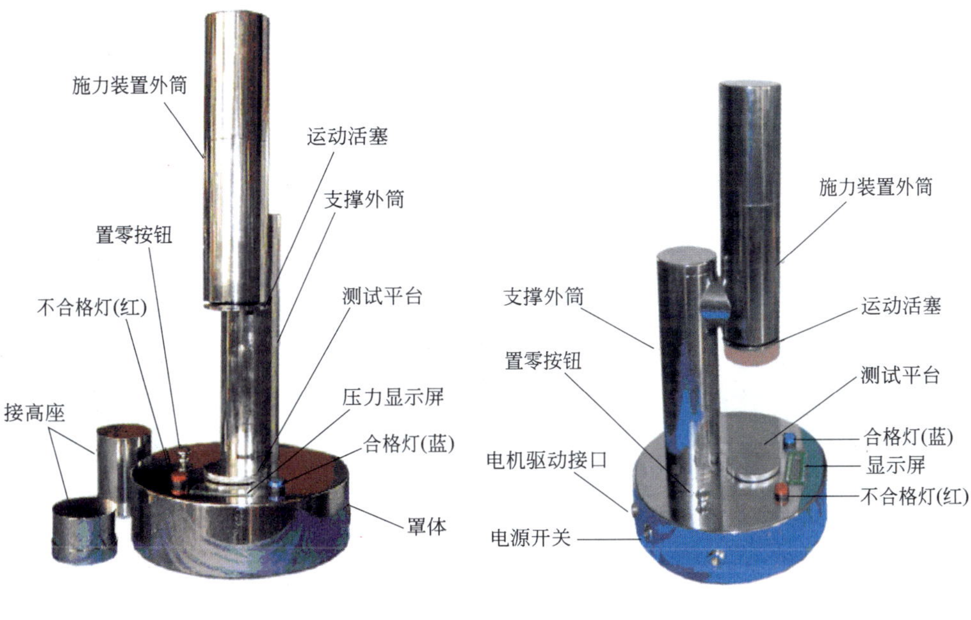

(a) 测试台外观正视图　　(b) 测试台外观侧视图

图 2-61　数控弹簧测力机测试台组成

采样控制接口用于连接 I/O 控制箱和计算机串行通信接口。另外，罩体上还设有置零按钮，当放置辅助测试平台后或者压力传感器出现零漂，也就是在未放置弹簧的情况下压力显示值出现非零值时，按下此按钮立刻使压力值归零。

施力装置外筒内装有运动活塞，用来下压被测试的弹簧。

测试平台用于放置被测试弹簧并测量受力大小。

接高座用于配合测试平台放置不同被测试的弹簧并测量受力大小，两种接高座的规格分别是 110 mm 和 55 mm。放置 110 mm 的接高座是用于检测自由高度在 0～100 mm 之间的弹簧；放置 55 mm 的接高座是用于检测自由高度在 100～150 mm 之间的弹簧；不放置接高座时，可以检测自由高度在 180～200 mm 之间的弹簧。

2. 测量原理

当弹簧被外力压缩或拉伸时，弹簧的压缩量或伸长量与外力存在一种对应的关系：

$$F=KX$$

其中，F 为外力，X 为压缩量或伸长量，K 为每种弹簧所特有的“弹性系数”。

弹簧测力机的基本原理如图 2-62 所示。当计算机向施力装置发出下压命令时，施力装置一下压弹簧，位移值、压力值发生相应变化，满足 $F=KX$ 关系。由压力传感器 3 和位移传感器 2 采样电路进行采样，并实时将采样数据送给计算机，主机通过处理数据，计算得到被测弹簧的自由高、K 值、压缩高、弹簧压力—位移曲线（F-S 图）、优劣结论等。

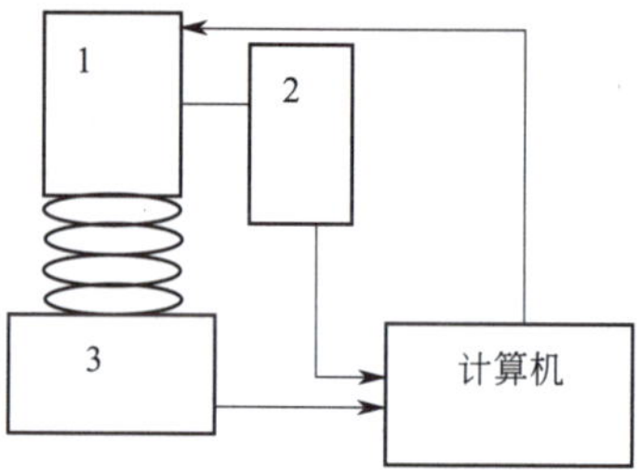

图 2-62　弹簧测力机基本原理图

1—施力装置；2—位移传感器；3—压力传感器

（二）操作步骤

1. 校准与校验

（1）校准器具

弹簧测力机的校准器具有比对块、比对杆和 I/O 控制机能自检块，装入校准器具盒内保存。

比对块如图 2-63 所示，它是采用钢材经过精密机械加工，刻字电镀并准确计量而成，供计量人员对称重传感器校验时使用。

图 2-63　比对块

图 2-64　比对杆

图 2-65　I/O 控制机能自检块

比对杆如图 2-64 所示，供计量人员对压缩总行程校验时使用。

I/O 控制机能自检块如图 2-65 所示，借助于对它的动态操作，可使计算机准确判断微控弹簧测试仪当前是否处在正常的工作状态。自检块供设备操作者对弹簧测力机进行日常性能校验时使用。

（2）日常性能校验

每班开始作业前，要对设备进行日常性能校验，即：操作者利用设备自带的自检功能进行机能自检。

使用时，按照以下顺序打开电源开关：交流稳压电源→I/O 控制箱电源→测试台电源→显示器电源→主机电源，最后启动弹簧检测程序。

点击“测量”菜单下的“I/O 自检”命令，进入图 2-66 所示机能自检与校正窗口。

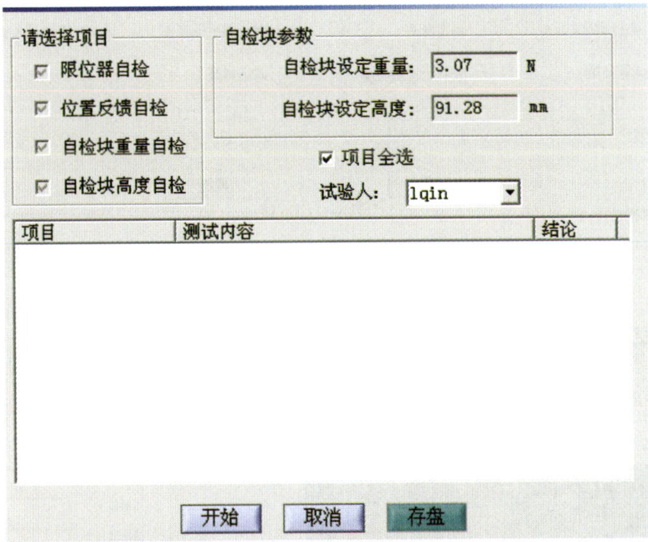

图 2-66　机能自检与校正窗口

机能自检包含“限位器自检”、“位置反馈自检”、“自检块重量自检”和“自检块高度自检”4 个项目。“限位器自检”是检查位置传感器的功能是否正常；“位置反馈自检”是检查弹簧下移的实际位移与显示的位移量之间的误差是否小于规定值；“自检块重量自检”是检查自检块当前重量与设定重量之间的误差是否小于规定值；“自检块高度自检”是检查自检块当前高度与设定高度之间的误差是否小于规定值。

选择“项目全选”，点击“开始”按钮，此时系统将开始进行“限位器自检”和“位置反馈自检”，并在界面上显示自检结果。这两项自检完成后，系统将提示“请使用自检测试平台，请先放上自检块，然后确定”，此时将 I/O 控制机能自检块放于测试平台上，点击“确定”按钮，系统将完成“自检块重量自检”和“自检块高度自检”，并在界面上显示自检结果。自检项目全部完成且合格后，点击“存盘”，当前显示的自检结果将被保存在数据库中，同时按照校验记录格式显示在界面上，点击“打印”按钮系统自动输出记录。

弹簧测力机的日常性能校验应指定相关人员共同参加，校验记录应按有关要求保存。如：某车辆段规定，由设备操作者、工长、检查员、验收员共同参加日常性能校验，校验完成后参加校验人员在校验记录上签字确认，校验记录由制动室班组保存一个段修期。

2. 弹簧自动检测流程

在测试平台上放好被测弹簧，点击“测量”菜单下的“自动测量”命令，进入信息输入窗口，如图 2-67 所示，选择试验人、类型、阀型，输入阀的检修编号。

选好上述项目后点击“确定”按钮，进入弹簧自动检测窗口，如图 2-68 所示。弹簧自动检测窗口包括弹簧压力—位移曲线（F-S 图）、标准数据、测试结果、弹簧信息、测试方式、活塞状态等参数。

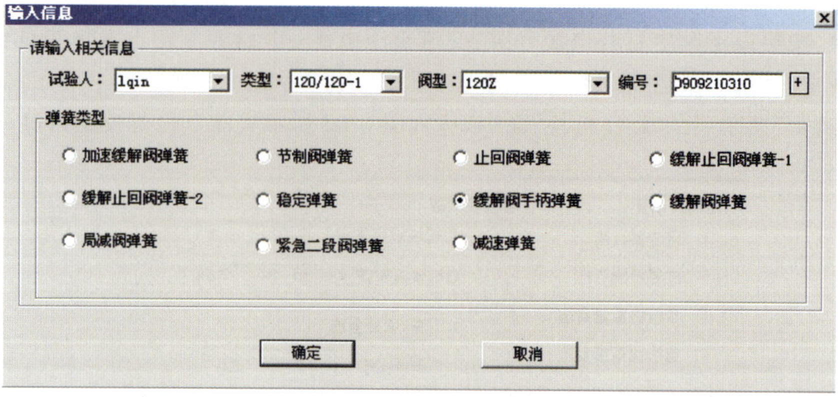

图 2-67　信息输入窗口

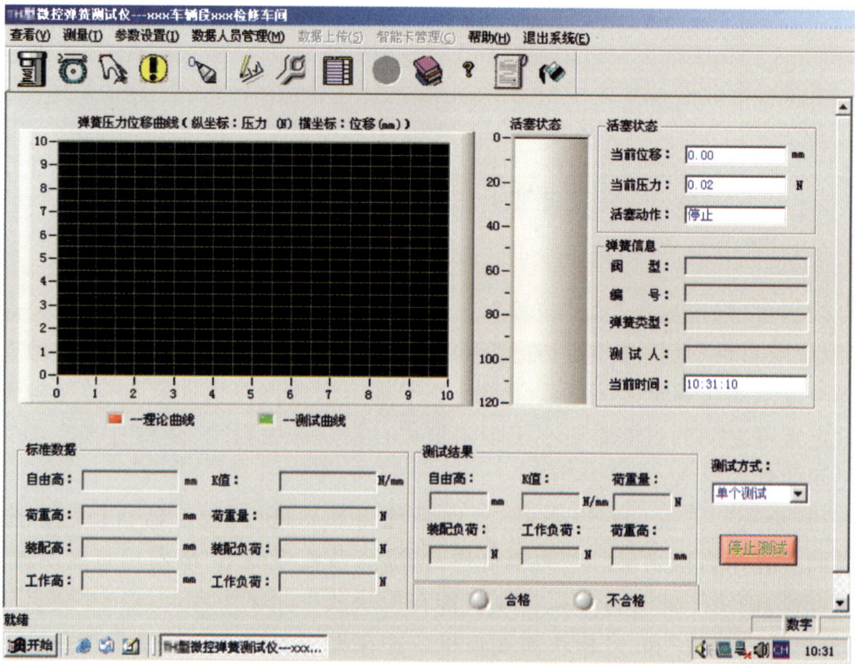

图 2-68　自动测量界面

点击界面下方的“测试方式”下拉框，系统列出“单个测试、批量测试、连续测试、识别测试、全信息测试”5 种方式，默认方式为单个测试。

点击“开始测试”按钮，系统开始对弹簧进行自动检测。测试完毕，屏幕显示相应的测试信息，并提示测试结果是否“保存”、“重做”、“取消”。在测试过程中，点击“停止测试”按钮可立即停止运动活塞的动作。

图 2-69 所示为某弹簧测试完毕后的弹簧压力—位移曲线，显示测量过程中压力与位移的变化，红色代表理论曲线，绿色代表实际测试曲线。

弹簧检测完成后，系统根据检测数据自动判别弹簧是否合格，并在界面上显示。检测不合格的弹簧应进行更换。

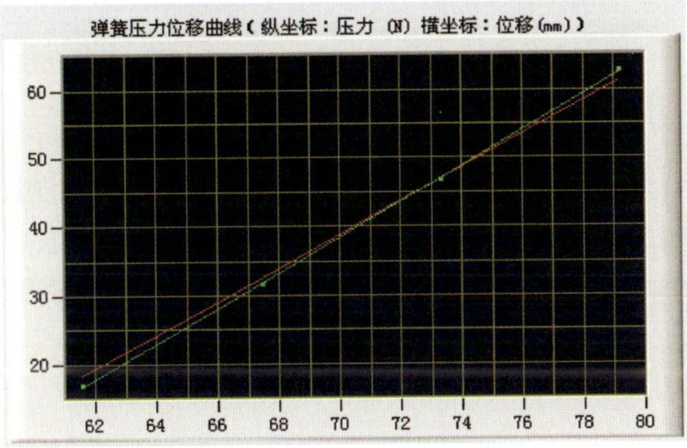

图 2-69　弹簧压力-位移曲线图

一个阀的所有弹簧全部检测完毕后，点击“数据人员管理”菜单下的“制规报表”命令，进入如图 2-70 所示“查询、打印”窗口。

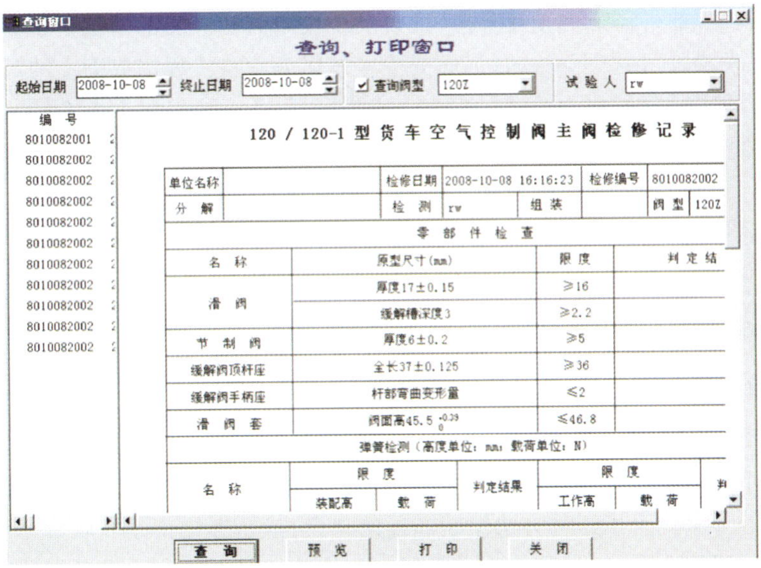

图 2-70　查询、打印窗口

选择该阀的检修编号，点击“打印”按钮，系统自动根据检测的不同阀类弹簧输出相应的检修记录。制动阀的检修记录明细见表 2-6。

表 2-6　制动阀弹簧检修记录明细

序号	被测弹簧所属阀	检修记录编号	检修记录名称
1	120/120-1 阀	ZG—04	120/120-1 型货车空气控制阀主阀检修记录
		ZG—05	120/120-1 型货车空气控制阀紧急阀检修记录
2	103 阀	ZG—09	103 型分配阀主阀检修记录
		ZG—10	103 型分配阀紧急阀检修记录
3	GK 阀	ZG—13	GK 型三通阀检修记录

带有弹簧检测数据的记录随阀流入下一道工序。待完成后续全部检修工作后，将记录存入装用该阀的车辆技术档案内，实现档案化管理，一车一档。“一车一档”检修记录保存期限应大于对应车型的一个段修期。

每班结束作业后，应先正常退出弹簧检测程序，然后正常关闭计算机，最后按照以下顺序关闭电源开关：显示器电源→测试台电源→I/O 控制箱电源→交流稳压电源。

（三）质量控制点

每班开工前，应按规定对设备进行日常性能校验，设备操作者应认真填写记录，参加校验人员按规定签字确认。

弹簧检测前，应先肉眼检查被测弹簧的外观状态，如果存在锈蚀、变形、裂纹或折断现象，应该将该弹簧报废，不再进行检测。

被测弹簧的两端应擦拭干净，保证它与测试平台、运动活塞有良好的接触，防止因弹簧滑动造成检测结果失真。测试弹簧时，要把弹簧放在测试平台中心，以免引起偏载。

在测试过程中注意要保持测试平台干净，防止油垢等脏物影响测试过程中压力值的采样结果。

在测试过程中，如果需要更换接高座，或者发现在未放置弹簧的情况下压力显示出现非零值，即出现零漂现象，应该按下测试台上面的置零按钮或者点击程序界面上的“压力置零”工具栏按钮，使压力归零。

在测试过程中，如果出现压死弹簧或压力过载情况，系统会发出蜂鸣器报警响声，操作者应立即执行“复位”功能，或者立即关闭 I/O 控制箱前面板的电源开关。

设备上安装的传感器为精密计量器具，应定期送计量部门进行检定，检定合格后方可使用，检定周期不超过一年。

六、轴端螺栓智能组装技术

在铁路货车检修中，轴端螺栓、交叉杆端头螺栓、下心盘螺栓、侧架立柱磨耗板折头螺栓的组装都有力矩要求。长期以来，铁路货车检修中紧固有力矩要求的螺栓一般采用 2 步紧固法，首先用风动扳手预紧螺栓，再用扭矩扳手依次紧固校核，以保证螺栓的紧固力矩达到铁路货车检修工艺规范的要求。采用这种方法组装螺栓的缺点：一是螺栓紧固的质量处于“人控”状态，人为因素会影响紧固质量；二是螺栓逐个紧固和校核的方式不能实现多条螺栓同步、均衡的紧固作业，影响装配质量；三是采用风动扳手，冲击力大，劳动强度高，工作噪声大。

智能扳机是具有扭矩自动检测、控制功能的智能化螺纹组装设备，是确保铁路货车有定扭矩要求的螺纹连接部位组装质量的重要设备，它取代传统的 2 步紧固法对有扭矩要求的连接螺栓进行紧固，具有组装精度高、劳动强度低、噪声污染小的特点。

下面以某型轴端螺栓智能扭力扳机（图 2-71）为例，对其结构与性能、操作步骤、质量控制点等内容进行简单介绍。

（一）结构与性能

1. 结构组成

轴端螺栓智能扭力扳机主要由控制系统、检测系统、执行机构、人机交互系统和机体组成。

控制系统由工业控制计算机、PLC、PLC 模拟量数据采集模块、数据传输、数据处理电路等组成。

图 2-71　轴端螺栓智能扭力扳机

检测系统由扭矩传感器、自动对位检测装置组成。

执行机构由交流伺服电机及驱动器、精密减速机、扳机头组成。

人机交互系统由工业级液晶触摸屏和通用打印机等组成。

2. 主要性能

(1)自动对位。轴端螺栓在 ϕ85(RD_2 型轴)、ϕ100(RE_2 型轴)圆周上 120°均布，轮对每次进入工位时，螺栓相对于扳头角度位置都是随机的，因此应用一种独特的检测装置，通过程序控制，经过执行元件减速电机、摩擦轮使轮对完成自动对位，相比于以往靠人工对螺栓对位更大程度地降低了劳动强度。

(2)变径技术。采用独特的扳机头调整技术，利用气缸带动滑块移位，自由切换实现刚性缩径和张径，满足 ϕ85、ϕ100 两种圆周分布的轴端螺栓回转直径使用，从而适应 RD_2、RE_2 型车轴检修需要。

(3)同步拧紧。3 个扳头独立工作，程序控制在每个螺栓扭矩达到终扭矩的 2/3 时，该扳机头停止工作，等待 3 个螺栓都达到终扭矩的 2/3 时，发出指令 3 个螺栓同时拧紧同步达到终扭矩。

(4) 设备精度高。对扳机的扭矩同时通过高精度传感器和伺服电机的扭矩限制来进行控制，确保了扭矩的控制精度。

(5)具有数据打印和原始数据查询功能。另外系统备有网络接口，可自动把检测数据上传至服务器的数据库中。

(二)操作步骤

接上电源，抬起“急停”开关，打开轴端螺栓智能扭力扳机的钥匙开关，启动轴端螺栓智能扳机程序。

每班开始作业前，要对设备进行日常性能校验，即：对使用智能扭矩扳机组装的第一条轮对使用扭力扳手(图 2-72)进行校核，校核值应符合规定。校核合格后方可投入批量生产；如有异常，应立即排除故障，不得带病工作。

轴端螺栓智能扭力扳机的日常性能校验应指定相关人员共同参加，校验记录应按有关要求保存。如：某车辆段规定，由设备操作者、轮轴班工长、检查员、验收员共同参加日常性能校

图 2-72　扭力扳手

验，校验完成后设备操作者要在“智能扳机日常性能校验记录”上填写校核数据，参加校验人员在校验记录上签字确认，校验记录由轮轴班组保存一个段修期。

校验完成后，在主界面中，经 5 min 预热后，按“自动拧紧”按钮，进入如图 2-73 所示自动拧紧界面。

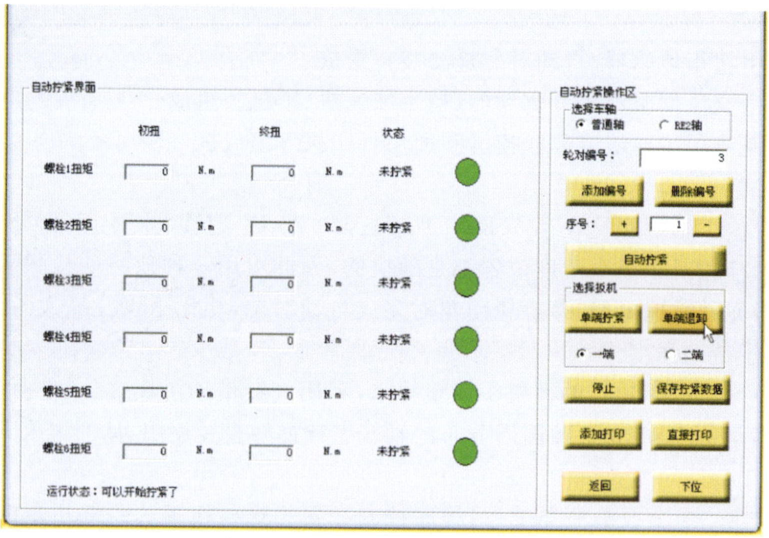

图 2-73　自动拧紧界面

进入自动拧紧界面时，程序会自动进行硬件检测。如果检测到硬件错误，程序会作相应提示，帮助设备操作者处理相应故障，这样能确保自动拧紧时设备是处于良好状态。确认设备状态良好后，操作者在自动拧紧界面右侧选择车轴类型是普通轴还是 RE_2 型轴，并在轮对编号栏中输入轮对编号，也可以点击“添加编号”按钮添加多个编号。点击“自动拧紧”后，程序将根据选择车轴的类型，调整 3 个扳机的回转直径，以适应不同类型车轴的拧紧。气缸升起，摩擦轮旋转，程序通过图像识别技术动态识别 3 个螺栓位置。当螺栓位置与扳机位置一致时，摩擦轮停止旋转，扳机旋转并伸出。一个扳机扭矩达到额定扭矩的 2/3 时，该扳机停止拧紧，等待其他扳机也达到规定扭矩。在 3 个螺栓都达到规定扭矩之后，3 个扳机同步拧紧达到最大扭矩值。

如果在识别螺栓时未找到螺栓，程序则提示手动对位，手动对完位后，点击“确定”按钮扳机开始拧紧。一端拧紧完成后，程序自动进行二端螺栓的拧紧。二端螺栓也拧紧完成后，轮对降下，拧紧完成。

在拧紧完毕后，先点击“存储拧紧结果”保存拧紧轮对数据。再点击“添加打印”，将当前轮对的螺栓数据添加到打印队列中，等凑齐两个轮对扭矩数据，在一张纸上一齐打印出来。当然也可以点“直接打印”，将当前的螺栓数据立即打印出来而不必等凑齐两个轮对螺栓扭矩数据再打印。

操作结束后，正常退出程序、关闭计算机。等设备关机后关闭钥匙开关电源，并按下主机箱的“急停”按钮切断动力电源。

（三）质量控制点

每班开工前，应按规定对设备进行日常性能校验，设备操作者应认真填写记录，参加校验人员按规定签字确认。

关盖所用的轴承附件应摆放在洁净的专用盒内，不要混放到地面上，以免弄脏从而影响组装质量。

关盖前应先检查轴端螺栓孔，螺栓孔内的毛刺要清除掉，螺纹有损伤滑扣时累计不能超过3扣（不得连续），螺纹磨损时，要用止规检查，在距端面5扣内必须止住，并且止规不能有明显的晃动。此外，还应检查轴端螺栓的制造标记和外观质量，确保螺栓为35钢制品，并带有锻造的35钢标记、制造年、制造单位代号标记；轴端螺栓不能有滑扣、拉长、裂纹，有毛刺的要清除掉，有磨损的用螺纹规检查。

拧紧时，应该先将螺母带到螺栓上4～5扣，以免螺母不正位；从上方俯视，螺母应该露出轮对轴端端面，以免导致扳机不容易对位。

需要退卸时，应该按动“单端退卸”按钮，待轮对升起后手动对位，3个扳机伸出退卸螺栓，30 s后退卸完成，自动将轮对降下。

设备上安装的传感器为精密计量器具，应定期送计量部门进行检定，检定合格后方可使用，检定周期不超过一年。

七、微控轴承压装技术

在铁路货车检修中，无轴箱滚动轴承的压装质量对轴承疲劳寿命和铁路货车安全运行有着重大影响，因此轴承压装设备是铁路货车滚动轴承检修的关键设备。微控轴承压装机适用于RD_2、RE_2、RE_{2A}、RE_{2B}型轮对与滚动轴承的压装及过程监测，能自动打印压装力曲线，有的还可以连接HMIS，连接自动轴承选配传输系统，实现自动轴承压装，因此广泛应用于铁路系统货车检修车间。

下面以某型微控轴承压装机（图2-74）为例，对其结构与性能、操作步骤、质量控制点等内容进行简单介绍。

（一）结构与性能

1. 基本结构

微控轴承压装机整机包括：主机、控制柜、液压站。

压装机主机如图2-75所示包括主机座、立柱、上横梁、压装缸、升降缸、出轮油缸、压力传感器、位移传感器等。

2. 主要性能

主机采用热轧优质碳素钢全钢整体框架承载结构，性能稳定，机体结构强度高，使用寿命长。

图 2-74　微控轴承压装机

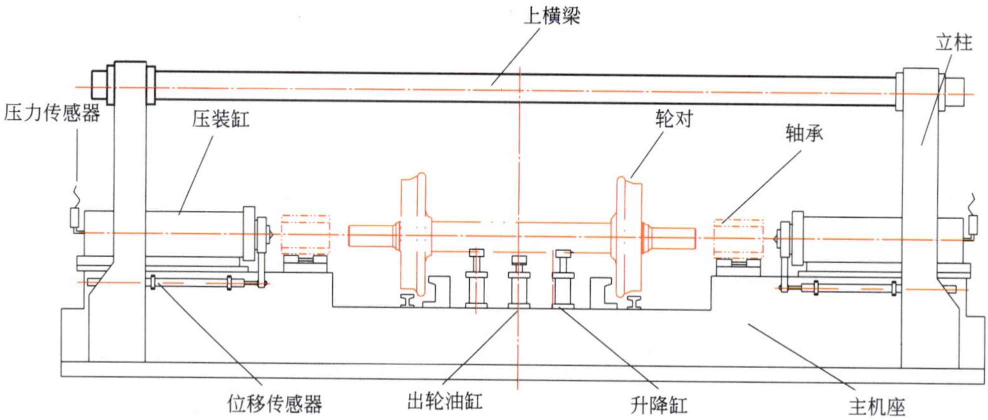

图 2-75　主机结构示意图

由于结构的力学性能稳定，无论在压装力或在贴合压力作用下，两压力油缸纵向中心线同车轴纵向中心线保持一致，保证了压装力准确传递，保证轴承压装质量。

液压系统设置两组独立阀组，分别控制压力油缸工作，避免左右油缸压力相互干扰，准确反映两轴承压装各自的物理特性。

轴承压装前轮对先行自动锁定，轴承压装过程中轮对绝不会左右窜动，保证了液压油缸压力的稳定和压装曲线的准确。

微控轴承压装机的软件系统采用位移—压力—时间曲线记录方式，能够直观地、科学地反映轴承压装效果，更好地保证压装质量。

(二)操作步骤

接通电源，启动油泵，确认液压系统是否正常，正常后可运行轴承压装机程序。

每班开始作业前，设备操作者要对设备进行校准。进入校准与硬件测试界面，如图 2-76 所示。操作者可以在此界面上对电磁阀、传感器和压装基本功能进行校验。

电磁阀校验：用于检验计算机到液压站电磁阀之间的线路有无故障。

传感器校验：此功能可校验压力传感器零点，调整贴合压力。

压装基本功能校验：由多个阀组合成的压装基本功能，包含升轮、降轮、定心、定心退回、快进、快退、压装、压装退回等动作，只有这些动作都正确，压装机才能正常工作。

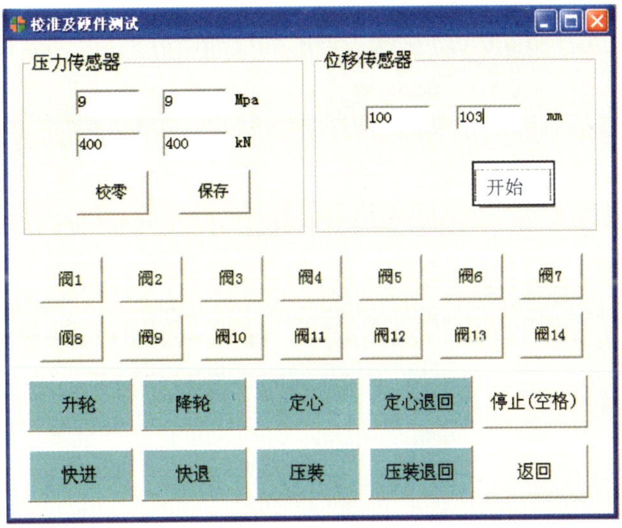

图 2-76　校准与硬件测试界面

校准完成后，开始进行压装作业。根据要压装的车轴型号选择合适的零件。对 RD_2 型车轴进行轴承压装时应在压头上安装小端盖，芯套上使用小直径的轴套，轴承座上使用大直径尼龙辊；对 RE_{2B} 型车轴进行轴承压装时应在压头上安装大端盖，芯套上使用大直径的轴套，轴承座上使用小直径尼龙辊。

点击“轴承压装”命令，进入如图 2-77 所示轴承压装界面。

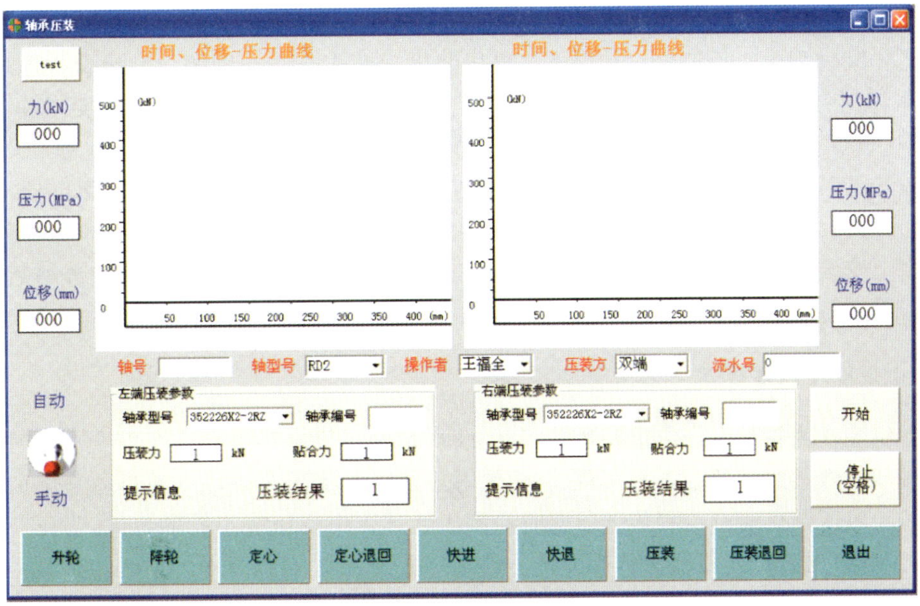

图 2-77　轴承压装界面

在轴承压装界面下方输入车轴、轴承型号，选择压装方式为“双端”，点击“开始”按钮，设备就可以自动完成轴承压装。整个压装过程如下：升轮→定心→快进→工进→采集压力位移信号，绘制曲线，保存压装结果→快退→定心退回→落轮。

轴承压装过程中应旋转轴承外圈，保持其旋转灵活；卡滞时应停止压装，退卸检查。轴承的压装力及终止贴合压力应符合表 2-7 规定的限度，并保压 3～5 s。

表 2-7　轴承压装力及终止贴合压力限度表　（单位：kN）

轴承型号	轴承压装力	终止贴合压力
352226X2-2RZ(TN)	78.4～245	大于最大压装力 196 kN 及以上
SKF197726	68.6～245	大于最大压装力 196 kN 及以上
197726TN	88.2～245	大于最大压装力 196 kN 及以上

若轴承压装曲线图不符合标准，应做好记录，将该轴承退卸后重新选配压装。

轴承压装结束后，将符合标准规定的轴承压装曲线图与“轮轴卡片”装订在一起，记录随该轮对流入下一道工序。待完成后续全部检修工作后，将记录存入装用该轮对的车辆技术档案袋内，实现档案化管理，一车一档。“车统—51A”保存期限为 7 年，“车统—51C”保存期限为 3 年。

（三）质量控制点

轴承压装应在室温 10 ℃以上，湿度不大于 60%的清洁工作间内进行。检测和选配前，轴承及附件、轮对及检测器具应同室存放，放置时间应不少于 8 h；不能同室存放时，存放处温差不应超过 5 ℃。

轴承压装前应进行外观质量检查，确认无错、缺零件和其他异常现象，轴端中心孔及螺栓孔内的铁屑和污物要清除干净。用乙醇或汽油擦拭轴颈根部或卸荷槽、轴颈后肩、防尘板座；先在轴颈根部或卸荷槽处、轴颈后肩、防尘板座配合面上均匀涂刷厚度不小于 1 mm 的 PR-1 型车轴轴颈卸荷槽专用防锈脂后，再在轴颈上均匀涂刷厚度不小于 1 mm 的Ⅱ号防锈极压锂基脂；中隔圈不得偏离轴心位置。

轴承压装过程中应保证轮对轴向定位且压装机活塞中心线与轴颈中心线保持一致；旋转轴承外圈，保持其旋转灵活；卡滞时须停止压装，退卸检查；注意各运转部位、油泵工作状态、润滑、温升等是否正常，发现问题后应立即停车处理。

轴承压装后要进行压装到位检查。并左右旋转轴承 3～5 圈，轴承转动须灵活，不得有卡阻。

设备上安装的传感器为精密计量器具，应定期送计量部门进行检定，检定合格后方可使用，检定周期不超过一年。

八、微控轮对压装技术

轮对组装作为轮对生产的重要环节，其组装质量好坏直接影响到行车安全。轮对组装是采用车轴和轮毂孔的过盈配合来实现的，而轮对压装机是实现车轴和车轮过盈装配的专用设备。微控轮对压装机通过位移传感器实时检测压装过程中待压装车轮的位置，为压装控制提供准确的数据；通过位移传感器和压力传感器实时采集压力、位移数据，显示、绘制轮对组装的曲线图并自动判断压装曲线是否合格，压装曲线可打印输出，压装数据数据库保存，具备与 HMIS 的接口。

下面以某型微控轮对压装机（图 2-78）为例，对其结构与性能、操作步骤、质量控制点等内容进行简单介绍。

图 2-78　微控轮对压装机

（一）结构与性能

微控轮对压装机主要由主机、测量系统、输送系统、液压系统、曲线记录系统、曲线输出系统、控制系统等组成。图 2-79 为轮对压装机的结构组成简图，图 2-80 为设备主视图，图 2-81 为设备左视图。

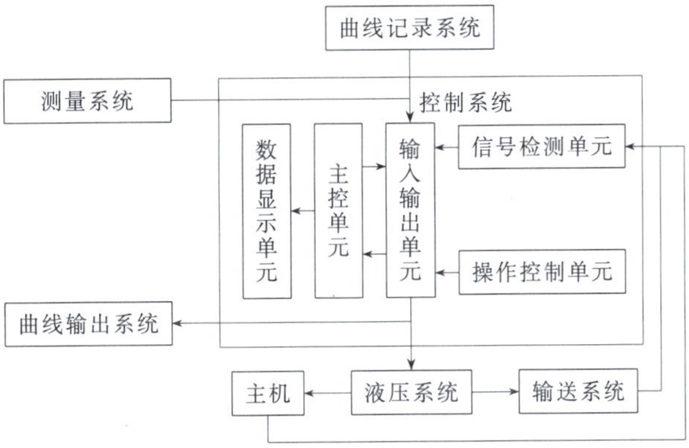

图 2-79　轮对压装机设备组成简图

主机采用立式框架结构，由主立柱、副立柱、上横梁、下横梁、主辅助压头、左右摆锤及左右加长杆组成。主立柱是设备的主支撑部分，它上面安装了主压装缸及主压头等部件；副立柱是设备的辅助支撑部分，它上面安装了辅助压头等部件；上、下横梁使用销钉与主、副立柱连接构成框架结构；主压头安装在主压装缸活塞杆前端，是实现压装的部件，辅助压头安装在副立柱上，起定位和承载压装力的作用，主、辅助压头前端安装可更换的上下压块，调整压块的长度和厚度，可以适应不同型号的轮对压装；左、右摆锤分别安装在左、右压头上，摆锤升起和落下的不同组合，可以改变主、辅助压头的作用点，从而实现不调头就可以压装左、右轮对，左、右摆锤前端安装可更换的圆形顶锤，使用不同长度的顶锤，可以适应不同型号的轮对压装，摆锤的动作由液压缸实现。

输送系统由进出输送车及左右移动输送车组成，完成工件纵向及横向的输送。进出输送

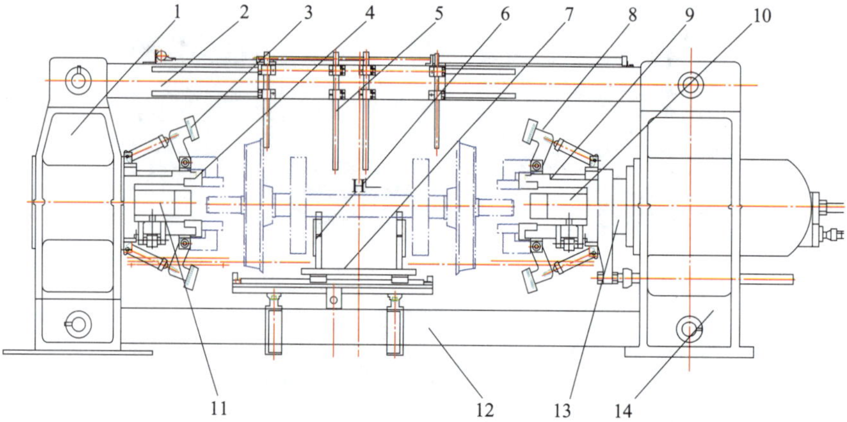

图 2-80　轮对压装机设备主视图

1—副立柱；2—上横梁；3—左加长块；4—副压头；5—测尺；6—输送车 V 形支架；7—输送车；8—右加长块；9—主压头；10—右摆锤；11—左摆锤；12—下横梁；13—压装缸；14—主立柱

车由输送车底架、输送车进出移动导轨、液压缸及输送车体组成，车体在进出导轨上运行，用于工件在上下料位和压装位的输送，动作由液压缸实现；左右移动输送车安装在纵向输送车车体上，由左右移动导轨、液压缸、V形支架及车体组成，车体在横向导轨上运行，用于工件的左右移动。

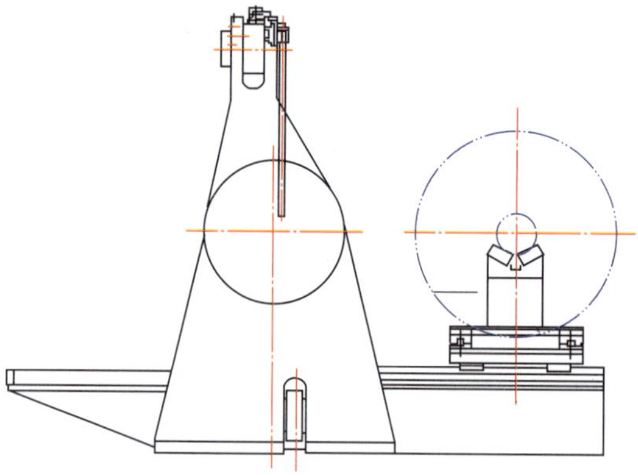

图 2-81　轮对压装机设备左视图

测量系统由测尺及测尺位移传感器组成，压装过程中实时检测待压装车轮或制动盘位置，为压装控制提供准确的数据。测尺安装在上横梁上，由滑动底板、纵向移动导轨、液压缸、左右外测杆以及左右内测杆组成，滑动底板由液压缸驱动可以在纵向导轨上左右移动，左右外测杆及左右内测杆安装在滑动板上；测尺位移传感器安装在上横梁上并与测尺连接，用于测量测尺的位移。

液压系统由主液压系统及辅助液压系统组成，用于实现各机构的动作，主、辅液压系统使用一个油箱。主液压系统由伺服液压泵组、阀组、管路及主压装缸组成，伺服液压泵用于实现压装机的主压装缸的动作，由控制微机输出压力流量控制信号到伺服控制卡，伺服控制卡输出控制信号到主液压泵，实现液压泵的流量和压力输出；辅助液压系统由变量液压泵组、阀组、管路及油缸组成，用于实现设备辅助机构的动作，采用独立的辅助液压系统可以避免干扰主压装缸，以保证主压装缸工作的可靠性。

曲线记录系统由主压头位移传感器及主压油缸压力传感器组成，可全过程自动实时采集压力、位移数据，显示、绘制轮对组装的压力—位移曲线，记录、存储轮对组装的压力—位移数据，并自动判断压装曲线是否合格。

主压头位移传感器安装在主立柱上并与主压头连接，用于测量主压头的位移；主压油缸压力传感器安装在主压装缸前进腔上，用于测量主压装油缸的压力。

轮对压装机电控系统按照机电一体化设计模式，采用工控微机作为主控单元。主要组成及功能如下。

主控单元使用工控微机，完成系统 I/O 开关量的输入和输出控制，压装过程的自动控制、压力—位移信号的数据处理、压装数据的存储；信号输入输出单元使用高精度、高可靠性的数据采集卡安装在工控微机中，用于系统 I/O 信号的输入输出、压力位移信号的采集；机构位置检测单元使用高可靠性的接近开关以及行程开关，用于设备各机构的位置检测；操作控制单元使用安装在按钮控制面板的按钮对设备进行自动、手动操作，在出现故障时可以手动调整设备，使用键盘、鼠标用于压装控制记录程序的控制，可以进行压装轮对参数的输入、程序画面的切换等工作。电气控制柜如图 2-82 所示。

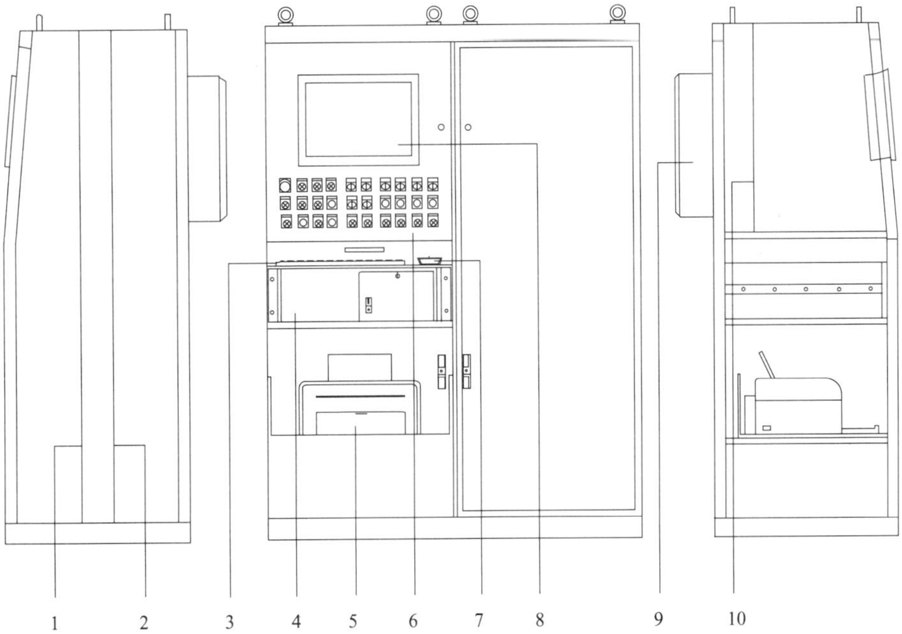

图 2-82　电气控制柜各部件位置示意图

1—1 号配电盘；2—2 号配电盘；3—键盘；4—工业计算机；5—打印机；6—按钮操作面板；7—鼠标；8—液晶显示屏；9—电控柜冷气机；10—3 号配电盘

（二）操作步骤

1. 开机操作

按“微机启动”按钮启动控制微机，进入计算机操作系统。操作系统启动后自动加载控制记录程序，如没有自动加载程序可双击桌面上的压装程序图标进入。启动液压泵，手动运行各辅助机构，确保运行灵活无故障，手动运行压装缸确保压装缸工作正常。确定输送车上无轮对并且输送车在上下料位后，使用鼠标点击控制记录程序主画面上“系统复位”按钮进行系统复位。点击控制记录程序主画面的命令按钮进入各工作画面。

2. 日常性能校验

每班作业时，要对设备进行日常性能校验。对第一条和最后一条使用微控轮对压装机压装的轮对，使用量具在专用的样板轮对上比对，比对轮位差和轮对内侧距，误差不能超过±0.1 mm。

对第一条和最后一条轮对压装时要密切观察压力表，将系统压力与压力曲线对比确认，自动记录器的压力表与压力曲线的压力应一致。如不一致时,以压力曲线的压力为准,其误差允许压力曲线显示数值小于压力表显示数值,但相差不得超过 5 kN。

微控轮对压装机的日常性能校验应指定相关人员共同参加,校验记录应按有关要求保存。如:某车辆段规定,由设备操作者、工长、检查员、验收员共同参加日常性能校验,校验完成后参加校验人员在校验记录上签字确认,校验记录由车轮车间保存 7 年。

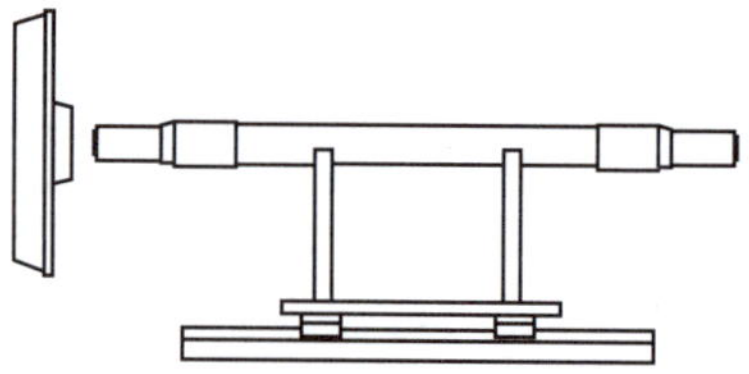

图 2-83　人工套轮

3. 压装过程

(1)预套车轮

人工涂油后套装两侧车轮到车轴上,配套有预压装机的预压通过型轮对压装机可由轮轴输送线自动对轮座、轮孔润滑并上料,不需要人工套轮(图 2-83)。

(2)上料

两侧的车轮套装完成后,将待压装轮对人工吊装到输送车 V 形支架上或者手动升起上料机构(具有上料机构的设备)将待压装轮对放置到上料机构上后手动将上料机构下降将轮对放置到输送车上,保证输送车向压装工位前进的过程中待压装轮对能够顺利进入设备中,如图 2-84 所示。

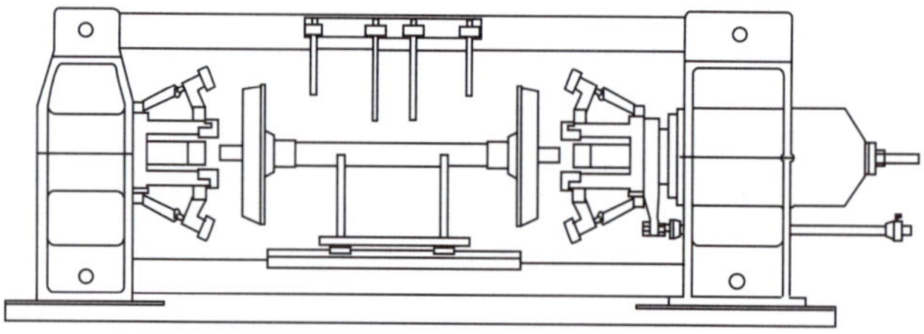

图 2-84　输送车到压装工位

(3)运送

输送车到压装位上料完成后,输送车向压装工位前进,到达压装工位后停止。预压通过型的设备在轮对预压装完成后,输送车自动向压装工位前进,到达压装工位后停止。

(4)测量轴长

输送车到达压装工位后,左、右摆锤到顶轴位,压装缸前进,左右摆锤顶住车轴左右端面,系统测量车轴长度,轴长测量完成后,压装缸退回,输送车横向返回原位,如图 2-85 所示。

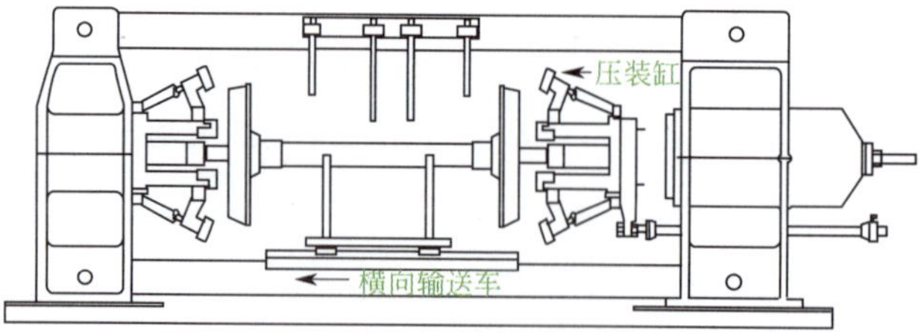

图 2-85　轴长测量

(5)压装右轮

左摆锤到顶轴位,右摆锤到顶轮位;测尺右移、压装缸前进,主压头上下压块顶住右轮外侧轮毂面，左摆锤顶住车轴左轴端，测尺顶住右车轮内侧面后开始压装，同时记录存储右端压装曲线，到位后自动停止，压装缸退回，输送车、测尺横向回原位如图 2-86 所示。

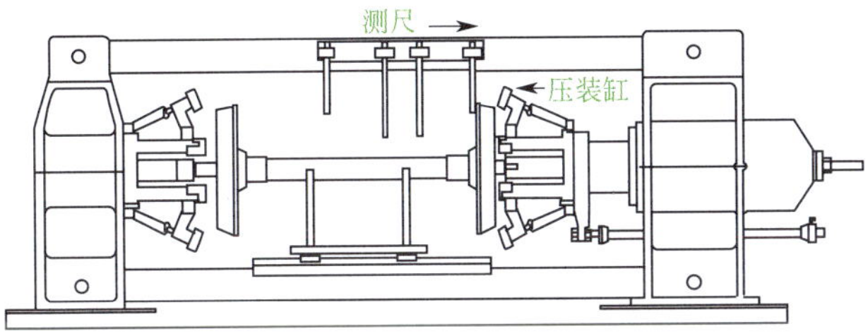

图 2-86　压装右轮

(6)压装左轮

左摆锤到顶轮位，右摆锤到顶轴位；测尺左移、压装缸前进，辅助压头上下压块顶住左轮，测尺顶住左车轮内侧面，右摆锤顶住车轴右轴端后开始压装，输送车随着车轴向左移动，存储左端压装曲线，到位后自动停止，压装缸退回，输送车、测尺横向回原位，如图 2-87 所示。

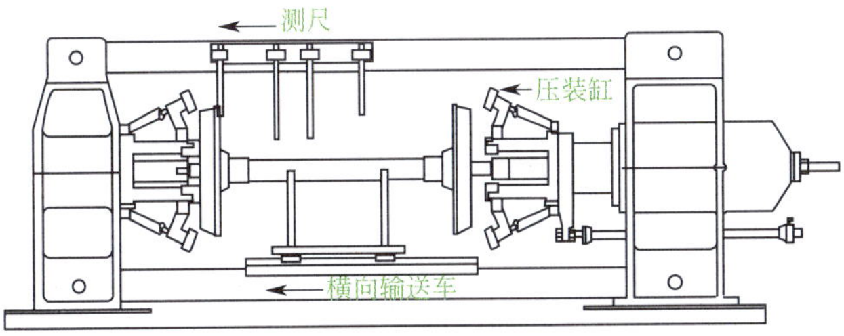

图 2-87　压装左轮

(7)输送车到卸料位

压装完成后，输送车向卸料位前进。

(8)卸载轮对

输送车到卸料位，人工卸载轮对；具有卸料装置的设备可以自动卸载轮对。

轮对压装完成后，自动打印轮对压装压力曲线图表(车统—57)。

4. 压装质量和压力曲线图表检查

用轮对内距尺检测轮对内距须符合(1 353±2) mm(轮辋宽小于等于 135 mm 除外)，且任意 3 处差不大于 1 mm；用轮位尺检测轮位差须符合：轮位差不大于 3 mm。

核对压力曲线图表，确保轮对压装最终压力符合：按轮毂孔直径计算，每 100 mm 直径尺寸的压装力为 343～539 kN(40 钢车轴)或 343～588 kN(50 钢车轴)。同时，压力曲线应须符合下列要求。

(1)压装压力曲线应均匀平稳上升，其曲线投影长度不小于理论长度的 80%，起点陡升不得超过 98 kN，全部曲线不得有跳动。

(2)压装压力曲线中部不得有下降，平直线长度不得超过该曲线投影长度的 10%，平直线的两端均应圆滑过渡。

(3)压装压力曲线末端平直线长度不得超过该曲线投影长度的 15%。末端下降曲线的长度不得超过该曲线投影长度的 10%，压力下降值不得超过按该轮毂孔直径计算的最大压力的

5%，如末端平直线和下降同时存在，而压力下降值又不超过规定时，其合并长度不得超过该曲线投影长度的15%。

(4)压装压力曲线的最高点压力，不得大于按该轮毂孔直径计算的最大压力，曲线终点的最小压力，不得小于按该轮毂孔直径计算的最小压力。

(5)压装压力曲线开始上升点与终点(按该轮毂孔直径计算的最小压力点)连成一直线，曲线须全部在此直线以上。

图2-88为轮对压装压力曲线图例。

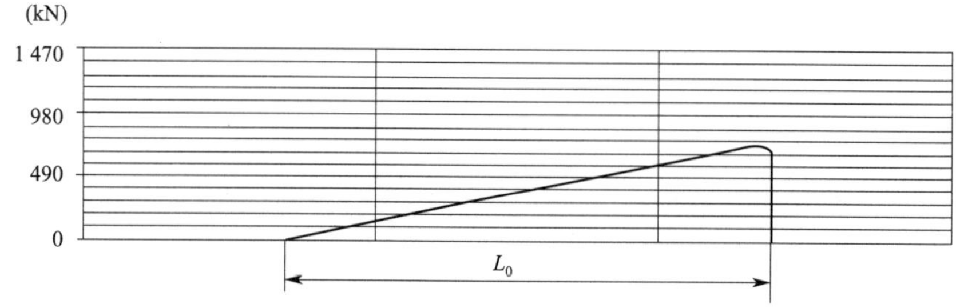

(a)良好曲线($L_0/L \geqslant 80\%$)

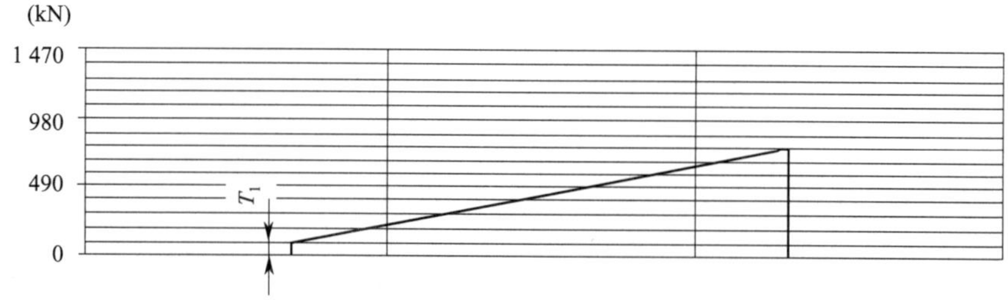

(b)合格曲线(陡升 $T_1 \leqslant 98$ kN)

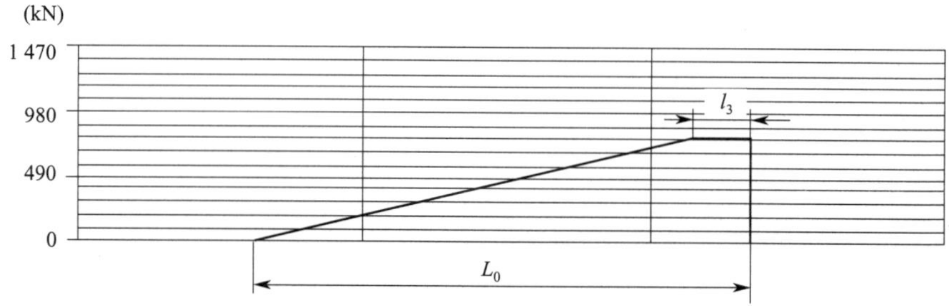

(c)合格曲线(末段平直线 $l_3/L_0 \leqslant 15\%$)

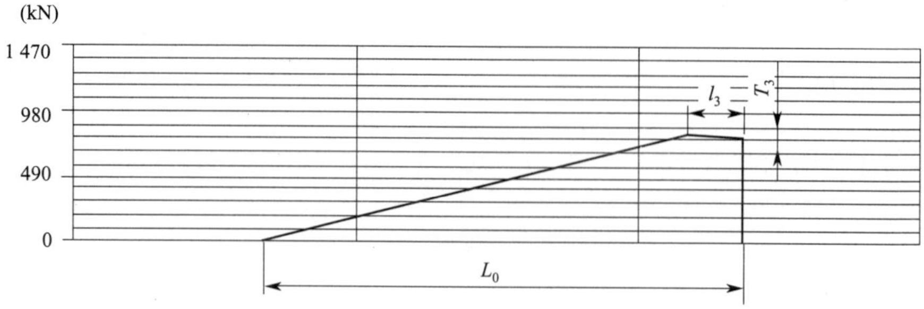

(d)合格曲线(末段下降 $T_3/T_{max} \leqslant 5\%$，$l_3/L_0 \leqslant 10\%$)

图2-88 轮对压装压力曲线图例

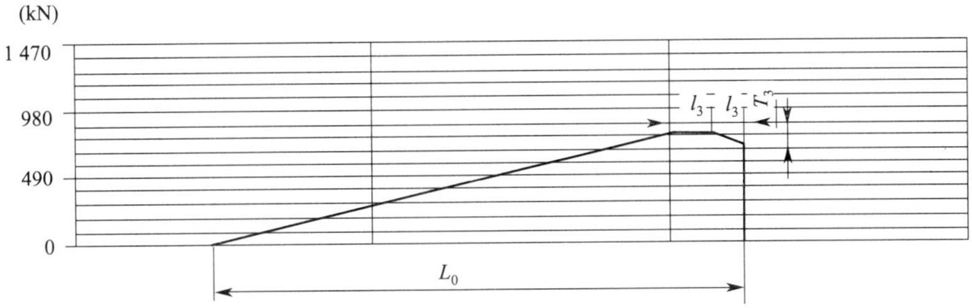

(e)合格曲线[末段平直线与下降$(l_2+l_3)/L_0 \leqslant 15\%$，$T_3/T_{max}<5\%$]

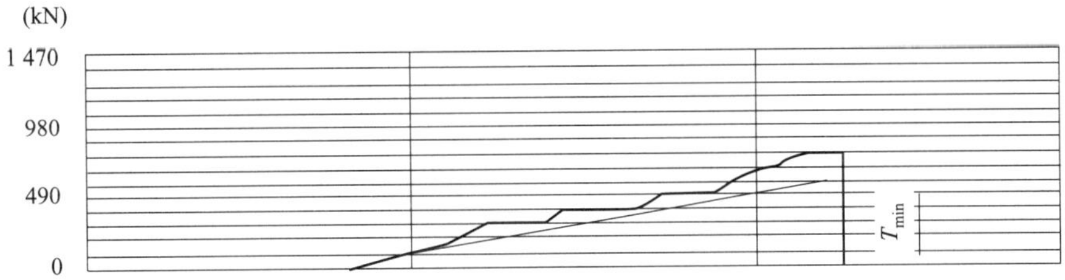

(f)合格曲线(中间低凹)

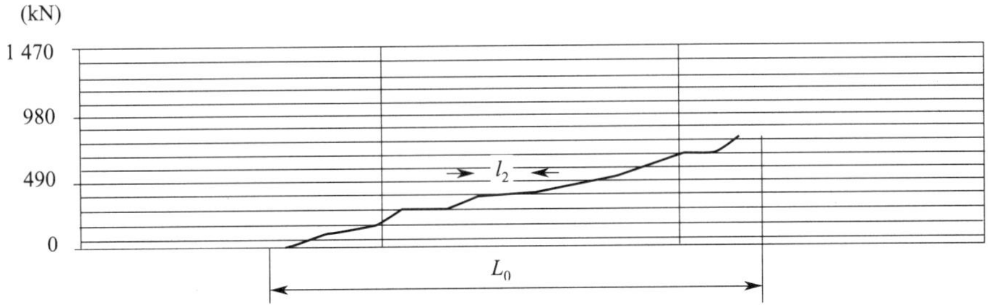

(g)合格曲线(中间平直线 $l_2/L_0 \leqslant 10\%$)

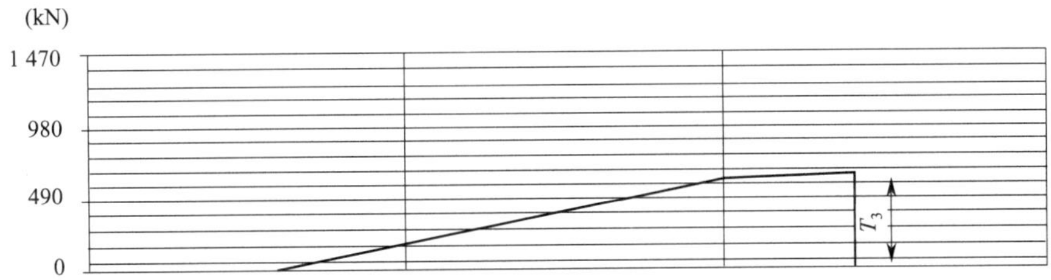

(h)合格曲线(最小压装力 $T_3 \geqslant T_{min}$)

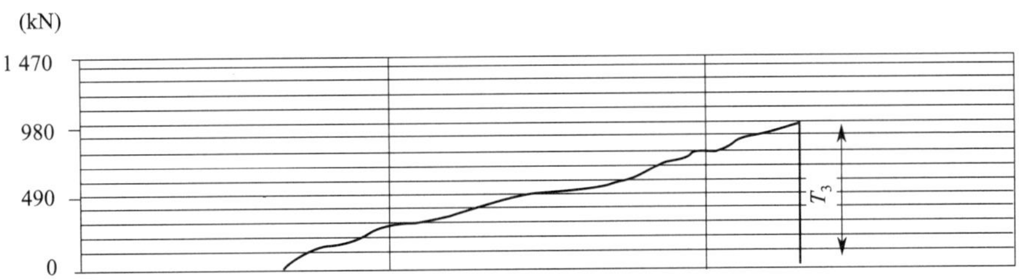

(i)合格曲线(最大压装力 $T_3 \leqslant T_{max}$)

图 2-88　轮对压装压力曲线图例

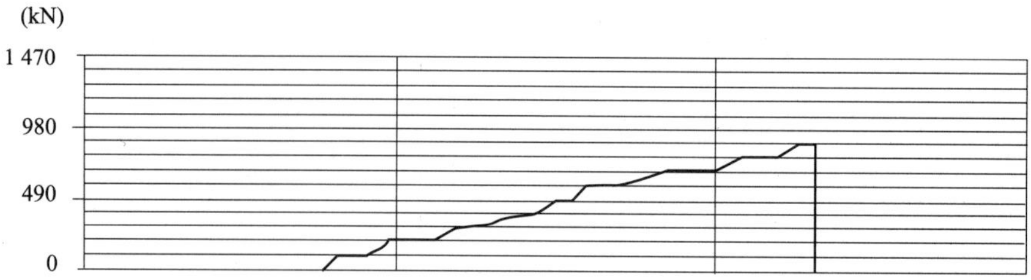

(j)不合格曲线(各段平直线长总和/L>20%)

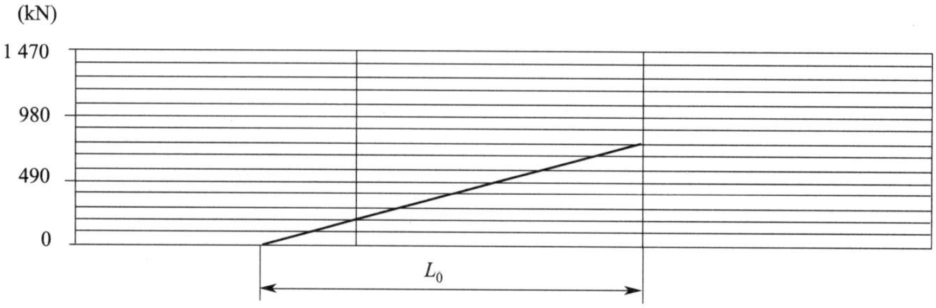

(k)不合格曲线(曲线短 L_0/L<80%)

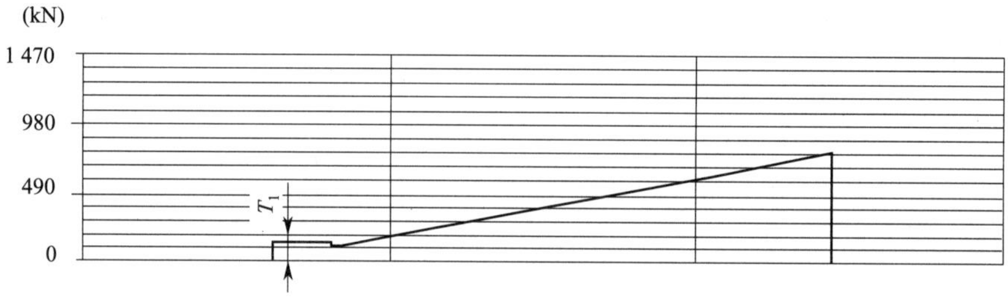

(l)不合格曲线(陡升超过 T_1>98 kN)

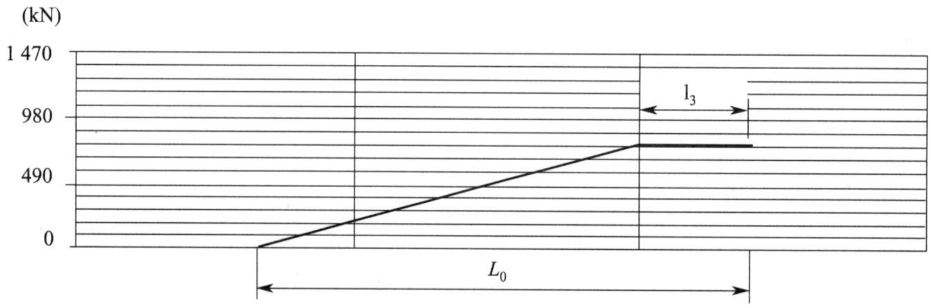

(m)不合格曲线(末段平直线 l_3/L_0>15%)

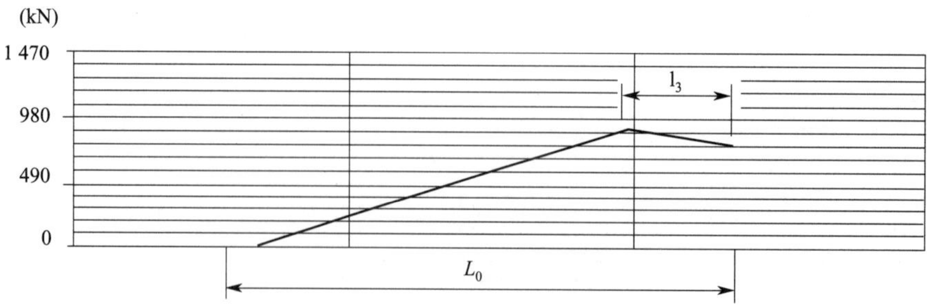

(n)不合格曲线(末段下降线长 l_3/L_0>10%)

图 2-88　轮对压装压力曲线图例

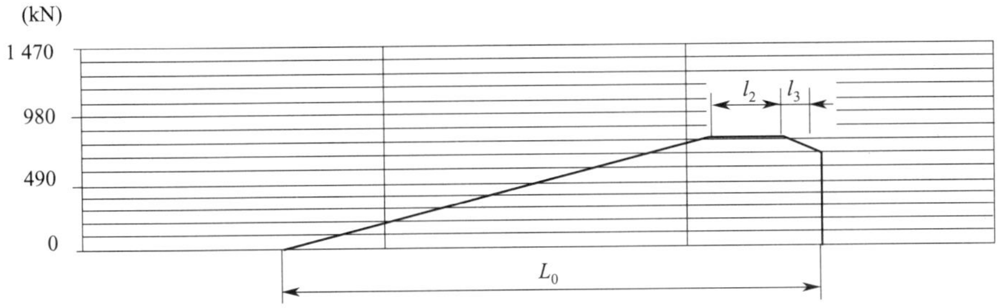

(o)不合格曲线[末段平直线和下降线长超过$(l_2+l_3)/L_0>15\%$]

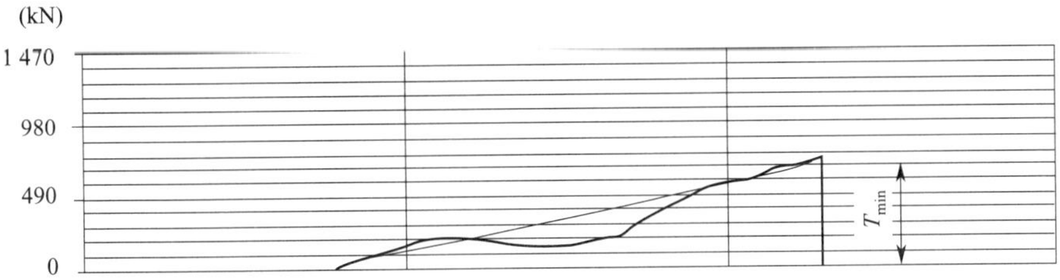

(p)不合格曲线(中间凹下)

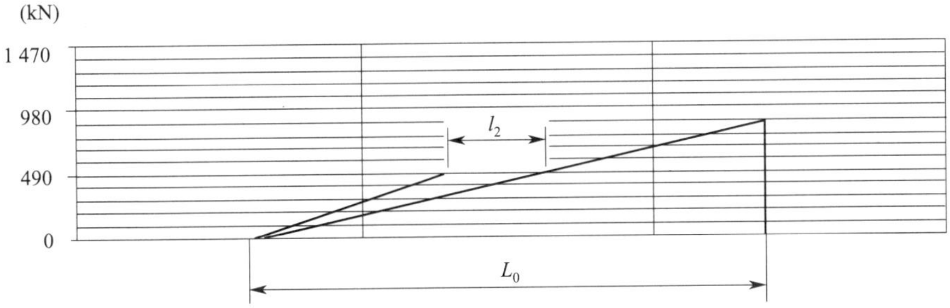

(q)不合格曲线(中间平直线长 $l_2/L_0>10\%$)

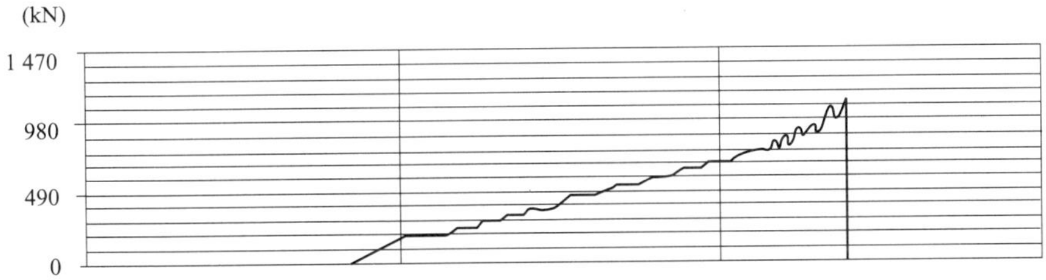

(r)不合格曲线(中间下降、跳动)

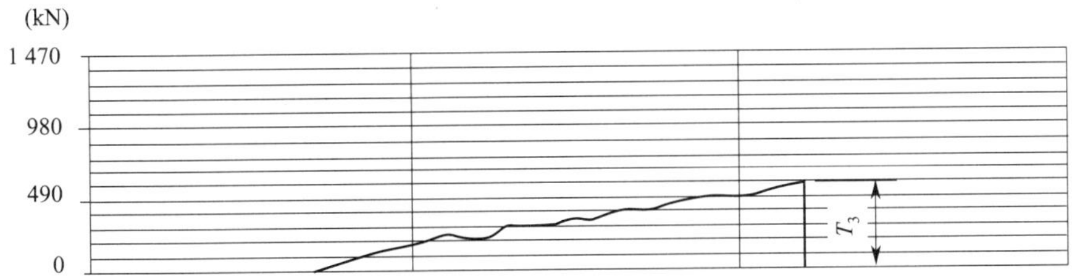

(s)不合格曲线(压装力小,$T_3<T_{min}$)

图 2-88 轮对压装压力曲线图例

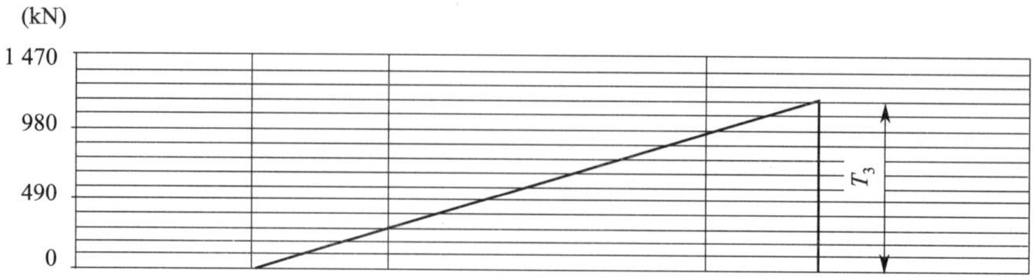

(t) 不合格曲线(压装力大,$T_3>T_{max}$)

图 2-88　轮对压装曲线图例

压力曲线和轮对内侧距、轮位差均合格后,工作者、工长、检查员、验收员要在轮对压装压力曲线图表(车统—57)和轮轴卡片(车统—51)的规定位置签章。轮对压装压力曲线图表要由检修单位统一保存,保存期限为 7 年。

(三)质量控制点

每班开工前,应按规定对设备进行日常性能校验,设备操作者应认真填写记录,参加校验人员按规定签字确认。

轮对压装前,要确保轮座表面及轮毂孔内径面洁净,同时还要均匀涂抹纯植物油,千万不能采用桐油,因为桐油干燥快、附着力强,对于轮对组装前的润滑作用适得其反。

轮对压装时,要采取保护措施,防止轴颈磕碰伤及轴颈端部蹾粗,还要确保车轴纵向中心线与压力机活塞中心线保持一致,车轴纵向中心线与车轮轮辋内侧平面相垂直,车轮压入速度均匀并保持一致。

压力曲线不合格时,不许将退下的原车轮与原车轴进行第二次压装,在原车轴表面无损伤的情况下,可重新选配其他车轮进行压装,原车轮重新加工轮毂孔后才可以使用。

设备上安装的压力表、传感器、压力曲线记录器为精密计量器具,应定期送计量部门进行检定,检定合格后方可使用,压力传感器检定周期不超过一年。

第三节　现代化试验技术

在铁路货车检修中,为了检验零部件或整车检修的质量,需要进行各种试验。比如,通过进行制动机性能试验(包括制动阀试验台试验、单车试验和列车试验),来检验制动装置技术质量、分析和判断列车制动机故障。通过进行滚动轴承磨合试验,一方面检测轴承压装质量,另一方面提高轴承在使用中的可靠性。

采用压力传感器、压力变送器、流量计、压差计等传感元件或计量仪器为检测手段,通过计算机控制系统自动完成铁路货车检修工艺规定的各项试验,充分体现了铁路货车检查技术的现代化水平。

下面对一些现代化试验技术在铁路货车试验设备中的应用进行详细介绍。

一、集中控制单车试验技术

在铁路货车检修中,长期以来一直使用手动的单车试验小车对铁路货车制动机进行单车试验,检查其制动装置的检修质量是否符合要求。在铁路大提速的背景下,为满足铁路货车制动系统越来越严格的测试要求，一种微机集中控制单车试验系统应运而生，它可完全代替原有的手动单车试验小车，对检修的铁路货车进行科学、准确的测试，从硬件上实现了单车试验真正意义上的全自动作业，从而完全排除了人为因素对测试结论的影响。

下面以某型微机集中控制单车试验系统为例，对其结构与性能、操作步骤、质量控制点等内容进行简单介绍。

（一）结构与性能

1. 控制系统的组成

集中控制单车试验的控制系统由设在试验控制中心（图 2-89）的工业控制计算机、安装在各个修车台位的单车试验执行器、试验人员使用的手持操作器和分布在修车库内的无线数据收发装置等组成。

图 2-89　试验控制中心

控制系统的计算机与各修车台位的单车试验执行器之间通过有线数据传输网络连接，可以向单车试验执行器发送控制命令，并接收返回的压力变化等数据。

试验人员手持的操作器通过无线数据传输网络与控制计算机连接，可以向主机发送指令，也可以接收主机返回的试验结果和各种提示。

2. 控制系统的工作方式

试验作业开始之前，由值班人员根据修车计划向控制计算机输入各台位的车型、车号、制动装置类型等规定数据，或由 HMIS 中读入。控制系统计算机将根据这些数据对各台位的单车试验执行器进行试验动作控制。数据输入完成之后，才可以开始试验作业。

试验人员将单车试验执行器的连接软管与铁路货车主管连接后，用手持操作器向主机发送被试验铁路货车的台位号和批次，控制系统计算机将建立该操作器与台位之间的关联关系，并禁止其他操作器对这一台位铁路货车进行任何控制。

关联控制完成后，手持操作器上会出现主机发送的操作项目菜单提示，此时试验人员可以用操作器进行单车试验，机能检查等各项操作。

试验人员用手持操作器发送各种操作指令，经分布在检修库内的无线数据收发装置接收后，通过有线网络送往控制系统计算机。控制系统计算机根据接收到的遥控操作指令，通过有线网络向相应台位的单车试验执行器发出试验动作的命令。

单车试验执行器的控制器接收到控制命令后，驱动电磁阀执行充风、减压、保压等单车试验动作，使制动机产生充风、缓解、制动、保压等作用，并把试验过程中铁路货车主管及制动缸的压力变化状况和其他相关数据通过有线网络送回到控制系统主计算机。控制系统计算机根据返回的数据对试验进程和试验结果进行分析判断，并把相关的提示和试验结果通过无线数据传输网络发送到试验人员手持的操作器上。

试验完成后，控制系统计算机将解除该操作器与台位的关系，并保存各项试验数据备查。

3. 操作器

操作器的液晶显示器可以显示各试验选项菜单、作业提示、试验结果等。各项选择通过按动操作器上的键盘进行操作：

“0～9”数字键用于选择试验项目和输入部分数据；右下角的“Enter”键为回车键，用于确认已选择的项目和确认所输入的数据；“A、B、C、D”四个方向键中，“A”为退格键，可以取消输入错误的数字，“C”、“D”为向前或向后的翻页键，可以用来查看铁路货车配置数据等内容较多且显示器屏幕不能一次全部显示的数据；在各项试验中的一位充风状态下，按“B”键可以查看主管的即时压力数值，每按一次“B”键，液晶显示器右下角将显示当时的压力数值，此功能仅在一位充风状态下有效；“C”键也作为退出功能键使用，当任一试验需要中途停止时，按“C”键即可以停止正在进行的试验，并返回到项目选择菜单。

打开左上方操作的电源开关，液晶屏显示欢迎界面，按右下角回车键(Enter)后，屏幕显示如图 2-90 所示。

图 2-90　屏幕显示一

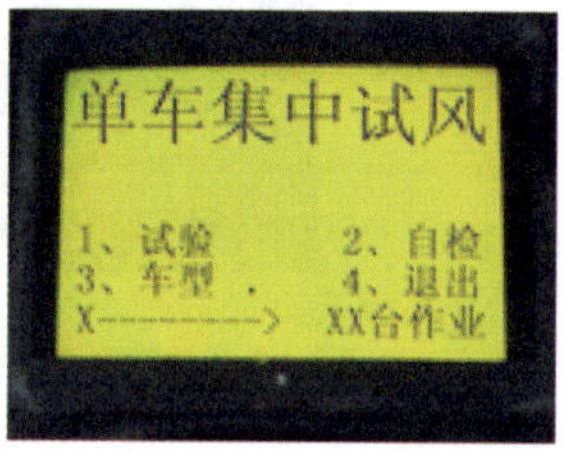

图 2-91　屏幕显示二

此时应用数字键输入修车台位号码和入线次数。输入完成后按回车键确认，屏幕显示如图 2-91 所示。

下面的提示表示×号手持操作器开始对××台位的单车试验执行器进行控制。此时按数字键“1”，可以开始单车试验；按数字键“2”，可以进行单车机能自检；按数字键“3”，可以查看本台位铁路货车的车型、车号、制动机、闸调器、制动缸、空重车自动调整装置的型号；按数字键“4”，表示已经完成或中断对该台位的作业，控制系统会断开操作器与单车试验执行器的关联。

输入台位号及入线次数后，如果屏幕显示为：“×号正在××台作业”，表示已经有其他试验人员正在对该台位试验，此时应关闭操作器电源，重新开机进行正确地输入。

(二)操作步骤

1. 单车试验执行器的机能试验

每班开始作业前，要对安装在各个修车台位的单车试验执行器进行机能试验。

机能试验由试验控制中心人员操作，对机能检查不合格的台位，由试验人员用无线操作进行单项测试和调整。

(1)进入菜单

操作器进入试验选项菜单(图 2-92)后,按数字键“2”,选择“自检”项目,即可进入机能试验(图 2-93),同时向执行器附带的容积风缸充风。

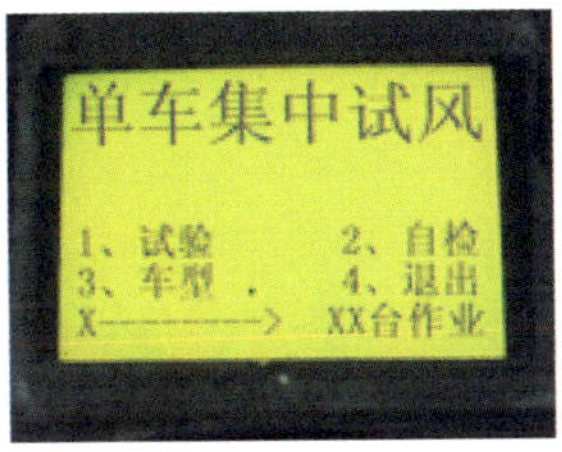

图 2-92 屏幕显示三

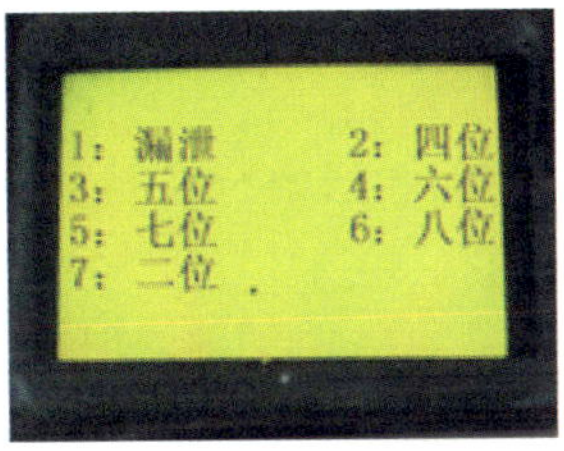

图 2-93 屏幕显示四

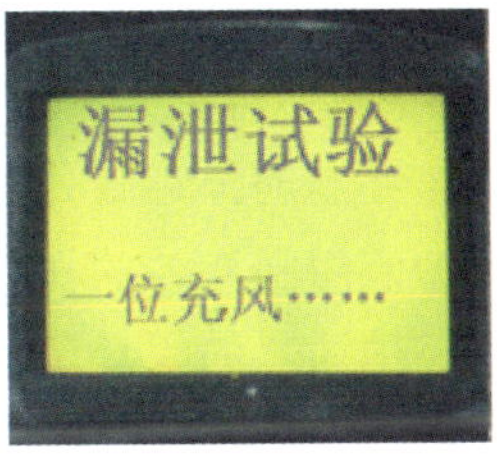

图 2-94 屏幕显示五

(2)泄漏试验

按下数字键“1”,选择泄漏试验(图 2-94)。

充风至定压后,由“一位充风”自动转为“保压一分钟……”时间到后,显示泄漏量数值,并提示是否合格。如果在保压过程中泄漏超量,试验将提前结束,并提示不合格。试验结束后,应按回车键返回至自检选项界面,进行下一项机能试验或重复本项试验。

(3)排风试验

按数字键“2”,选择“四位”(图 2-95)。

进行四位排风试验,在充风至定压后,“一位充风……”转为“减压 100 kPa”,控制系统主机开始计时。减压到量后,计时停止,屏幕显示减压所用时间,并提示是否合格。

五位、六位、七位、八位排风试验与四位排风试验的过程及显示内容相同,仅减压量有所不同。

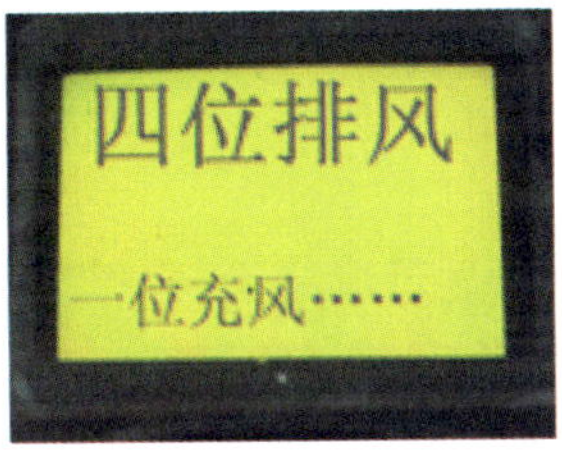

图 2-95 屏幕显示六

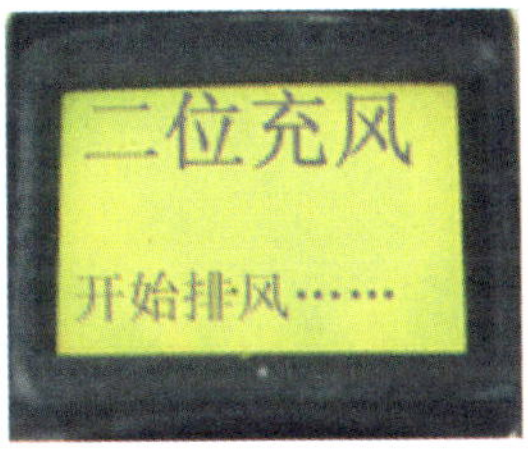

图 2-96 屏幕显示七

(4)充风试验

按数字键“7”选择“二位”(图 2-96)。

二位充风试验从排风动作开始,容积风缸压力下降至 30 kPa 以下时,停止排风,屏幕提示变为“二位充风……”。充风至 50 kPa 时开始计时,记录压力升至 150 kPa 所用时间,并提示是否合格。

机能检查结束后,按回车键返回试验选项菜单,然后选择“试风”进行单车试验,或选择“退出”结束试验。

机能试验合格后,由试验控制中心人员打印试验记录,参加校验人员要在记录上签字确认。机能试验记录按相关规定存档备查。

机能检查不合格时应及时处理,并在处理之后重新对该位进行测试。

2. 试验开始前的准备工作

(1)装用手动空重车调整装置的铁路货车，空重车手把置于空车位；脱轨自动制动装置的球阀应处于开放位；铁路货车上装设的其他风动装置应开放，并处于工作状态。

(2)准备材质为尼龙 6、直径为 $\phi 25.4^{+0.05}_{0}$ 的实心尼龙球及安装于软管连接器上的实心尼龙球网状回收器。

(3)在制动缸后盖处安装压力传感器和活塞行程测量器。

(4)装用闸调器的铁路货车应准备 1 块 340 mm×60 mm×16 mm、R420 mm 的弧形垫板，并将闸调器的螺杆调至以下尺寸(全部装用新闸瓦时，螺杆上刻线至护管端部的距离)：

ST_1-600 型为 500～570 mm，ST_2-250 型为 200～240 mm。

(5)确认单车试验器总风源压力须不低于 600 kPa，单车试验器压力为 500 kPa(以下简称定压)。

(6)装用空重车自动调整装置的铁路货车，应准备试验垫板，其厚度应符合表 2-8 要求。

表 2-8　空重车自动调整装置试验垫板厚度表　　(单位：mm)

试验垫板厚度	KZW 系列		TWG-1 系列	
	测重行程 21	测重行程 27	TWG-1A	TWG-1C
空车位	3	6	3	6
半重车位	13	19	12	18
重车位	25	35	30	40

3. 试验过程

(1)过球试验

装用球芯折角塞门或球芯直端塞门的铁路货车应按规定进行过球试验。

(2)制动管泄漏试验

将单车试验器与铁路货车一端软管连接，关闭该端折角塞门，按数字键“1”，屏幕显示“泄漏试验”(图 2-97)。

当充风至定压后，提示为“保压一分钟……”，时间到后，将显示泄漏量，并提示是否合格。

将另一端软管加软管堵，开放两端折角塞门，截断塞门处关闭位，急充风，制动管充至定压后，保压 1 min，用防锈显漏剂检查管系各接头不得泄漏，制动管泄漏量不大于 5 kPa。

关闭另一端折角塞门，卸下软管堵，保压 1 min，制动管泄漏量不大于 5 kPa。

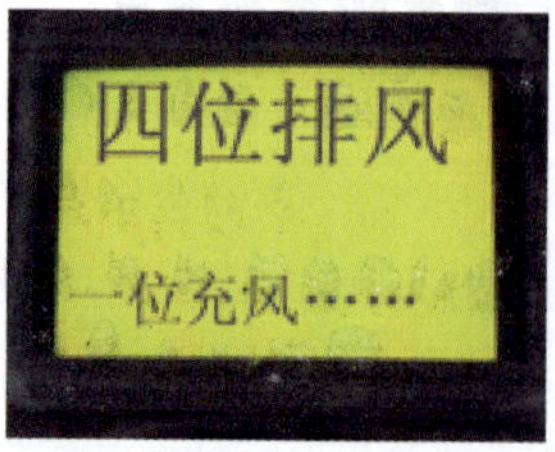

图 2-97　屏幕显示八

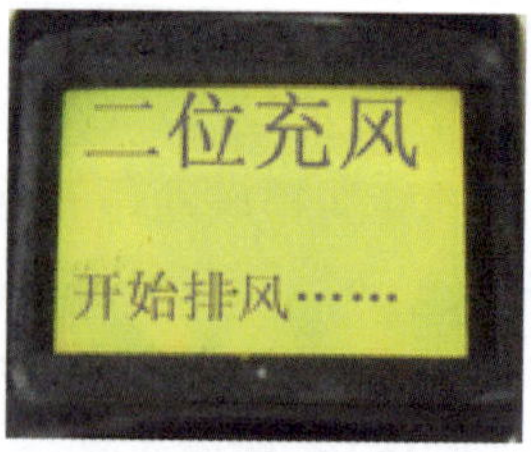

图 2-98　屏幕显示九

(3)全车泄漏试验

开放截断塞门，按回车键返回泄漏试验界面，按数字键“2”，屏幕显示为“全车泄漏”(图 2-98)；试验器置 1 位进行充风，待副风缸充至定压后，提示为“保压一分钟……”，时间到后将显示泄漏量，并提示是否合格，泄漏量不大于 5 kPa 为合格。按回车键返回单车试验选项菜单，可以继续进行其他试验。

保压试验同时，用防锈检漏剂检查制动主支管及副风缸管系接头不得泄漏。

(4)制动、缓解感度试验

按数字键“2”，进入感度试验界面，进行一位充风。充风至定压后，执行器进行四位减压 40 kPa 操作，减压到量后，将继续测定局部压量，如果试验数值正常，屏幕显示“感度试验—制动良好”(图 2-99)。

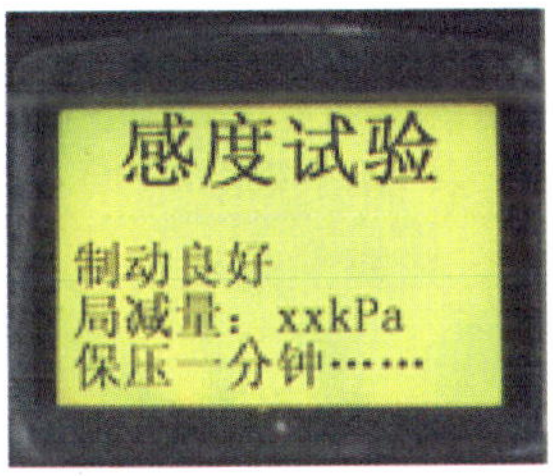

图 2-99　屏幕显示十

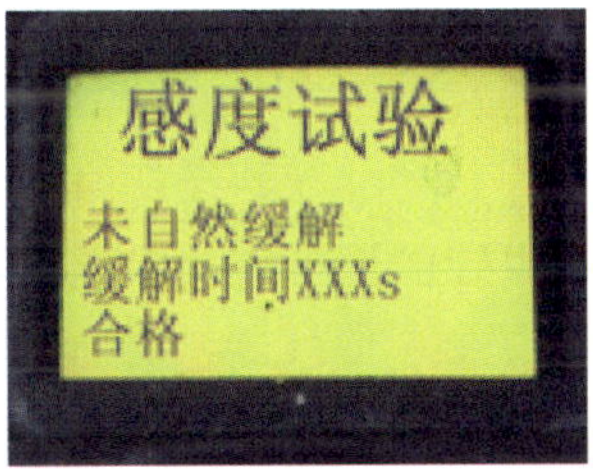

图 2-100　屏幕显示十一

1 min 后，如果没有发生自然缓解，将开始二位充风，并记录缓解时间，同时根据制动缸压力下降的数值判断是否合格(图 2-100)。

如果试验过程中某项试验数值不在正常范围内，将提示不合格，试验将不再继续进行，应按回车键返回单车试验选项界面，重新开始此项试验。

(5) 安定试验

按数字键“3”，选择“安定”，进入安定试验界面，充风至定压后，屏幕提示减压量，如作用正常，屏幕显示“安定试验—制动安定良好”(图 2-101)。

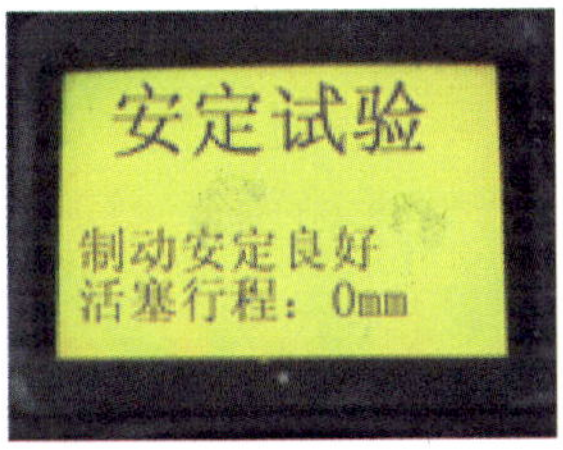

图 2-101　屏幕显示十二

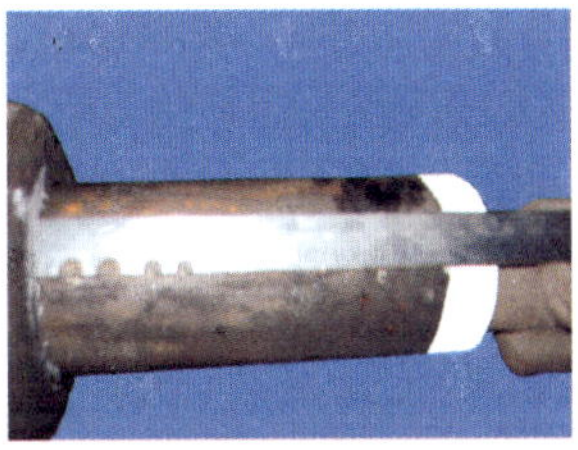

图 2-102　活塞行程长度测量图

测量活塞行程长度(图 2-102)，应符合表 2-9 规定。

表 2-9　制动缸活塞杆行程表　　(单位：mm)

制动缸规格	装用闸调器	未装闸调器
356×254	125±10	100±15
305×254	155±10	—
254×254	155±10	—
203×254	125±10	—

用操作器键盘输入。输入过程需注意：每按“1”位数字键，需在操作器的显示屏出现正确显示之后再按下一位数字。输入完“3”位数字后按回车键确认，屏幕将提示“保压一分钟……”

如果测得或输入的活塞行程数值不符合要求，屏幕将提示为不合格，不能继续进行后续试验。保压时间到后，将显示制动缸的泄漏量，并提示是否合格。

(6)紧急制动试验

按数字键"4"，选择"紧急"，充风至定压后，单车试验执行器将根据铁路货车制动机类型自动减压至规定压力，并根据铁路货车主管压力状况，判断是否出现紧急制动，提示紧急制动作用是否良好。提示制动缸压力数值，可以判断安全阀性能是否正常。对有空重车自动调整装置的铁路货车，在本项试验中，将不显示制动缸压力状态。

(7)120、120-1型制动机加速缓解阀试验

按数字键"6"，选择"加缓"。充风至定压时，提示感度试验位"减压100 kPa"，然后显示为"二位充风"。制动缸开始缓解时，制动管压力须有明显跃升。控制计算机根据二位充风过程中铁路货车主管的压力变化状况，判断是否存在压力跃升变化，并提示是否出现跃升。

(8)120、120-1型制动机半自动缓解阀试验

按数字键"7"，选择"半缓"，进行半自动缓解试验

主阀缓解试验：待副风缸充至定压后，单车试验执行器4位，感度试验位减压50 kPa，保压．制动缸压力稳定后，提示试验人员"拉缓解阀确认"，试验人员应拉拉缓解阀手柄至全开位，3～5 s后松开，待制动缸压缩空气自动排尽后按回车键确认。执行器将再次减压50 kPa，如果制动正常，将提示为"主阀缓解试验良好"，自动恢复一位充风。

制动缸缓解试验：当副风缸充至定压后，单车试验执行器将进行紧急制动排风，并再次提示"拉缓解阀确认"。此时试验人员应拉缓解阀手柄至全开位3～5 s后松开，制动缸压力应能下降到零，按回车键，将提示试验合格。

(9)闸调器性能试验

闸瓦间隙减小试验：

按数字键"5"，选择"闸调器试验"，屏幕提示"一位充风……"，并提示"加入闸瓦垫板确认。"将垫板放入任一闸瓦与车轮之间，然后按回车键确认。屏幕将交替显示制动次数和缓解充风状态。副风缸充至定压后，减压140 kPa，制动缸活塞杆行程须变短。反复制动、缓解3次后，制动缸活塞杆行程与初始行程(即未安装垫板时的行程)之差须不大于10 mm(图2-103)。

所显示的安定行程，为安定试验时所测得的活塞行程长度，作为调试器调长试验和调短试验的基准。在装有活塞行程测量器的条件下，加垫行程将显示为实际长度，未加测量器时，行程值显示为"0"，需试验人员手工测量后用操作器输入。输入方法与安定试验中活塞行程手工输入的方法相同。

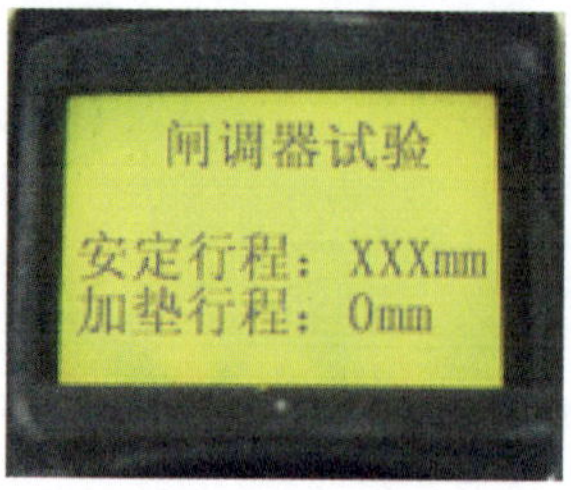

图2-103　屏幕显示十三

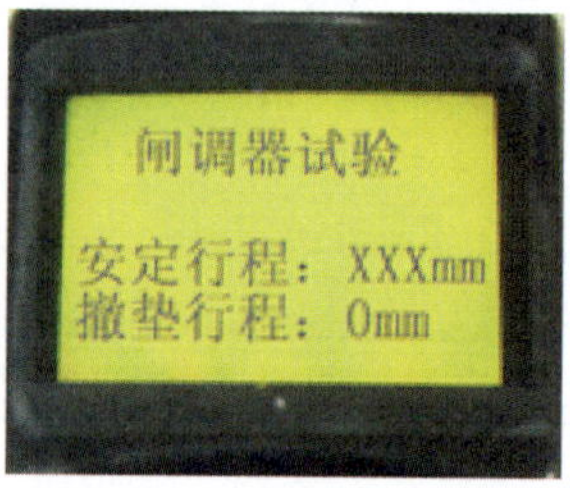

图2-104　屏幕显示十四

闸瓦间隙增大试验：

所测得或输入的数值符合要求时，执行器将开始缓解充风，并提示“撤出闸瓦垫板确认”。在撤垫之后，按回车确认，制动后制动缸活塞杆行程须变长。反复制动、缓解三次后，制动缸活塞杆行程与初始行程(即未安装垫板时的行程)之差不大于 10 mm。当第六次制动完成后，屏幕显示“撤垫行程”(图 2-104)。

当测得或输入的数值符合要求时，将提示合格。按回车键返回单车试验选项界面。

(10)空重车自动调整装置试验

KZW 系列空重车自动调整装置性能试验：

在空车状态下，检查和调整抑制盘触头与磨耗板的间隙。抑制盘下平面坐落在阀座支架导管的顶端时，触头与横跨梁触板的间隙须符合表 2-10 的规定，触头与抑制盘螺杆须用开口销锁定。

按数字键“8”，选择“空重”。

重车位试验：按数字键“1”，选择“重车位”。充风至定压后，提示“加重车位垫板确认”。将抑制盘上移，在触头与触板间插入表 2-8 规定的重车位试验垫板。单车试验器置一位充气，待副风缸充至定压后，减压 160 kPa，保压。此时空重车位显示牌应翻起。压力稳定后，保压 1 min，制动缸压力下降不大于 5 kPa；置缓解位，制动缸压力须降至零，显示牌落下。缓解后取出触头与磨耗板之间的试验垫板。

表 2-10 触头与横跨梁触板的间隙 (单位：mm)

KZW 系列传感阀		TWG-1 系列传感阀	
测重行程 21	测重行程 27	TWG-1A 型	TWG-1C 型
3±1	6±1	3±1	6±1

半重位试验：按数字键“2”，选择“半重位”。充风至定压后，提示“加半重位垫板确认”。将抑制盘上移，在触头与触板之间插入表 2-8 规定的半重车位试验垫板。单车试验器置一位充气，待副风缸充至定压后，减压 160 kPa，保压。制动缸压力应符合表 2-11 的规定。压力稳定后，保压 1 min，制动缸压力下降不大于 5 kPa。置缓解位，制动缸压力须降至零，并提示是否合格；合格后取触头与磨耗板之间的试验垫板。

表 2-11 KZW 系列空重车自动调整装置单车试验压力值 (单位：kPa)

工况	制动缸压力						
	KZW-A			KZW-4GAB	KZW-4GCD	KZW-4G	KZW-4
	自重＜28 t	28 t＜自重＜33 t	33 t＜自重				
空车位	140±20	180±20	220±20	160±20	160±20	160±20	150±20
半重车位	230±40	—	—	240±40	230±40	240±40	240±40
重车位	不做要求						

空车位试验：按数字键“3”，选择“空车”。充风至定压后，提示“撤出垫板确认”。单车试验器置一位充气，待副风缸充至定压后，减压 160 kPa，保压。制动缸压力应符合表 2-11 的规定。压力稳定后，保压 1 min，制动缸压力下降不大于 5 kPa。置缓解位，制动缸压力须降至零，并提示是否合格。

TWG-1系列空重车自动调整装置性能试验：

制动机处于常用制动状态时，检查传感阀触头与横跨梁触板间隙，应符合表2-10的规定。调整传感阀触头与横跨梁触板间隙时，可调整触头伸长量，触头在顶杆上的拧出长度应小于20 mm；或在传感阀安装座与传感阀吊座之间加入调整垫。

空车位试验：充风至定压后，减压160 kPa，置保压，待压力稳定后，制动缸压力应为(160±20)kPa，此时空重车位显示器应完全伸出。保压1 min，制动缸压力下降不大于5 kPa。置缓解位，制动缸压力须降至零。

半重车位试验：在触头与触板之间插入表2-8规定的半重车位试验垫板。充风至定压后，减压160 kPa，保压，待压力稳定后，制动缸压力应为(250±30)kPa。保压1 min，制动缸压力下降不大于5 kPa。置缓解位，制动缸压力须降至零。

重车位试验：在触头与触板之间插入表2-8规定的重车位试验垫板。充风至定压后，减压160 kPa，保压。待压力稳定后，空重车位显示器不得伸出。保压1 min，制动缸压力下降不大于5 kPa。置缓解位，制动缸压力须降至零。

当全部试验结束或试验中途需要退出时，应连续按回车键返回到单车集中试风界面，按数字键“4”，选择“退出”。单车试验执行器将排空主管风压，并提示“试风结束”。此时可以关闭手持操作器的电源开关。

单车试验合格后，由试验控制中心人员打印“单车试验记录单”(ZG—32)，试验人员、检查员、验收员应在记录相应位置签字或盖章。将“单车试验记录单”存入该车的车辆技术档案袋内，实现档案化管理，一车一档。“一车一档”检修记录保存期限应大于对应车型的一个段修期。

(三)质量控制点

每班开工前，应按规定对单车试验执行器进行机能试验，试验人员应认真填写记录，参加机能试验人员按规定签字确认。

过球试验、制动管泄漏试验、全车泄漏试验及制动、缓解感度试验可在落车前进行，其他试验项目都要在落车之后进行。当1辆车装设2个及以上制动阀时，每个制动阀都应按上述要求分别进行试验。

车辆处于制动状态时，试验人员应检查各拉杆、杠杆、闸瓦状态，确保闸瓦能够贴靠车轮，各杠杆、拉杆不与相邻件或其托、吊有非正常接触，制动缸前、后杠杆与杠杆托的游动间隙不小于50 mm；缓解状态时，试验人员应推动前制动杠杆，确保制动缸推杆能够复位。

调整制动缸活塞杆行程时，两转向架制动力应均衡，其2根下拉杆(或中拉杆)圆销组装后的销孔相差不能超过1个，但装用2个制动缸且在铁路货车两端布置的不做要求。

试验过程中，如果试验尚未结束，因各种原因暂时退出时，应先关闭铁路货车折角塞门后再选择“退出”，这样可以保存铁路货车制动装置的风压，便于继续试验时减少充风时间。

使用操作器时，应使无线信号的发送和接收处于较好环境，保证数据可靠，避免将操作器过于靠近车体或其他金属物体，否则当无线数据信号受到强烈干扰时，可能会出现乱码和误码现象，操作器屏幕可能会显示“此条信息被干扰”。如果不能确认试验结果，应与控制中心联系，确定是否需要重新试验。

操作器在使用过程中如果发现电量不足，应使用专用充电器及时充电，正常充电时间应不少于6 h。在应急情况下，连续充电20 min，也可以维持使用。

设备上安装的传感器为精密计量器具，应定期送计量部门检定，检定合格后方可使用，检定周期不超过一年；单车试验时检测制动缸压力用压力表检定周期不超过一个月。

二、120型铁路货车空气控制阀试验技术

1993年120型铁路货车空气控制阀通过铁道部级鉴定后，立即在全路得到迅速推广。但是当时还没有检测120阀的试验台，120阀的试验只能借用705型试验台进行试验，由于705型试验台是试验间接作用的103阀的专用试验台，在试验120阀上存在许多不足之处。随着铁路货车现代化检查技术的不断发展，经过铁路科研人员的不断努力，目前铁路货车检修车间已经广泛使用了专用的120型铁路货车空气控制阀试验台，完全解决了120阀在705试验台上某些性能不能检测和测试不准的问题。随着120-1阀的出现，经过升级后的试验台也满足了120 1阀的试验要求，确保了制动阀的检修质量。

下面以某型120试验台（图2-105）为例，对其结构与性能、操作步骤、质量控制点等内容进行简单介绍。

图2-105　铁路货车空气控制阀120试验台

（一）结构与性能

1. 结构组成

120试验台由两大部分组成：空气部分和电气部分。

试验台空气部分主要由试验台架子、阀夹紧装置、风缸系统、阀岛、管路系统、压力表、原理图标牌、调压阀及过滤器等组成。试验台架子用于各部件的安装和固定；阀夹紧装置用于主阀和紧急阀的安装；风缸系统用于储存各部压力空气；阀岛由风门控制阀岛、排风阀岛、卡具控制阀岛三部分组成；管路系统包括主管路系统和辅助管路系统；压力表分别显示试验台各部压力；调压阀用于调整试验台定压；过滤器用来过滤尘埃，保证压缩空气的洁净度。

试验台管路布置符合图2-106的要求。

各开关功能如下：

（1）10号开关——储风缸截断；

（2）A开关——列车管容量风缸快充；

（3）B开关——列车管容量风缸慢充；

（4）C开关——列车管容量风缸排风；

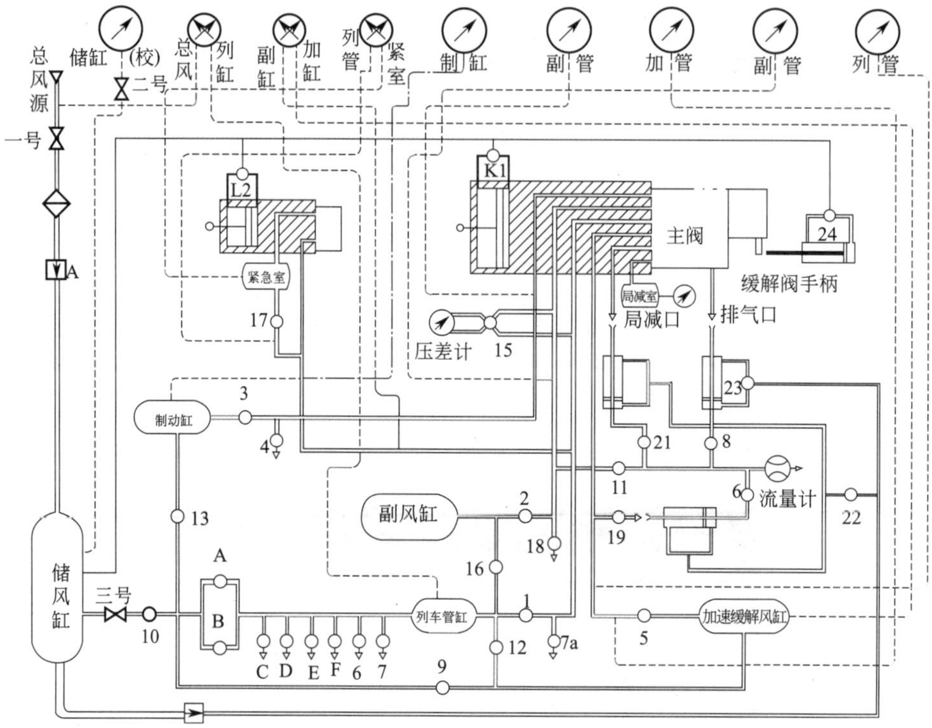

图 2-106　120 型试验台管路示意图

(5)D 开关——列车管容量风缸排风;

(6)E 开关——列车管容量风缸排风;

(7)F 开关——列车管容量风缸排风;

(8)G 开关——列车管容量风缸排风;

(9)7a 开关——列车管管路排风;

(10)7 号开关——列车管容量风缸排风;

(11)18 号开关——副风缸管路排风;

(12)19 号开关——加速缓解风缸管路排风;

(13)4 号开关——制动缸管路排风;

(14)16 号开关——副风缸快充风;

(15)9 号开关——加速缓解风缸快充风;

(16)13 号开关——制动缸快充风;

(17)17 号开关——紧急室快充风;

(18)1 号开关——列车管容量风缸与列车管管路间截断;

(19)2 号开关——副风缸与副风缸管路间截断;

(20)3 号开关——制动缸与制动缸管路间截断;

(21)5 号开关——加速缓解风缸与加速缓解风缸管路间截断;

(22)15 号开关——列车管、副风缸管路与压差计间截断;

(23)12 号开关——列车管容量风缸与加速缓解风缸间截断;

(24)11 号开关——副风缸管路与流量计间截断；

(25)8 号开关——主阀排气口与流量计间截断；

(26)6 号开关——加速缓解风缸管路排气口与流量计间截断；

(27)21 号开关——局减排气口与流量计间截断；

(28)22 号开关——控制局减排气口和加速缓解风缸管路排气口的测漏气缸动作；

(29)23 号开关——控制主阀排气口的测漏气缸动作；

(30)24 号开关——推动缓解阀手柄动作及自动复位；

(31)K1、K2——夹紧开关；

(32)一号塞门——总风源截断塞门；

(33)二号塞门　储风缸压力表截断塞门；

(34)三号塞门——储风缸截断塞门。

试验台电气部分主要由工控机、控制单元、转换单元、电磁阀、压力变送器、流量计、压差计、操作盘等组成。

工控机是一部完整的计算机系统，具备键盘输入、屏幕显示、打印输出等功能，并提供试验台的主要操作界面。另外，它还具备与控制单元的接口功能来完成彼此之间的通信控制。控制单元由 DC 24 V 电源、继电器板、转换板、开关和数据接口等组成，主要完成工控机与试验台的数据交换和远程操控，同时具备分别与工控机和转换单元的接口功能。转换单元集成了 24 V 开关电源、A/D 转换、D/A 转换、I/O 输出、O/I 输入等功能。电磁阀由控制系统提供高电位或低电位电压来控制电磁阀开通和关断，从而控制空气管路的通风状况。压力变送器用来采集空气台某部分的空气压力情况，将采集到的压力信号转换为电信号传送给试验台的控制部分，来完成对该部分压力情况的监控。流量计用来对 120 阀的泄漏情况进行采集并显示。压差计用于对列车管与副风缸之间的压力差进行采集，通过能与之配套的智能(压差)显示控制仪对其采集到的数据进行显示输出。

2. 主要性能

120 试验台能够对 120 与 120-1 阀进行自动和手动检测，试验台的工作方式分为手动试验和自动试验，将开关放置于相应位置，可分别进行手动操作和自动操作。

根据试验台机能试验规范能自动完成机能检测，并根据试验结果自动判断系统是否合格，同时显示并可打印检测结果。

试验台能随时对压力传感器进行现场校核。

(二)操作步骤

1. 试验台的机能检查

每班开始作业前，试验人员要利用系统自带功能对 120 试验台进行机能检查，主要是对各电磁阀及管路进行泄漏试验，对各机能孔径进行检测。

机能检查过程如下：

开启一、二、三号塞门，确认总风源压力不低于 650 kPa。打开试验台所有电源开关，预热 15 min。调整调压阀，使储风缸压力为 590～610 kPa(试验台定压)。流量显示器置“关断”位，流量值显示零。将试验台附带的主阀安装座盲板和紧急阀安装座盲板卡紧在试验台安装座上。试验台置于自动位，由微机控制进行自动试验，各开关均由微机控制自动开闭。

机能检查应指定相关人员共同参加，机能检查记录应按相关要求保存。如：某车辆段规定，120 试验台机能检查由设备操作者、制动室工长、检查员、验收员共同参加。机能试验合格后，由设备操作者打印“微控 120 阀试验台机能检查记录”（ZG—01），参加校验人员在记录上确认签字。机能检查记录由制动室班组保存一个段修期。

2. 试验开始前的准备工作

首先确认一、二、三号塞门为开启位、总风源压力不低于 650 kPa。

打开电源，将显示仪表预热 15 min。将试验台的减压阀调整为 590～610 kPa（试验台定压）。

3. 试验过程

120/120-1 阀试验内容包括主阀试验和紧急阀试验两项。

（1）主阀试验

开通 K1，将主阀卡紧在主阀安装座上；开通 K2，将紧急阀座盲板卡紧在紧急阀安装座上。

主阀试验分为全项试验和选项试验。

当选择全项试验后，进入图 2-107 所示显示界面，单击“开始试验”按钮，弹出被试主阀信息输入窗口，如图 2-108 所示，输入完成后单击“确定”按钮，试验程序自动按试验方法规定完成主阀的全部性能试验。

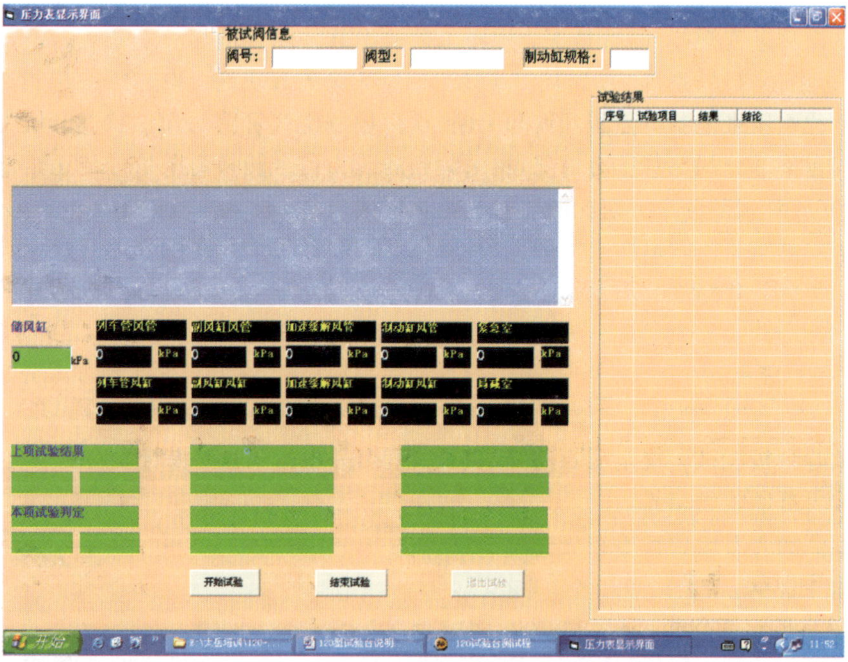

图 2-107　自动试验界面

选择选项试验后，屏幕出现图 2-109 所示主阀选项窗口，单击复选框选择试验内容。试验顺序由操作者的选择顺序决定，选项完成后按“确定”按钮完成选择，若选项出错可以单击“重选”按钮重新选择。选择完成后进入图 2-108 所示界面，单击“开始试验”按钮，弹出被试主阀信息输入窗口，如图 2-109 所示，输入完成后单击“确定”按钮，可按操作者选择顺序开始所选择的试验项目。

根据系统提示，在做制动位泄漏试验时，试验人员要在主阀各结合面处及缓解阀排气口、缓解阀手柄、局减阀呼吸孔处涂刷防锈检漏剂进行检查，不能产生泄漏，检查缓解阀内副风缸及加速缓解风缸气路、小止回阀、排风阀时，要在缓解阀手柄处涂刷检漏剂进行检查，不能产生泄漏；在缓解阀排气口涂刷检漏剂进行检查，在 10 s 内产生的气泡高度不大于 12 mm。

试验完毕，排空各部压力空气。关断 K1，卸下主阀，关断全部开关。

(2)紧急阀试验

开通 K2，将紧急阀卡紧在紧急阀安装座上。开通 K1，将主阀座盲板卡紧在主阀安装座上，关断全部“按钮开关”。

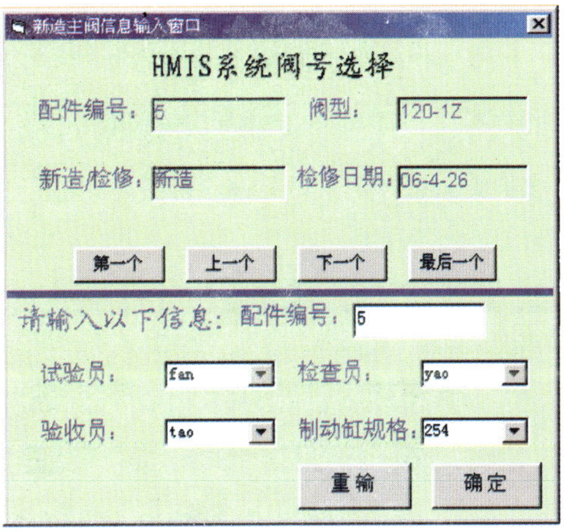

图 2-108　主阀信息输入窗口

紧急阀试验分为全项试验和选项试验。当选择全项试验后，进入图 2-108 所示显示界面，单击“开始试验”按钮，弹出被试紧急阀信息输入窗口，如图 2-110 所示，输入完成后单击“确定”按钮，试验程序自动按试验方法规定完成紧急阀的全部性能试验。

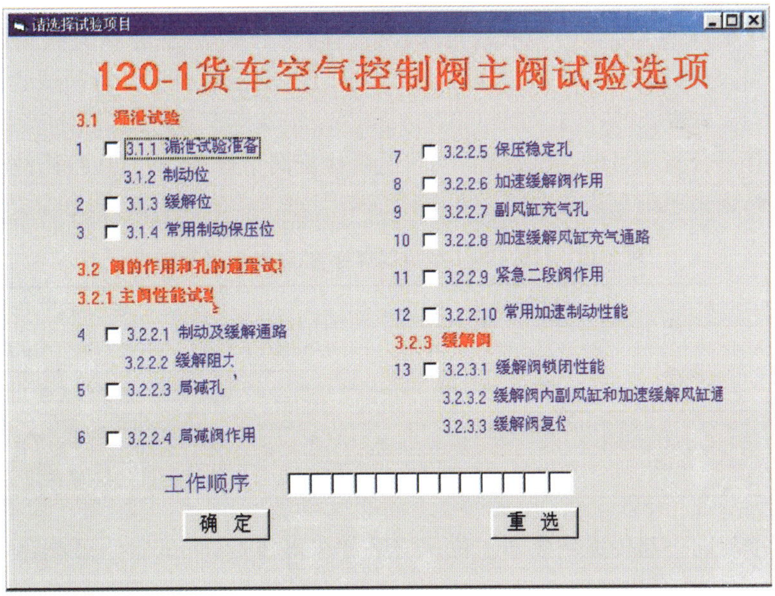

图 2-109　主阀选项窗口

选择选项试验后，屏幕出现图 2-111 所示紧急阀选项窗口，操作者用鼠标单击复选框选择试验内容。试验顺序由操作者的选择顺序决定，选项完成后按“确定”按钮完成选择，若选项出错可以单击“重选”按钮重新选择。选择完成后进入图 2-108 所示界面，单击“开始试验”按钮，弹出被试主阀信息输入窗口，输入完成后单击“确定”按钮，可按操作者选择顺序开始所选择的试验项目。

根据系统提示，在做紧急阀泄漏试验时，试验人员要在所有的盖及胶垫周围涂刷检漏剂进行检查，不能产生泄漏；在紧急阀排气口涂刷检漏剂进行检查，15 s 内只允许放产生一个高度最

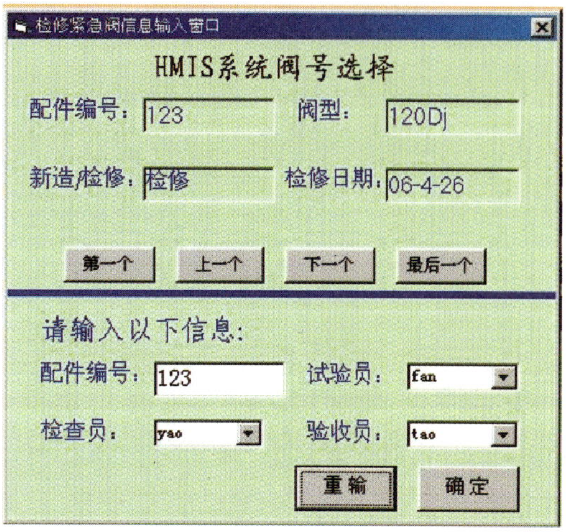

图 2-110　紧急阀信息输入窗口

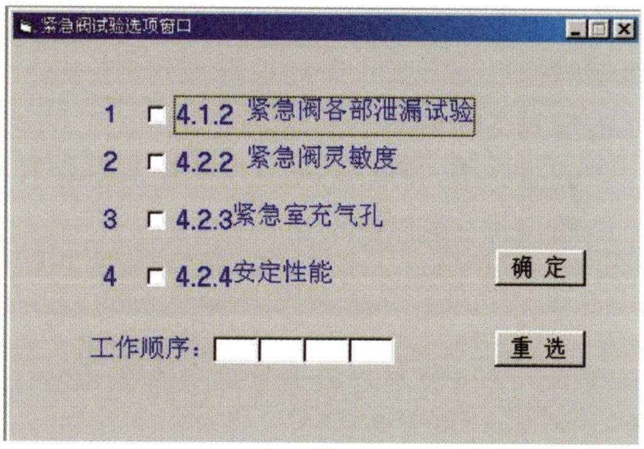

图 2-111　紧急阀试验选项窗口

大为 12 mm 的肥皂泡。

试验完毕，排空各部压力空气。关断 K2，卸下紧急阀，关断全部开关。

120/120-1 阀的主阀和紧急阀自动试验完成后，试验界面“测试结果”栏内显示各项试验的具体数据，“结论”栏中，显示各项数据是否合格。确认合格后，保存试验数据并打印相应的试验记录。试验人员、检查员、验收员应在记录相应位置签字或盖章。各阀试验记录明细如表 2-12 所示。

各阀试验有不合格项目时，将故障制动阀返回检修岗位修理，同时在检修故障栏填记相关内容。各阀检修记录明细见表 2-12。

表 2-12　120/120-1 型控制阀检修、试验记录明细表

序号	阀类别	记录编号	记　录　名　称
1	主阀	ZG—02	120/120-1 型货车空气控制阀主阀试验记录
2		ZG—04	120/120-1 型货车空气控制阀主阀检修记录
3	紧急阀	ZG—03	120/120-1 型货车空气控制阀紧急阀试验记录
4		ZG—05	120/120-1 型货车空气控制阀紧急阀检修记录

试验记录单随阀一起传递到装车工位。铁路货车落成后，将试验记录单存入该车的车辆技术档案袋内，实现档案化管理，一车一档。“一车一档”检修记录保存期限应大于对应车型的一个段修期。

（三）质量控制点

每班开工前，应按规定对试验台进行机能检查，设备操作者应认真填写记录，参加机能检查人员按规定签字确认。

开始试验前，试验人员要先检查 120/120-1 阀外观状态，确保阀体阀盖无碰伤、裂损，组装螺栓无松动，半自动缓解阀手柄扳动自如。如果外观状态或组装质量不良，应返回组装工位重新进行组装。

试验过程中，设备操作者应认真观察电器的转动、温升、声响及振动等情况，如果发现异常应立即停机报修。主机工作时，不要用手触摸机内插件，如果需要拔插时，应该先关掉电源。不要用该设备做其他工作，试验时不要同时调用两个界面。

每班作业结束后，应严格按照以下顺序关机：关总风源开关→关主机电源→关显示器、打印机、驱动箱→关稳压电源开关。

试验台上安装的压力表、流量计、压差计为精密计量器具，应定期送计量部门进行检定，检定合格后方可使用。精度 1.6 级及以上压力表检定周期不超过 3 个月，其他精度等级压力表检定周期不超过 6 个月，压力传感器、流量计、压差计检定周期不超过一年。

三、微控空重车阀试验技术

微控空重车阀试验台能对 KZW 系列和 TWG 系列空重车自动调整装置的各主要阀类配件，按照各自的试验规范，单独地进行全面、准确、快捷的性能试验，具有微机自动和手动操作两种操作方式。在需要时也能进行各部件的联合模拟试验，并具有试验台本身机能检测与诊断的功能。

下面以某型微控空重车阀试验台（图 2-112）为例，对其结构与性能、操作步骤、质量控制点等内容进行简单介绍。

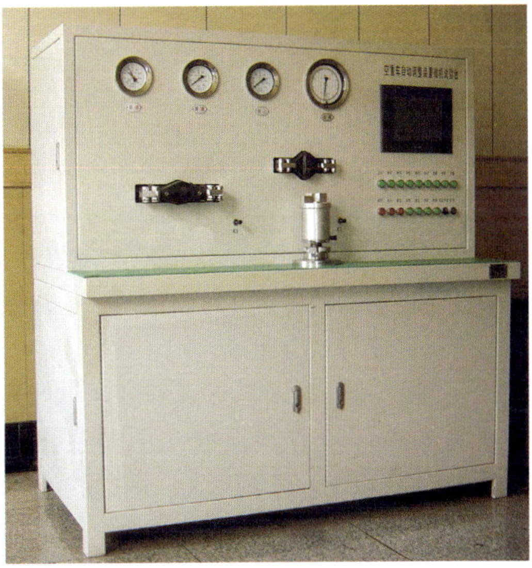

图 2-112　微控空重车阀试验台

（一）结构与性能

1. 结构组成

微控空重车阀试验台由硬件和软件两大部分组成。硬件主要由主机系统和测控硬件系统组成。主机系统主要包括机柜、夹紧装置、工况转换机构、试验气路系统。测控硬件系统则主要由计算机系统、压力传感器、工况转换机构的步进电机控制系统、A/D 转换系统等组成。

试验台的电源接口位于试验台背面的左下部（电源额定电压为 220 V），气源接口位于试验台背面右侧下部，外接管内径为 ϕ20 mm（气源压力不低于 650 kPa）。

机柜用于各部件的安装和固定等。

采用人工控制的气动夹紧装置完成受试件的安装夹紧，也就是通过人工按动安装在试验台面板上的开关，开关控制气缸气路的通断、气缸驱动杠杆夹紧机构实现夹紧受试件。夹紧装置（安装座）在试验台面板上，面向面板左边的是传感阀夹紧装置，右边的是调整阀（限压阀、比例阀）夹紧装置。开关分别位于相应夹紧装置的下方。

传感阀有三个试验工况，分别是空车位、半重车位和重车位，也就是说试验台的触杆挡块有 3 个高度位置，对于不同试验工况，触杆挡块应该转换到相应的高度位置。

图 2-113 所示为试验台气动系统示意图。系统中的阀门均为电磁阀，并采用了板式阀集装结构，使管路结构简化、紧凑。图中标示出了压力传感器和压力表在气路中的布点，压力表是布置在试验台顶板之上，压力表中的 B1 为高精度的校验母表，供校验压力传感器和其他压力表用，不用时将阀门关断；B2 为双针压力表，红针表示风源压力，黑针表示副风缸压力。除

校验母表外，其他压力表仅供监视用。

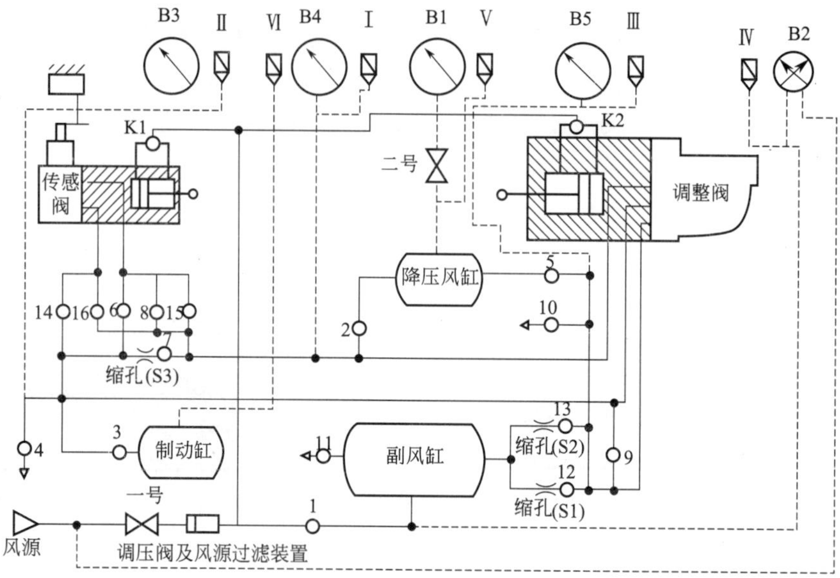

图 2-113　试验台气动系统示意图

图 2-114 为计算机系统控制框图。计算机控制系统由计算机、触摸显示屏、鼠标、键盘、打印机、和 A/D 卡等部分组成。

图 2-115 所示为由压力传感器和接近开关构成的传感测量系统框图。压力传感器是用来测量气体压力并将测得的压力经信号变换送给 A/D 卡的多路转换开关，计 6 路压力传感器。接近开关是用来测量传感阀起始工位。它们的信号通过 A/D 及 I/O 转换接口板（以下简称 A/D 卡）传输给计算机，计算机通过 A/D 卡传输信号给电磁阀或步进电机以控制试验过程。

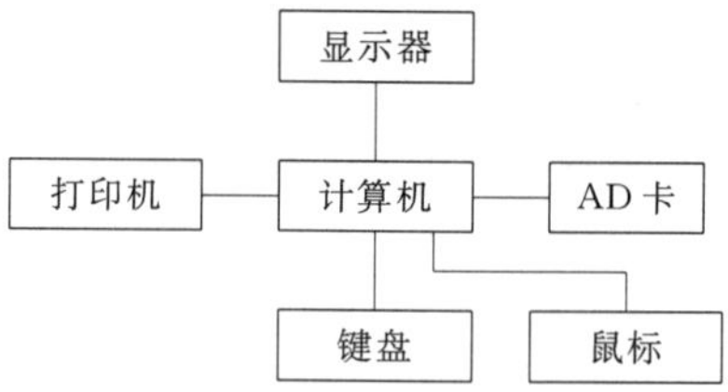

图 2-114　计算机系统框图

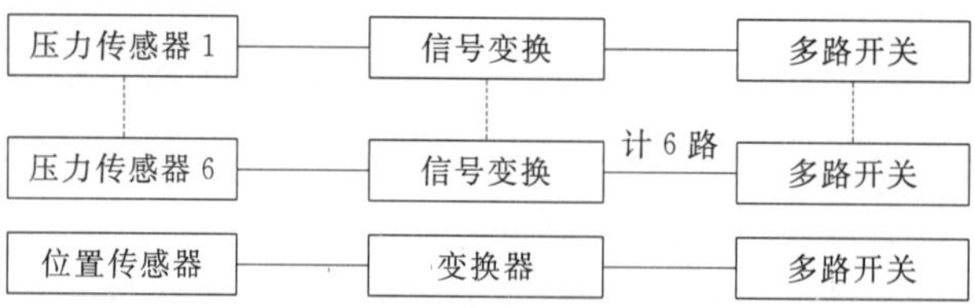

图 2-115　传感测量系统框图

图 2-116 所示为控制部分框图。由 A/D 卡的 I/O 口送出控制信号，经过功率放大后送给电磁阀。计 16 只电磁阀。步进电机由计算机经 A/D 卡送出控制信号给步进电机驱动器再驱动。

图 2-117 所示为 A/D 卡框图，由多路转换开关、A/D 转换芯片、I/O 口、步进电机控制电路及计算机总线接口组成。

2. 主要性能

在微机自动操作方式下，试验台能自动完成模拟空重车不同工况（空车、半重车、重车）下

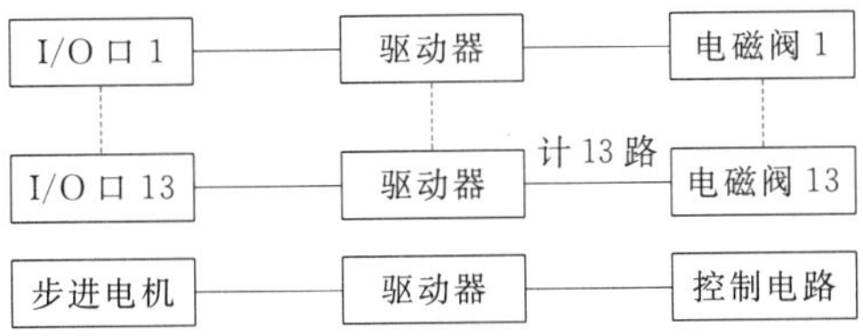

图 2-116　控制部分框图

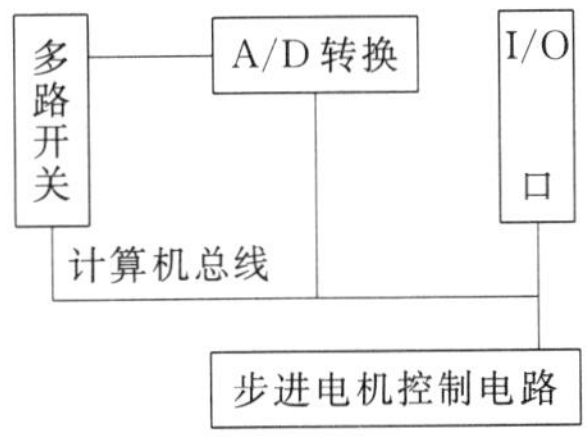

图 2-117　A/D 卡框图

的传感阀、调整阀的性能及泄漏试验，并根据试验结果自动判断试件是否合格，同时显示并可打印检测结果；能自动完成压力开关的性能及泄漏试验，并根据试验结果自动判断试件是否合格，同时显示并可打印检测结果。

试验台的手动操作方式主要用于故障判断与分析及联合模拟试验等。

根据试验台机能试验规范能自动完成副风缸系统、制动缸系统、降压风缸系统、(容积风缸系统)的风缸容积匹配、通量及系统泄漏试验。并根据试验结果自动判断系统是否合格，同时显示并可打印检测结果。

试验台能随时对压力传感器进行现场校核。

(二)操作步骤

1. 试验台的机能检查

每班开始作业前，试验人员要利用系统自带功能对试验台进行机能检查，主要是对各电磁阀及管路进行泄漏试验，对各机能孔径进行检测。

机能检查过程如下：

确认风源压力不低于 650 kPa。拉出开关“1”，推入其他所有开关，操纵阀手把置“3”位，调整调压阀，压力表Ⅳ压力应为(500±10)kPa。推入开关“1”，手把置“1”位，排净(副风缸)余气。推入开关 K1、K2，分别卡紧调整阀(限压阀、比例阀)座和传感阀座上的盲板。试验台置于自动位，由微机控制进行自动试验，各开关均由微机控制自动开闭。

机能检查应指定相关人员共同参加，机能检查记录应按相关要求保存。如：某车辆段规定，空重车阀试验台机能检查由设备操作者、制动室工长、检查员、验收员共同参加。机能试验合格后，由设备操作者打印“微控空重车自动调整装置试验台机能检查记录”(ZG—14)，参加校验人员在记录上确认签字。机能检查记录由制动室班组保存一个段修期。

2. KZW 系列空重车自动调整装置试验

(1)传感阀试验：

试验前先在传感阀风卡和调整阀风卡上安装表 2-13 备件。

表 2-13　传感阀风卡和调整阀风卡上安装部件

试验阀型	传感阀行程调整器	传感阀风卡	调整阀风卡
KZW 系列传感阀	同型号挡块	传感阀	调整阀二孔板

点击工具栏“传”键启动试验。在随后界面弹出的用于输入受试件产品号的对话框上输入受试件产品编号，如图 2-119 所示。

系统自动执行试验基本流程：[空车位小减压量试验]→[空车位：制动试验、保压试验、缓解试验]→[半重车位：制动试验、保压试验、缓解试验]→[重车位：制动试验、保压试验、缓解试验]。

试验过程中，当界面上的试验状态提示进入“××保压”项时，在传感阀各结合部、各排气口及通气口均匀涂刷防锈检漏剂检查泄漏情况，在 20 s 内应不得鼓泡。试验界面如图 2-118～图 2-120 所示。若选择圆括号中某项，则单执行该项试验。

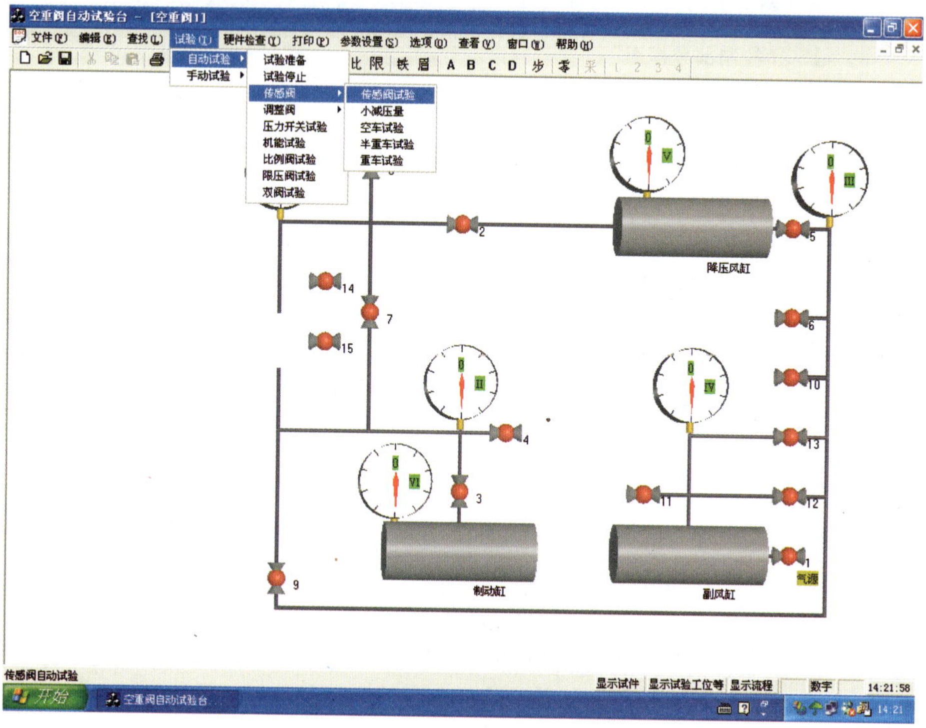

图 2-118　传感阀试验(1)(KZW)

(2)调整阀试验

试验前先在传感阀风卡和调整阀风卡上安装表 2-14 各件。

表 2-14　传感阀风卡和调整阀风卡上安装部件

试验阀型	传感阀行程调整器	传感阀风卡	调整阀风卡
KZW 系列调整阀	—	传感阀堵板	限压阀＋转接板

点击工具栏“调”键启动试验。

试验基本流程为：[空车位：制动试验、保压试验、缓解试验]→[半重车位：制动试验、保压试验、缓解试验]→[重车位：制动试验、保压试验、缓解试验]。

试验过程中，当界面上的试验状态提示进入“××保压”项时，人工用防锈检漏剂检查调整阀各结合部、各排气口及通气口泄漏情况，要求 20 s 内不得鼓泡。试验界面如图 2-121 所示。所述的试验方法和要求也适用于限压阀和比例阀的试验，此时需点击工具栏的键“限”或“比”来启动试验。

3. TWG 系列空重车自动调整装置试验

试验前先在传感阀风卡和调整阀风卡上安装表 2-15 各件。

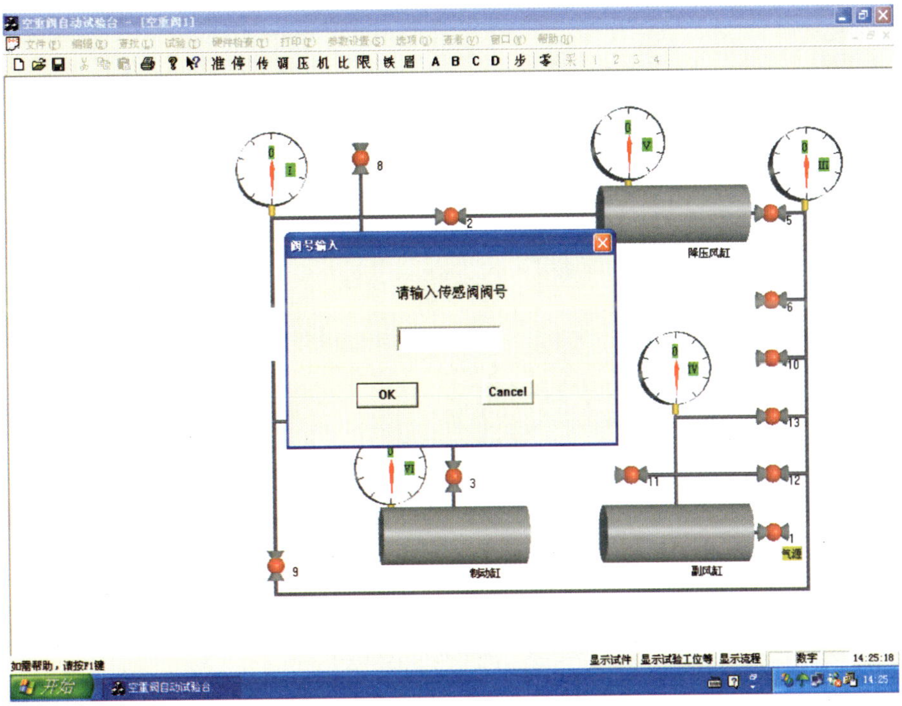

图 2-119　传感阀试验(2)(KZW)

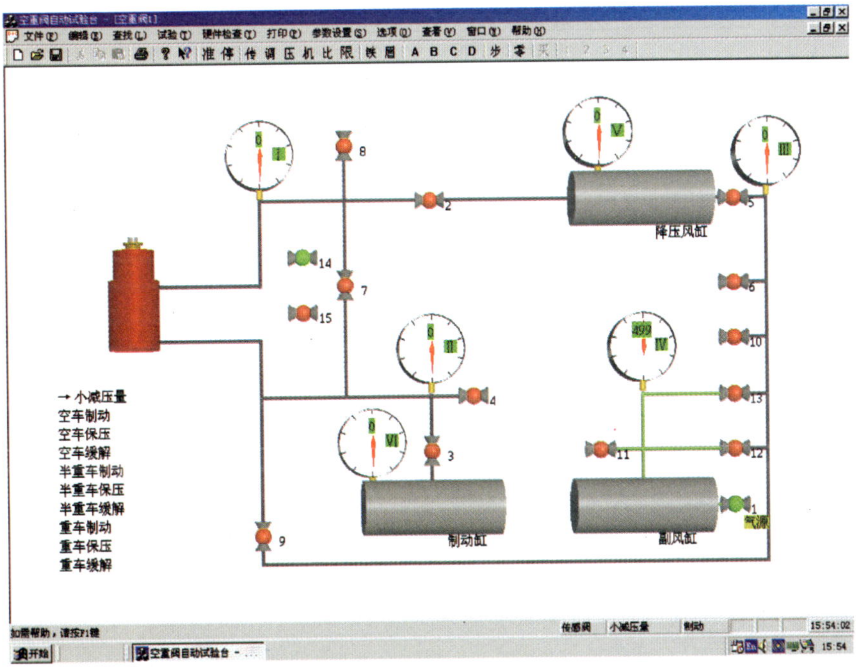

图 2-120　传感阀试验(3)(KZW)

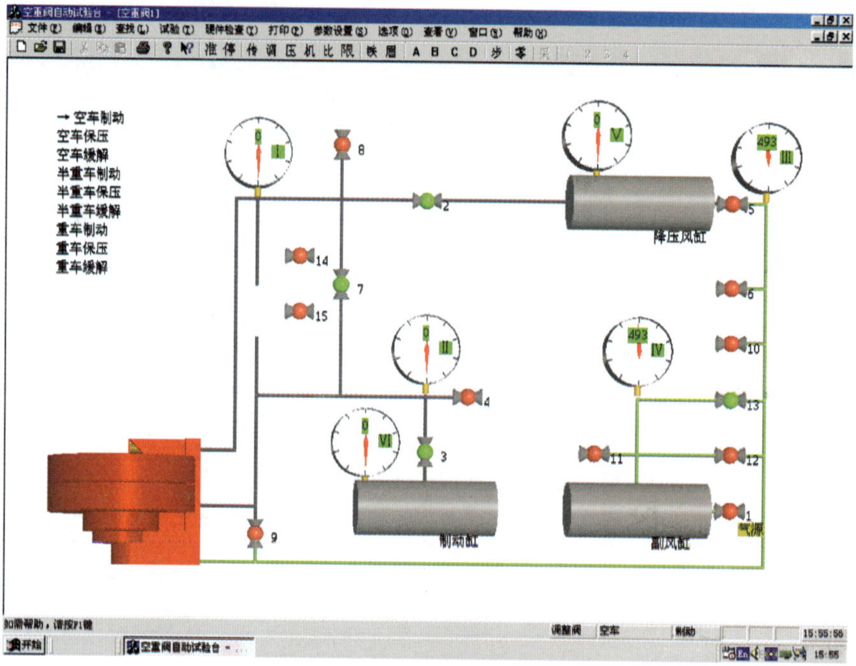

图 2-121　调整阀试验(KZW)

表 2-15　传感阀风卡和调整阀风卡上安装部件

试验阀型	传感阀行程调整器	传感阀风卡	调整阀风卡
WG-1 系列传感阀	同型号挡块	传感阀	调整阀二孔板
T-1 系列调整阀	—	传感阀通板	调整阀

TWG 系列空重车自动调整装置中的传感阀和调整阀的试验方法与 KZW 系列的基本相同,只是传感阀试验中的工况转换是按界面提示人工操作。

工况转换机构的人工操作方法是:对于 A、B 型,空车工况时,转动移开转换机构的转块,使机构露出通孔;半重车工况时,转块转回原位,在转块之上叠加厚度分别为 30 mm 和 6 mm 的 2 只挡块,在通过调整螺母使转换机构的上端面触及传感阀触杆端面后取下所叠加的 2 只挡块;重车工况时,在转块之上叠加厚度为 30 mm 的挡块。对于 C、D 型,空车工况时,转动移开转换机构的转块,使机构露出通孔;半重车工况时,转块转回原位,在转块之上叠加厚度分别为 38 mm 和 6 mm 的两只挡块,在通过调整螺母使转换机构的上端面触及传感阀触杆端面后取下所叠加的两只挡块;重车工况时,在转块之上叠加厚度为 38 mm 的挡块。它们的试验界面如图 2-122 和图 2-123 所示。

试验完成后,系统将对所测数据进行自动判断,若所有项目全都合格后,屏幕左下角将显示“合格”字样,此时可以进行数据储存操作,确认录入正确的生产厂、出厂编号以及试验员后,按“存入”按钮存储试验数据。

各传感阀、调整阀试验完毕,各项试验数据显示合格后,打印试验记录。试验人员、检查员、验收员应在记录相应位置签字或盖章。各阀试验记录明细见表 2-16。

各传感阀、调整阀试验有不合格项目时,将故障阀返回检修岗位修理,同时在检修记录检修故障栏填记相关内容。各阀检修记录明细见表 2-16。

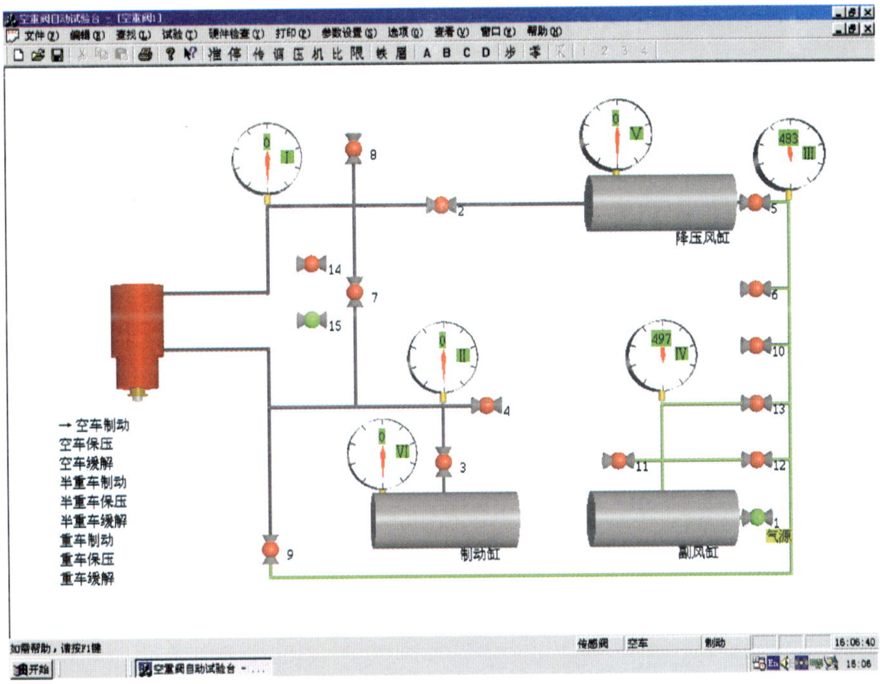

图 2-122　传感阀试验(TWG)

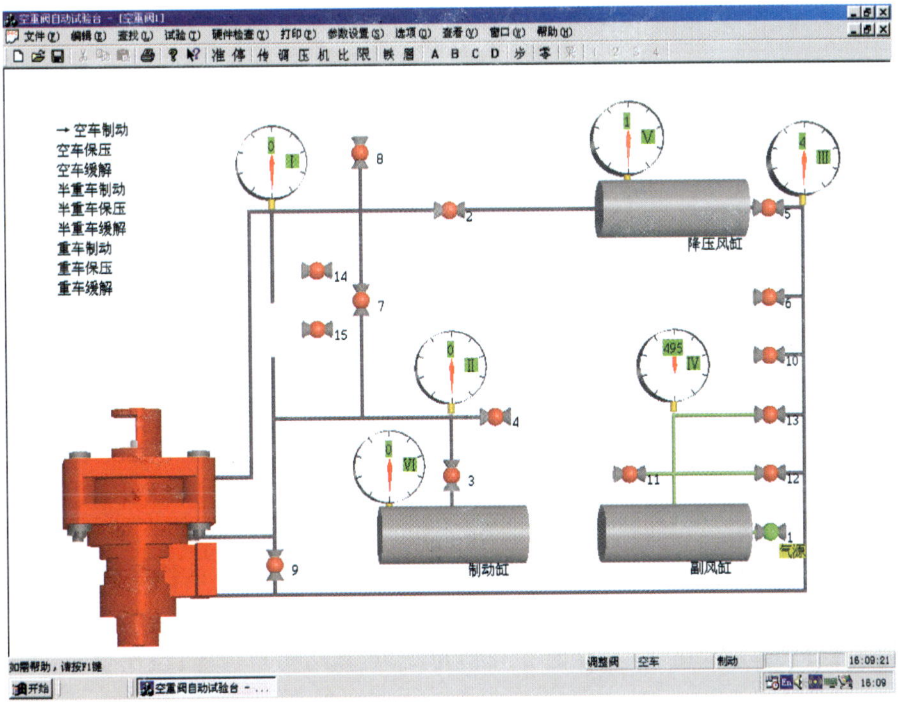

图 2-123　调整阀试验(TWG)

表 2-16 空重车自动调整装置试验、检修记录明细

序号	空重车调整装置系列	阀类别	记录编号	记录名称
1	KZW 系列	传感阀	ZG—15	KZW 系列传感阀性能试验记录
2			ZG—16	KZW 系列传感阀检修记录
3		调整阀	ZG—17	KZW 系列调整阀性能试验记录
4			ZG—18	KZW 系列调整阀检修记录
5	TWG 系列	传感阀	ZG—19	WG-1A/C 型传感阀试验记录
6			ZG—20	WG-1A/C 型传感阀检修记录
7		调整阀	ZG—21	T-1A 型调整阀试验记录
8			ZG—22	T-1A 型调整阀试验记录

试验记录单随阀一起传递到装车工位。铁路货车落成后，将试验记录单存入该车的车辆技术档案袋内，实现档案化管理，一车一档。“一车一档”检修记录保存期限应大于对应车型的一个段修期。

（三）质量控制点

每班开工前，应按规定对试验台进行机能检查，试验人员应认真填写记录，参加机能检查人员按规定签字确认。

开始试验前，试验人员要先检查传感阀、调整阀的外观状态，确保各组装螺栓均匀紧固，无偏压，阀体无裂损。如果外观状态或组装质量不良，应返回组装工位重新进行组装。

主机工作时，不要触摸机内插件，如果需要拔插时，必须关掉电源。不要用该设备做其他工作，试验时不要同时调用两个界面。

操作者在作业中应该认真观察电器的转动、温升、声响及振动等情况，发现异常立即停机报修。

每班作业结束后，应严格按照以下顺序关机：退出试验测试系统→退出 Windows 系统→关断电源锁。

试验台上安装的压力表、流量计、压差计为精密计量器具，应定期送计量部门进行检定，检定合格后方可使用。精度 1.6 级及以上压力表检定周期不超过 3 个月，其他精度等级压力表检定周期不超过 6 个月，压力传感器、流量计、压差计检定周期不超过一年。

四、微控制动软管风水压试验技术

铁路货车制动软管的质量直接影响铁路货车制动系统作用的发挥，是铁路货车运行安全和运输秩序的必要保障之一。铁路货车施行厂修、段修、辅修时，都必须对制动软管进行风水压试验。微控制动软管风水压试验台（以下简称“软管风水压试验台”）采用微机控制，通过精密压力传感器采集风压，试验程序可以满足 60 t 级和 70 t 级编织制动软管总成（以下简称“软管”）检修要求。

下面以某型软管风水压试验台（图 2-124）为例，对其结构与性能、操作步骤、质量控制点等内容进行简单介绍。

（一）结构与性能

1. 结构组成

图 2-124 微控制动软管风水压试验台

软管风水压试验台整机由微机自动控制系统、试验用水槽、水箱、软管连接器、翻转机构、供风系统、供水系统等组成，如图 2-125 所示。

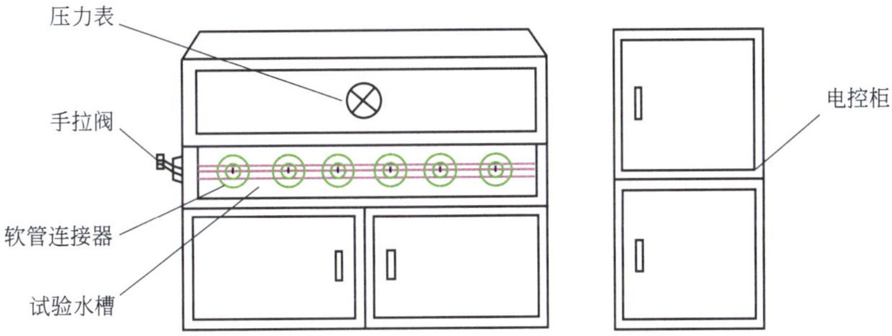

图 2-125 结构组成图

2. 主要性能

微机自动控制监控系统，实时检测试验的数据。试验台的所有试验动作均由微机控制系统控制，所有的试验数据均通过传感器采集、由计算机进行数据处理。

试验装置部分能够同时对 6 个软管进行试验，中间有一块压力表，分别指示总风压力和稳压后的压力。压力表的下面是试验用水槽，水槽中有软管连接器，翻转机构等。

水箱的旁边是高压水泵和阀组。做风压试验时，风阀动作，按程序自动实现充风、保压、采集数据、分析数据、排风等功能；水压试验时由高压水泵提供试验用的高压水，经溢流阀控制在 1 MPa，通过另外一套阀组（耐高压、耐腐蚀的电磁阀）完成试验，软管水压试验原理图如图 2-126 所示。

水槽中的翻转机构主要由手动阀、气缸等零部件组成。翻转机构可以使软管连接器进行 45°角度调整，并能够自锁，方便安装制动软管；装完软管后转动手摇轮，回到工作位进行试验。在软管连接器的后面有一个转盘，在试验过程中，如果发现泄漏，手拨转盘就可以使软管可进行±180°旋转，利于对软管的观察。翻转机构工作原理图如图 2-127 所示。

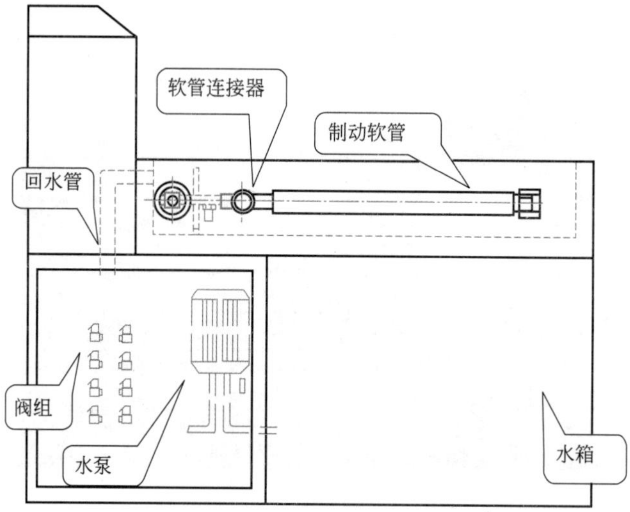

图 2-126　软管水压试验原理图

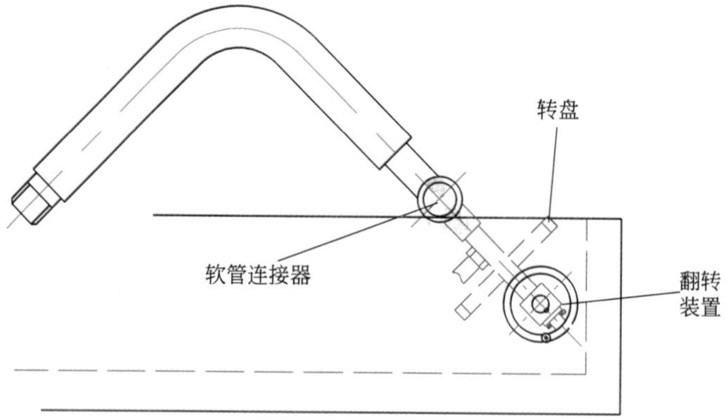

(a) 安装软管位

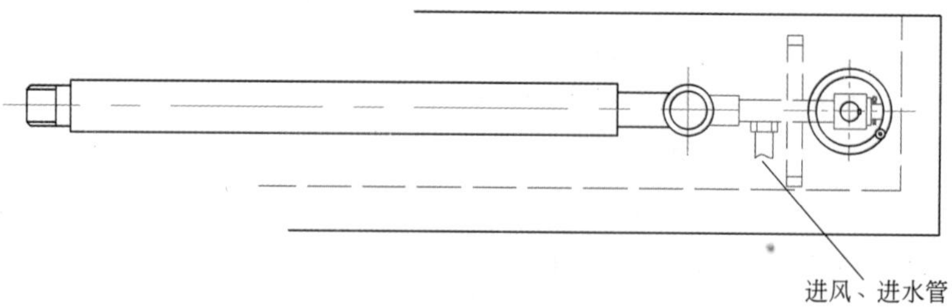

(b) 工作位

图 2-127　翻转机构工作原理图

（二）操作步骤

试验前检查风源压力，确定不低于 0.7 MPa；检查水槽内存水，确保清洁、量足，合上电源总开关，指示灯变亮。

进入风水压试验界面，如图 2-128 所示。

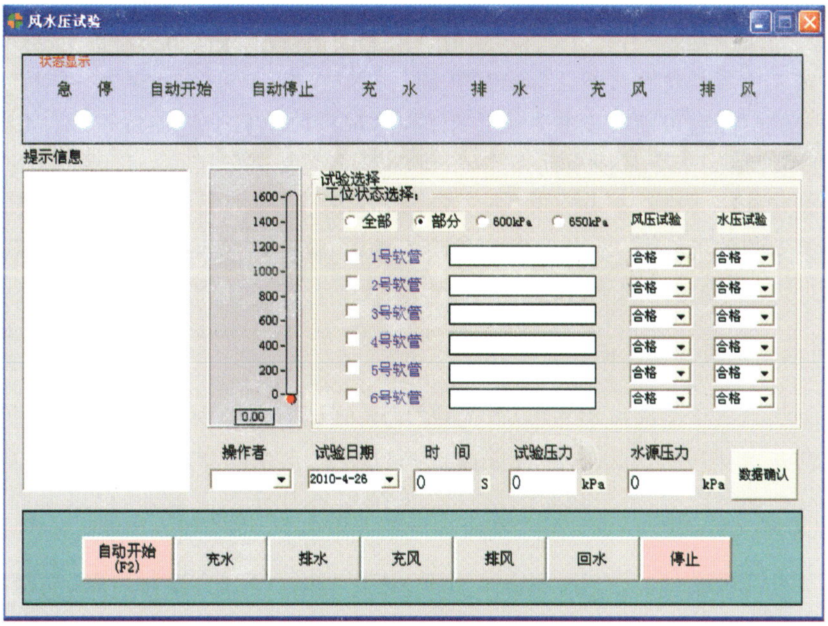

图 2-128 风水压试验界面

此界面主要用于制动软管的风压试验和水压试验。在该界面中可进行软管风水压试验过程的自动操作和手动操作。并通过一系列的状态指示灯指示设备的运行状态，提示操作者实施相应的动作控制。操作者可根据需要进行手动和自动两种操作方式的选择。

在手动操作方式下，操作者只能通过单击"充风"、"排风"、"充水"、"排水"、"停止"等按钮对设备进行单步的动作。手动单步操作主要是用来对设备进行手动复位和故障判断时使用。

在自动操作状态下，自动开始以后，系统根据系统管理员对系统所进行的配置自动完成风水压试验的全过程，其中包括：充风、稳压、保压、排风、充水、保压、排水等动作。在自动操作的过程中，窗口将实时指示系统所处的状态，操作者可根据其中的内容提示了解设备当前正在进行的操作。

风压试验：窗口显示正在保压时，应注意观察软管状态，不能有破裂，发生的气泡在 10 min 内应逐渐减少直至消失。

水压试验：窗口显示正在保压时，应注意观察软管状态，不能有破损，外径不能有局部凸起，如果有膨胀，应该用样板检测膨胀处，直径不能超过 57 mm。

试验完成后，系统自动判断泄漏量是否符合规定，并在界面上显示。系统判断合格，并且人工观察、检测的各项指标均符合要求时，试验的软管才能判定合格。风水压试验不合格的，报废软管。

（三）质量控制点

软管实行寿命管理，试验前应先检查软管制造标记，达到寿命期 6 年的进行报废处理。

试验前应先清除软管外表面尘砂及污物，检查连接器不能有裂纹和变形，连接平面不能有毛刺，同时将软管垫更换为新品。检查软管体不能有老化、破损、脱层，如果出现这种情况，直接报废，不再进行试验。

试验开始前，操作者应首先检查所选位软管是否连接好，否则压力过大会造成水花喷出。在拆卸软管时一定要等到管内压力排尽时再进行，否则会有水花喷出。

自动试验开始时，如果要终止试验，点击“停止”按钮，或按柜子上的“自动停止”按钮，停止一切动作。如果情况紧急直接按下“急停”按钮，排除故障后顺时针旋转“急停”按钮，就可以正常使用。但这种情况有可能使变频器产生报警，此时只要重启变频器就可以使用了。除以上操作之外，自动开始时禁止其他手动操作，否则会影响正常试验工序，还可能会损坏设备或带来人身安全隐患。

试验台上安装的传感器、压力表为精密计量器具，应定期送计量部门检定，检定合格后方可使用，压力传感器检定周期不超过一年。

五、微机控制呼吸式安全阀试验技术

微机控制呼吸式安全阀试验台（以下简称“呼吸阀试验台”）由微机控制，通过液晶屏显示各项试验数据并自动判断试验结果，能够满足 A41X 型和 HT272 型呼吸式安全阀试验要求，它本身还配有微型打印机，可将试验结果打印、保存。相比于人工试验，可以大幅度提高呼吸阀的检修效率。

下面以某型呼吸阀试验台（图 2-129）为例，对其结构与性能、操作步骤、质量控制点等内容进行简单介绍。

图 2-129　微机控制呼吸式安全阀试验台外观图

（一）结构与性能

呼吸阀试验台由呼吸阀专用卡具、控制面板、扭盘升降气缸、拨叉、呼吸阀微调扭盘、工作案、键盘托盘、案子门等部分组成，如图 2-130 所示。控制面板上有微型打印机、控制按钮、液晶显示屏和压力调整旋钮，如图 2-131 所示。各控制按钮的作用是：

1.“夹紧”按钮用于夹紧呼吸阀；

2.“松开”按钮用于松开呼吸阀；

3.“呼出/停止”按钮用于开始和终止呼出试验；

4.“吸入/停止”按钮用于开始和终止吸入试验；

5.“呼出压力调整”旋钮用于在试验过程中调整呼出压力；

6."吸入压力调整"旋钮用于在试验过程中调整吸入压力；

7."复位"按钮用于在打印机发生夹纸等故障时，对打印机进行复位。

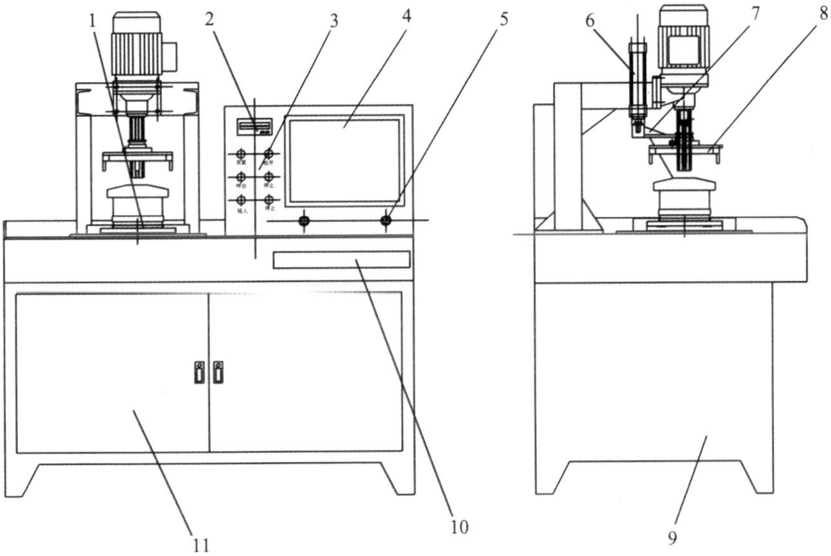

图 2-130　呼吸阀试验台结构组成图

1—呼吸阀专用卡具；2—微型打印机；3—控制按钮；4—液晶显示屏；5—压力调整旋钮；6—扭盘升降气缸；7—拨叉；8—呼吸阀微调扭盘；9—工作案；10—键盘托盘；11—案子门

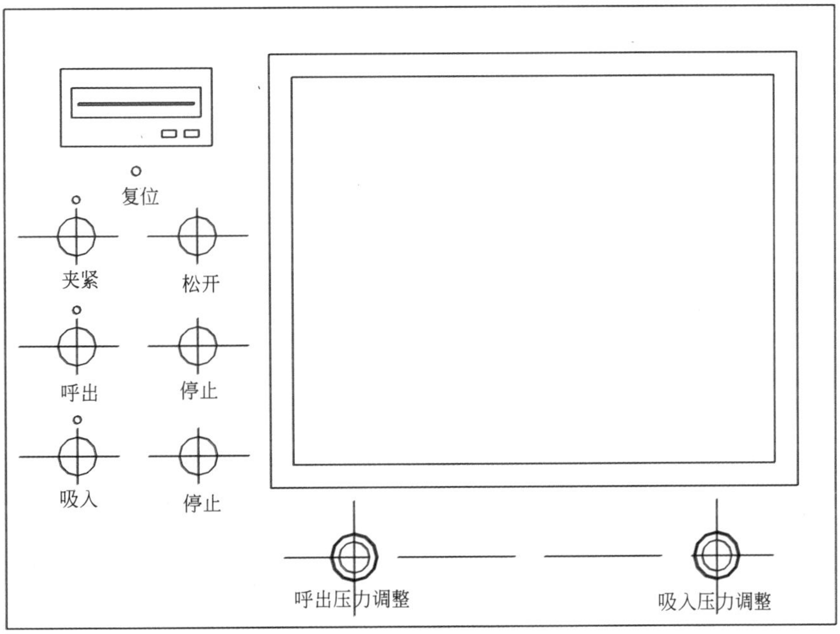

图 2-131　控制面板组成示意图

(二)操作步骤

1. 试验台的机能校验

每班开始作业前，试验人员要使用设备自带的专用机能校验仪(图 2-132)对试验台进行机能校验。

启动系统，进入机能校验界面。

将机能校验仪装入卡具，按下“夹紧”按钮，将机能校验仪夹紧，打开校验仪的电源开关，点亮数显压力表。

检查面板上的2个压力表开关，确保两个开关处于关闭位置，检查2块压力表的读数是否为零，如果压力表上的数值不是“0”，可同时按下压力表两侧的按钮2 s，将压力表清零。

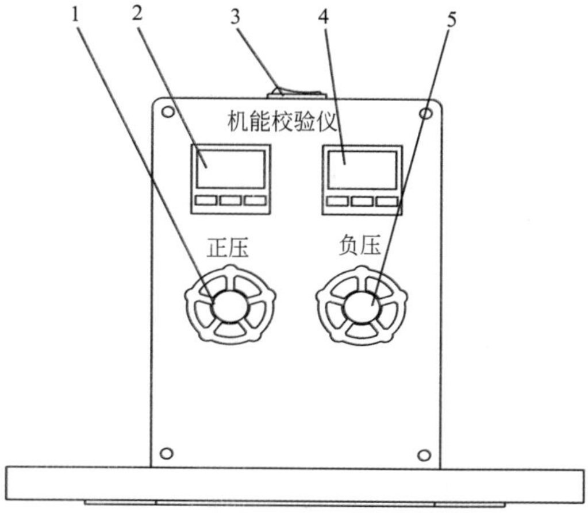

图 2-132　专用机能校验仪结构图

1—正压力表开关；2—正压数显压力表；3—校验仪电源开关；4—负压数显压力表；5—负压力表开关

正压力传感器校验：打开机能校验仪上的正压力表开关，同时关闭负压力表开关，按下面板上的“呼出”按钮，开始校验正压力传感器的精度。通过旋转“呼出压力调整”旋钮，使屏幕上的正压力数值发生变化，观察校验仪上正压力表的读数，将两个压力进行比较，如果两个数值之差在±5 kPa之间，即为合格。反之，如果两数值之差超出这个范围即为不合格，这时候应检查气路和传感器，必要时需更换正压力传感器。

负压力传感器校验：打开机能校验仪上的负压力表开关，同时关闭正压力表开关，按下面板上的“吸入”按钮，开始校验负压力传感器的精度。通过旋转“吸入压力调整”旋钮，使屏幕上的负压力数值发生变化，观察校验仪上正压力表的读数，将两个压力进行比较，如果两个数值之差在±200 Pa之间，即为合格。反之，如果两数值之差超出这个范围即为不合格，这时候应检查气路和传感器，必要时需更换负压力传感器。

正、负压力传感器校验结束后，退出机能校验界面，关闭机能校验仪电源开关，按下“松开”按钮，取出校验仪，将两个压力表开关全部关闭。

2. 试验过程

合上配电箱内空气开关，接通电源，打开风源。

启动电脑主机，打开试验程序。进入呼吸阀试验系统后，首先系统会自动进入试验数据填写界面，如图2-133所示。填写“阀体编号”，选择“试验单位”和“试验人”，然后点击“确认”。

系统自动进入主试验窗口，屏幕进入试验主界面，如图2-134所示。

对要试验的呼吸阀进行外部清理，除去阀口油污后，将呼吸阀推入卡具，注意阀的中心一定要对准卡具中心。按下控制面板中的“夹紧”按钮（或单击主界面上的“夹紧”按钮），将呼吸阀夹紧，准备开始试验。

呼出试验：

按下“呼出”按钮，旋转“呼出压力调整”旋钮（从小到大），同时观察屏幕上的“呼出压力”数值，当呼吸阀排气时，屏幕上的“呼出压力”指示的读数为试验压力，如在“100～150 kPa”之间，则为合格，电脑会自动记忆试验的压力值，并判断该阀是否合格。按下呼出“停止”按钮，停止呼出压力试验。

吸入试验：

按下“吸入”按钮，旋转“吸入压力调整”旋钮（从小到大），同时观察屏幕上的“吸入压力”数

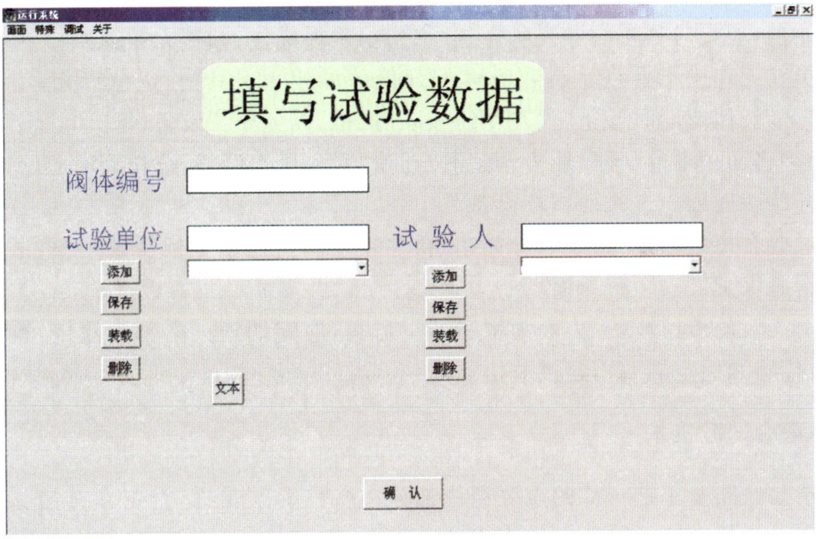

图 2-133 试验数据填写界面

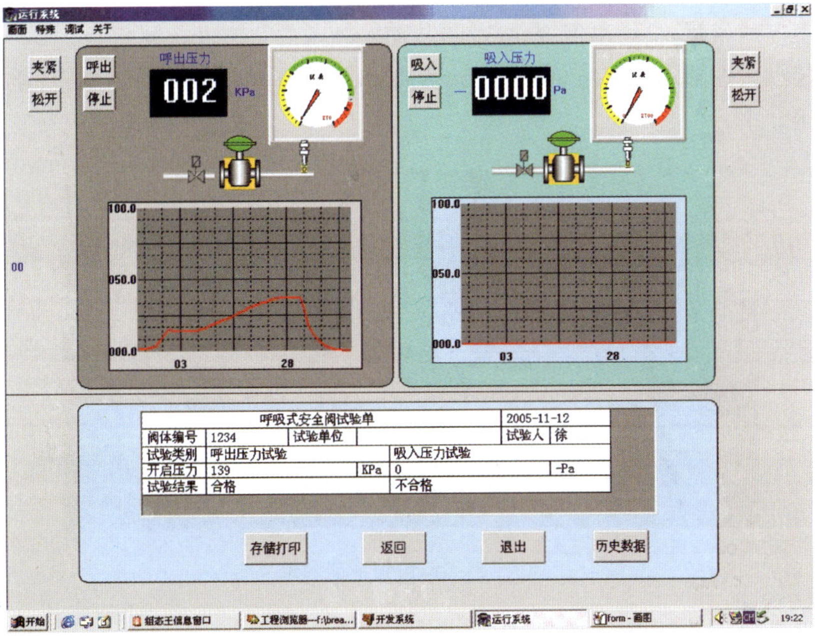

图 2-134 试验主界面

值，当呼吸阀进气时，屏幕上的“吸入压力”指示的读数为试验压力，如在“－2～－1 kPa”之间，则为合格，电脑将自动记忆试验的压力值，并作出是否合格的判断。按下吸入“停止”按钮(或点击屏幕上的吸入“停止”按钮)，结束“吸入试验”。

呼吸阀试验完毕后，系统会自动生成表格，将试验的结果显示出来。如需打印，可点击屏幕上的“储存打印”按钮，电脑会自动将试验数据结果储存在数据库中，同时将试验结果在打印机上打印出来。

(三)质量控制点

试验开始前,应先对呼吸阀外观状态进行检查,确保阀体、阀盖无裂损。

试验人员在工作中不要将手指或身体的其他部位伸入卡具内,以免夹伤;不要同时按下“夹紧”和“松开”按钮或同时按下“呼出”和“吸入”按钮,以免损坏设备;每次“呼出”或“吸入”试验结束后,必须将面板上的“呼出压力调整”按钮或“吸入压力调整”按钮旋回起始位置,避免由于下次试验开始瞬间压力过大而损坏设备。

呼吸阀试验合格后,紧固锁定螺母并铅封,并须在阀盖侧壁上标明定压值,试验合格的呼吸阀应采取措施保护好安装密封面。

试验台上安装的传感器、压力表为精密计量器具,应定期送计量部门检定,检定合格后方可使用,压力传感器检定周期不超过一年。

六、轴承磨合试验技术

滚动轴承是铁路货车走行部的重要组成部分,它的运行状态是否正常直接影响到铁路货车的运行安全。为保证滚动轴承在使用中的可靠性,段修及以上修程要求对轴承进行“磨合检测”。微控轴承磨合机是以铁路货车轴承外环为固定支撑点,通过变频驱动装置驱动车轮旋转,联动车轴和轴承内环进行旋转进行磨合试验。同时,通过温度传感器来实时检测磨合试验过程中轴承温度的变化,描绘温度变化曲线,从而对轴承的状态进行判断。

下面以某型微控轴承磨合机(图 2-135)为例,对其结构与性能、操作步骤、质量控制点等内容进行简单介绍。

图 2-135　微控轴承磨合机

(一)结构与性能

轴承磨合机包含主机、电控系统和气控系统三部分。

主机包括床身框架、连接板座、托架、轴承座、温度传感器支架、摩擦轮、电机、推摩擦轮气缸、升降气缸、刹车气缸等部分,轴承磨合机结构示意图如图 2-136 所示。

电控系统包括微机、数据采集模块、DIO 模块、变频器等部分。

气控系统包括气控阀组、风管等部分。

(二)操作步骤

轴承磨合试验前应确认风源压力达到 0.5～0.8 MPa。

打开磨合系统电源,打开控制柜门,确认打印纸安装就绪,并接通计算机显示器和主机开关。

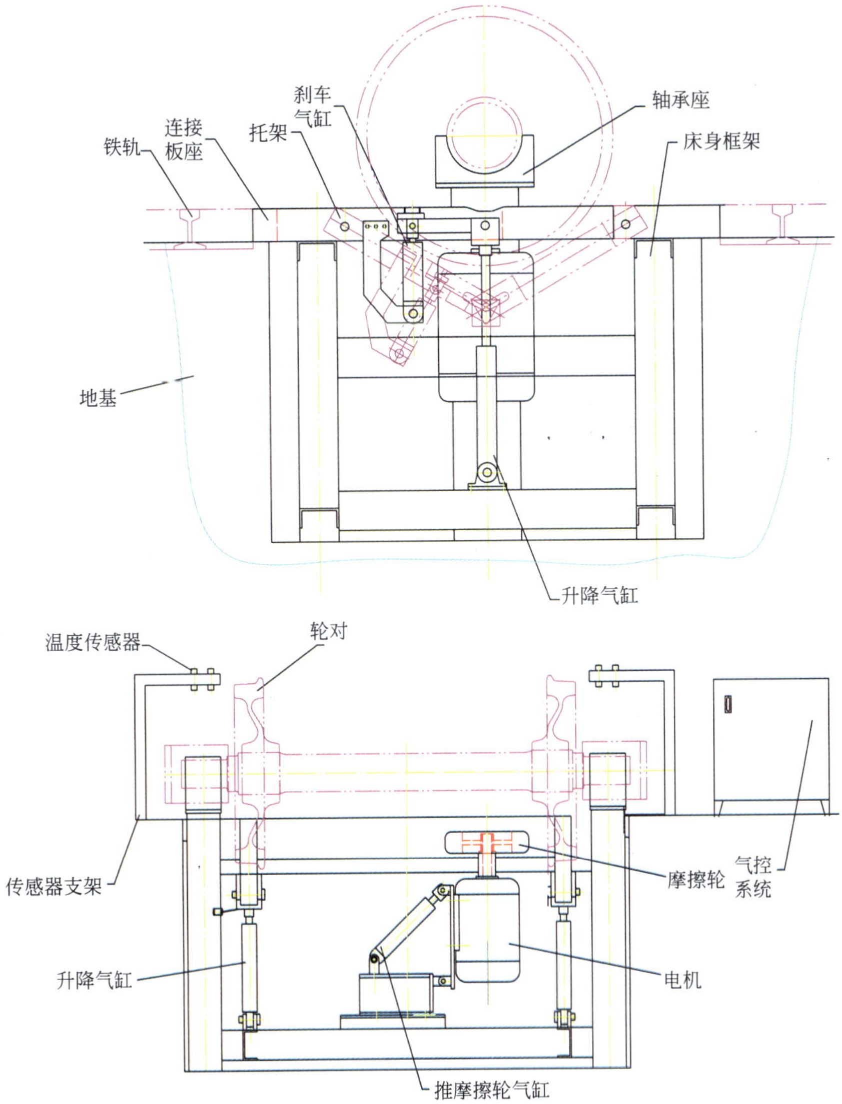

图 2-136　轴承磨合机整机结构示意图

计算机启动后,双击磨合试验系统启动图标,进入磨合机控制系统主菜单。

轴承磨合测试分为自动操作和手动操作两种,图 2-137 所示为磨合试验主界面。

1. 自动操作

用鼠标单击“循环开始”按钮,自动磨合开始,系统根据管理员对系统所进行的配置自动完成磨合的全过程,其中包括:车轮降下、摩擦轮夹紧、轴承磨合、摩擦轮松开、车轮制动、车轮升起、车轮推出等动作。

工作者通过曲线实时监视轴承磨合过程温度的变化情况,并通过由设备发出的一系列状态指示灯实施相应的动作控制。

2. 手动操作

单击“托架升起”、“托架下降”、“摩擦轮靠紧”、“摩擦轮松开”、“刹车制动”、“刹车回退”、

“变频器启动”等按钮对设备进行单步的动作。手动单步操作主要是用来对设备进行手动复位和故障判断时使用。

3. 报警操作

当轴承磨合温度达到报警值时会弹出提示对话框“左端(或右端)温度达到报警值”,并显示该端温度与环境温度的差值。此时应按确定关闭此对话框。

当轴承磨合温度达到极限值时会弹出提示对话框“左端(或右端)温度达到极限值”,并显示该端温度与环境温度的差值,同时停止一切动作。此时应按确定关闭此对话框。

轴承磨合过程中,图 2-137 所示界面具有指示环境温度和轴承温度的温度指示窗口和描绘温度变化的温度变化指示曲线,通过指示窗口和温升曲线可实时地掌握当前的轴承温度变化情况,并在磨合结束以后通过“磨合结论”对磨合的结果进行正确的判断与指示。

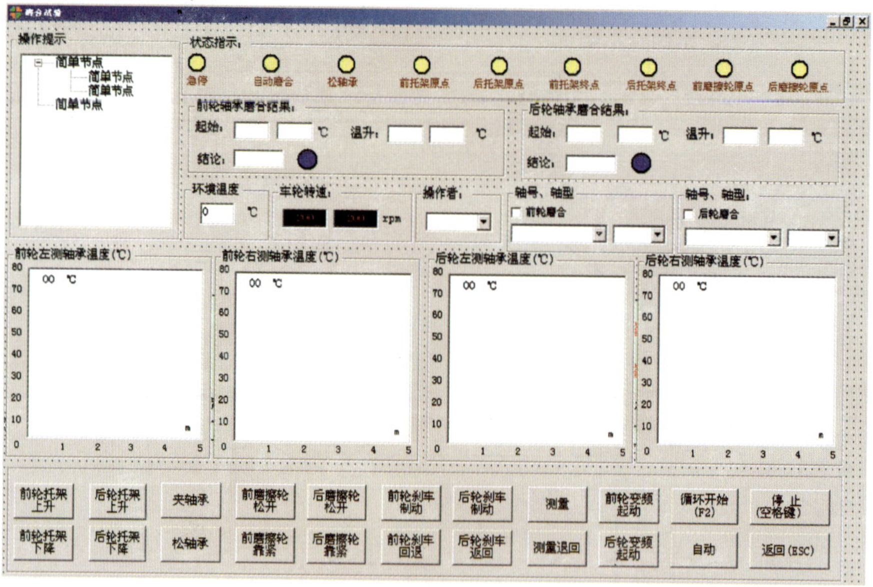

图 2-137　轴承磨合试验主界面

如果磨合结果指示灯为“蓝色”,则相应侧别的轴承磨合温升为合格;如果磨合结果指示灯为“红色”,则相应侧别的轴承磨合温升为不合格。

磨合过程中要观察轴承判断是否存在跳动等异常现象,并使用点温计测量轴承前盖、后挡与密封装置接触部位温度是否高于轴承外圈温度。

轴承磨合试验结束后,应将测试温度,包括环温、最高温、温升记录在“轮轴卡片”(车统—51)的轴承压装相对应项中,磨合试验人员应在相应位置签字或盖章。

打印轴承磨合试验曲线,并将曲线图与“轮轴卡片”(车统—51)装订在一起,随该轮对流入下一道检修工序,完成后续全部检修工作后,将记录存入装用该轮对的车辆技术档案袋内,实现档案化管理,一车一档。“一车一档”检修记录保存期限应大于对应车型的一个段修期。

(三)质量控制点

轴承磨合时,轴承转速不低于 200 r/min,磨合时间不少于 5 min。磨合过程中轴承温升不应高于 40 ℃,如果超过 40 ℃时说明轴承内部有故障,应立即停止磨合,否则可能会损坏设备或伤人。

轴承磨合过程中，若测试温度（最高处）大于外温 40 ℃或轴承有异常振动，应退卸轴承重新选配压装。

在托架未升起时不允许进轮，否则轮对会掉入地基中，造成轮对和设备的损坏；磨合试验正在进行时不允许进轮，否则进来的轮对会撞到正在高速旋转的轮对，造成安全事故；摩擦轮在没有恢复原位以前不得升、降轮对，否则可能损坏摩擦轮，如果发现这种情况应先使摩擦轮恢复原位，然后再进行其他操作；在磨合位置，如果轮对偏出中心位置时不得落轮，否则会使轮对脱轨；轴承磨合时，轮对高速旋转，任何人和物体不能靠近轮对，否则会造成人身事故。

试验台上安装的传感器为精密计量器具，应定期送计量部门检定，检定合格后方可使用，检定周期不超过一年。

第三章 铁路货车运用领域采用的现代化检查技术

第一节 列检5T现代化检查技术

2003年，一个新名词出现在铁路货车系统，它就是地对车安全监控系统，简称5T系统。5T系统的出现对铁路货车现代化检查技术的创新起到了推陈出新、关口前移的安全防范作用。按照铁道部统一部署，2003年起针对铁路货车的5T系统率先在大秦线装备运用，为铁路货车检修体制的改革带来深刻变化，通过不断发展创新，全路建成了货物列车运行全过程、全方位的监控网络，形成了集声学、影像学、光学、力学多学科融为一体的铁路货车综合检测安全屏障。5T系统是采用智能化、网络化、信息化技术，在铁路沿线建设5T系统探测站，实现地面设备对铁路客货车运行安全的动态检测、数据集中、联网运行、远程监控、信息共享，运输安全防范能力显著地提高。

人吃五谷杂粮，孰能无病？车行千里铁道，孰能无恙？我们走进现代化的医院，不难发现例如核磁共振、螺旋CT等高科技装备不断应用到人体医学，传统的望、闻、问、切将逐步由高科技的诊断数据代替。走进铁路货车5T系统，我们发现，一所高科技的数字化医院在铁路货车系统孕育而生。传统的听、看、摸、捻等人工检查方法也将被数字化5T诊断数据替代。它包括有“轴承温度计”之称的THDS—红外线轴温智能探测系统—Trace Hotbox Detection System；有“实时保健医生”之称的TPDS—铁路货车运行品质轨边动态监测系统—Truck Performance Detection System；有“轴承B超”美誉的TADS—铁路货车滚动轴承故障轨边声学诊断系统—Trackside Acoustic Detection System；有号称“货车CT”的TFDS—铁路货车故障轨边图像检测系统—Trouble of moving Freight car Detection System；有“轮对听诊器”之称的TWDS—铁路货车轮对故障、尺寸动态检测系统—Trouble of Wheel Detection System。

5T系统投入使用以来，与时俱进，在运输安全、运输畅通、关口前移、技术决策、安全管理方面发挥了重要作用，主要体现在以下几方面。

1. 确保了运输安全。随着运输组织的变化，长交路直通货物列车的大量开行，列检平均保证距离已由300 km提高到500 km，最长已达到1 530 km，TFDS的运用有效地解决了长交路货物列车途中人工无法进行技术检查的难题。

2. 确保了运输畅通。THDS红外线探头由外探方式调整为内探方式后，有效地解决了轴承端盖与密封罩摩擦产生的“假热”，提高了预报准确性，红外线预报拦停数量已由2006年的每月980件左右，降低到目前的每月40件左右。另外，通过红外线预报强激热区间拦停处置暂行办法的实施，减少了列车在区间长时间等待货车列检人员前往判断热轴而造成的运输堵塞，确保了运输畅通。

3. 关口前移的运用思想得到了实践。从TADS预报的轴承早期故障的确认处理数据分析情况来看，TADS的预报准确性已接近100%，应该说，TADS对轴承内外滚道和滚子剥离等故障预报的准确率已经达到了很高水平。随着轴承钢保持架的逐步淘汰，轴承的内外滚道和滚子故障将逐渐上升为主要问题，TADS 的作用会愈来愈明显。

4. 为铁路货车运用管理现代化奠定了坚实基础。5T 系统运用前，列检发生的临修工作量，仅凭各铁路局上报的处理故障明细作为临修清算依据，无法对安全质量责任进行追溯。采用 5T 系统，可通过动态检查数据分析，对各铁路局上报的临修故障进行对比，并通过调阅 5T 历史预报记录、特别是 TFDS 动态抓拍的图片，科学公正地进行临修质量责任追溯。

5T 系统打造了全路数字化医院，这所高科技的医院，利用数字化诊查手段，将铁路货车的故障病害在早期发现、早期诊断、早期处理，24 h 不间断地对上线铁路货车进行健康体检。5T 系统正在从初期的 5 种系统延伸到更加广泛的动态检查领域，例如目前已应用到客车的 TVDS、动车的 TEDS、针对铁路货车的 TWDS、以及 TRDS 等保障铁路货车安全的现代化检查系统，5T 系统让车、机、工、电、辆铁路五大运输主业之一的车辆系统走上了现代化科学发展的快车道，是车辆系统科技先导的品牌。所以，5T 系统也蕴含了新的含义："5"代表了铁路五大运输主业之一的"车辆"，"T"是英文单词 Technology（技术）的首字母，因此"5T"现在也被统称为"车辆动态检查技术"。

铁路货车运用领域采用的现代化检查技术（如 5T 系统），与其他领域一样，总是伴随着"人、机"对话，即现代化检查技术自动预报铁路货车故障，货车检车员根据预报提示现场确认，但实际运用中经常会出现"人、机"冲突问题。现代化检查技术定位的对象是列车，其编组时车与车的连接方式没有规律，也就是说，车与车的连接并不都是结构定位的一位端或二位端在同一方向，部分车是同端连挂。在目前的技术水平和经济能力下，现代化检查技术尚无法按结构定位的方式直接预报铁路货车故障部位，因此，在铁路货车运用实践中，往往会出现货车检车员找不到或找错预报的铁路货车部位，给及时、准确的确认故障带来困难。对于在铁路货车运用领域工作的人员，了解掌握现代化检查技术的定位方式，是准确运用这项技术的重要基础。

1. 按结构定位

铁路货车在前后、左右方向是一个接近对称的结构，在对称轴上或在对称的部位上有许多结构相同或相近的零部件，以通用敞车为例，全车有 4 根外观相同的车轴、8 个外观相同的轴承。铁路货车方位的确定，就像数学上给定坐标系一样，便于确定同类型零部件在铁路货车中的位置。铁路货车的方位一般以制动缸活塞杆推出的方向为一位端，相反的方向为二位端，对有多个制动缸的情况则以人力制动机安装的位置为一位端。这种定位方式，被称之为按结构定位，俗称传统定位方式。

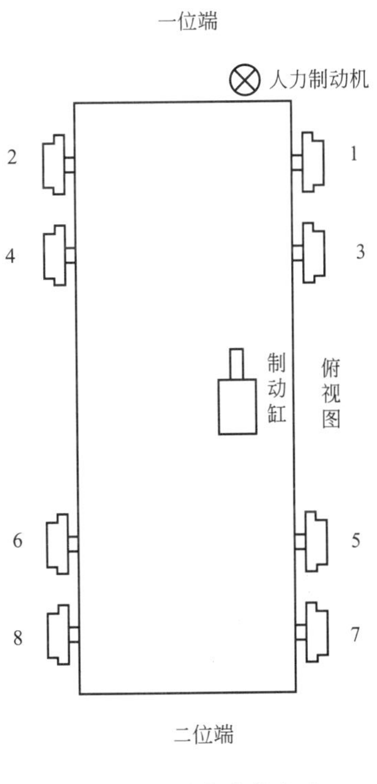

图 3-1 按结构定位方式

从二位端看向一位端（图 3-1），距离一位端最近的第 1 根轴的右侧轴承为 1 位，左侧为 2 位，第 2 根轴的右侧轴承为 3 位，左侧为 4 位，以此类推。

2. 按标签定位

在每辆铁路货车底部接近中间的位置均安装了一个电

子标签，就像人的身份证一样，其属性是唯一的，里面存储了车种、车型、车号、制造生产厂家、制造日期等信息。敞车、平车、棚车和大部分罐车等通用车型，电子标签均安装在货车底部中间、偏向结构一位端的位置；极少数罐车由于配件的安装位置影响电子标签安装，因此，这些车电子标签安装位置位于货车底部中间、偏向结构二位端的位置。

电子标签安装位置无论是偏向结构的一位端还是二位端，就某一个型号的铁路货车而言，其与两端部的安装距离是固定的，因此，按电子标签的安装位置来定位铁路货车，那么无论列车如何编组，以及列车在运行过程中如何转向，也无论是在列车队中还是被摘下送站修作业场，其定位的一位端或二位端永远不会发生改变。

按标签定位的方式是：将距离电子标签较近的一端定义为名义一位端，另一端为名义二位端。从名义二位端看向名义一位端(图 3-2)，距离名义一位端最近的第 1 根车轴的右侧轴承定义为 A1，左侧轴承定义为 A2，第 2 根车轴的右侧轴承定义为 A3，左侧轴承为 A4，以此类推。

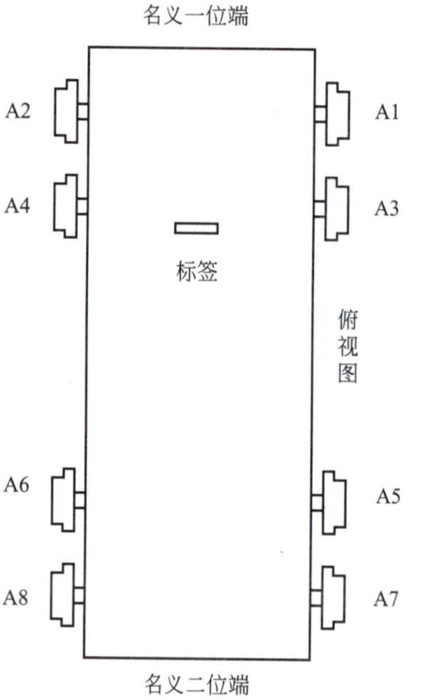

图 3-2　按标签定位方式

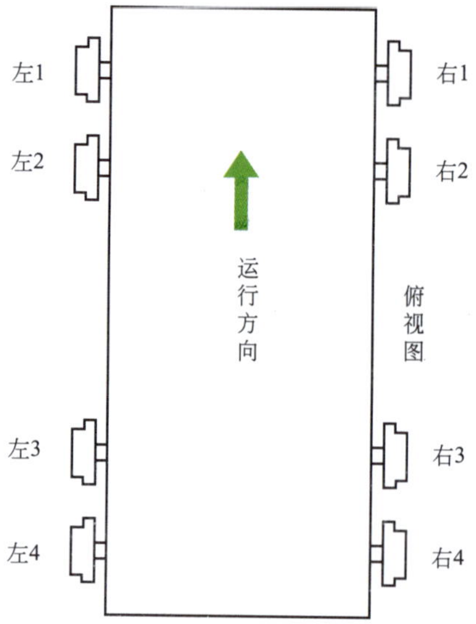

图 3-3　按运行方向定位方式

3. 按运行方向定位

在铁路运输行业，列车的前进方向被称为列车的运行方向。对某辆铁路货车而言，无论其结构一位端还是二位端，只要与列车的运行方向一致，就被称为运行方向的一位端，另一端为二位端。采用这种方式，检车员能够快速地找到铁路货车故障部位，因而被铁路货车运用领域长期沿用。但其缺点是，当故障货车从列车队中摘下施修时，列车的方向性消失，所定义的位置将无法准确确定，往往会发生找错故障部位的情况，存在安全质量隐患。

按铁路货车运行方向(图 3-3)，左侧的四个轴承从前向后依次定义为左 1～左 4，右侧的四个轴承从前向后依次定义为右 1～右 4。

4. 轴承风面定位：

在 THDS 和 TRDS 运用中，经常会提到轴承的迎风面和顺风面这两个术语。例如，THDS 的红外线探头安装时应朝向轴承的顺风面，以避免从列车上掉落的杂物损坏或遮挡探头；再如，使用TRDS对THDS预报拦停货物列车中的疑似故障轴承进行确认时，要同时采集该轴承的迎风面和顺风面温度，以确保对货物列车能否继续安全运行作出准确判断。这里所说的顺风面是指与列车运行方向相反的轴承面；迎风面是指与列车运行方向相同的轴承面(图3-4)。

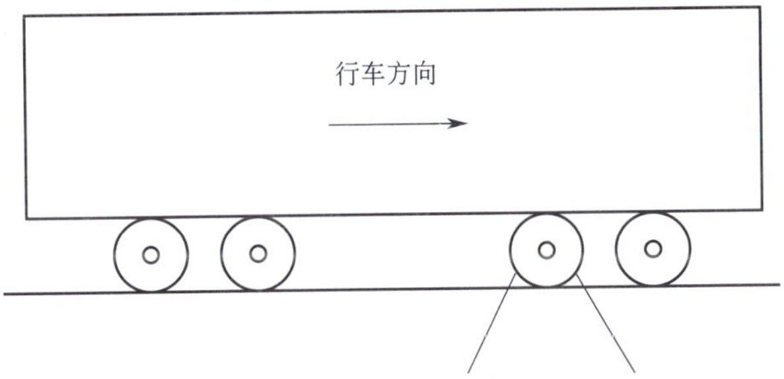

图3-4　轴承风面定位方式

第二节　5T动态检查技术

一、铁路货车轴温检测技术

千里之行，始于足下。对于火车来说，轮对就是火车的脚。所以对于铁路货车来说，轮对的质量尤为关键，在铁路网上日夜奔波的铁路货车轮轴是安全保障的重要落脚点。轮子转动依靠轴承，轴承非正常运转就会摩擦生热，所以针对铁路货车轴承的车辆轴温智能探测系统（简称THDS系统）随之出现，它是利用轨边红外线探头，根据热辐射原理对通过铁路货车每个轴承温度实时检测，并将检测信息实时上传到路局车辆安全监测中心，进行实时报警。通过配套故障智能跟踪装置，实现车次、车号跟踪，热轴货车车号的精确预报，重点探测铁路货车轴承温度，对热轴铁路货车进行跟踪报警，重点防范热切轴事故。THDS实现了联网运行，每个探测站过车和轴温探测信息直观显示，实现跟踪报警。它由轨边的探头箱和轨心的AEI车号识别装置以及开关门磁钢传感器等组成，铁路货车底架装有车号识别标签，当列车通过时，通过微波把车号信息扫到AEI，再通过软件匹配到红外线预报信息。2007年以来的双角度探测改造，在大秦线进行了率先运用，热轴兑现率大幅提升，预报精确率显著提高。

那么什么叫热轴？什么叫红外线呢？凡铁路货车在运行中其轴承由于故障产生高于正常“运转热”的异常热现象称为热轴。在可见光谱红色光的外端有看不见的光线存在，并具有热辐射效应，成为红外线辐射。热轴的发生和发展直接危及行车安全。产生热轴的主要原因是铁路货车轴承安装在轮轴的两端，承担着车体及货物的载重。在运用中，因受到外力摩擦和各种振动会产生正常的运转热，由于产品质量、材质、工艺、受力状态不正常、零部件的损坏或外界因素等原因，将会导致轴承发生热轴故障。红外线检测轴温的基本原理是红外线轴温探测设备利用环温或选定的参照温度为基准，设在轨边的红外探头中的红外线探测器（或称红外元件）检测每个轴箱发出的红外辐射的大小，并将其转换为相应的电压信号。轴承表面的温度越高，红外探头输出的相应电压值也越高，从而达到轴温检测和发现热轴的目的。这就是红外线轴温检测的基本工作原理。

THDS系统是对行进列车的铁路货车轴温进行非接触式探测，根据轴温及其他信息预报铁路货车热轴故障的运输安全保障系统。

铁路货车在运行过程中，如果轴承内部损伤或外部不合理受力，会导致轴承发生结构部件过度磨耗或损坏、卡滞等故障，如果不及时对这些轴承故障发出警告，最终会导致发生严重的列车安全事故。铁路货车轴承温度过高是轴承出现故障的一个重要表征，而且轴承故障的严重程度与轴承温度的高低有着密切关系。车辆轴温智能探测系统能够实时测量行进中列车车辆的轴承温度，并根据是否出现异常轴温（热轴）判断铁路货车轴承状态是否异常，及时发出警告，从而防止出现列车热切轴事故。经过多年的发展，车辆轴温智能探测系统目前已形成保障列车运行安全的一个智能化、网络化、信息化系统。车辆轴温智能探测系统综合运用红外探测技术、自动控制技术、光机电一体化技术、计算机技术、信息处理技术、网络通信技术，实现分散探测，集中报警，联网运行，信息共享，防止铁路货车热切轴事故的发生，成为保障铁路运输安全与畅通的一个重要体系。

THDS系统构成：车辆轴温智能探测系统由铁道部查询中心、铁路局车辆运行安全监测站、铁路局行车调度复示终端、车辆段复示站、列检复示站、探测站及通信网络组成，构成红外线全路联网系统。探测站是车辆轴温智能探测系统的最前端，探测站的列车轴温探测信息是整个红外线全路联网系统的基础数据，是各级系统报警、查询、分析、统计的数据来源。

中央查询中心设于铁道部运输局。查询中心由查询双机集群服务器、查询终端等构成，通过铁路计算机网络与各铁路局相连接，可查询全路车辆轴温智能探测系统探测、预报、处理信息及设备运行情况，并进行相关数据汇总和分析。

铁路局车辆运行安全监测站设于铁路局调度所，业务工作由铁路局车辆处管理。监测站由数据传输设备、数据处理设备、监控终端等构成，通过专用通道或铁路计算机网络与管内车辆轴温智能探测系统探测站相连接，实时监测全局车辆轴温智能探测系统探测、预报信息，监控系统运行状态，并进行相关数据汇总和分析。

铁路局行车调度复示终端设于铁路局调度所相关列车调度台，复示管辖线路内车辆轴温智能探测系统探测站热轴预报情况，按规定及时处理热轴预报列车。

车辆段复示站设于车辆段调度室或动态检测车间。车辆段复示站由数据复示终端、通信（网络）接口设备、防雷装置、不间断电源等构成，通过专用通道或铁路计算机网络与铁路局车辆运行安全监测站连接，实时监控管内车辆轴温智能探测系统探测站的网络和设备运行状态，汇总、统计、分析及上报相关数据。

列检复示站设于车辆技术作业场所。列检复示站由复示终端、通信（网络）接口设备、防雷装置、不间断电源等构成，通过专用通道或铁路计算机网络与铁路局车辆运行安全监测站和车辆轴温智能探测系统探测站连接，实时监测本站车辆轴温智能探测系统探测、预报信息，监控系统运行状态，汇总、统计、分析及上报相关数据。

车辆轴温智能探测系统探测站沿铁路线路每隔30 km左右设置，是探测行进列车车辆轴温的基础设施。探测站主要由红外探头、车轮传感器、探测站主机、控制箱、电源箱、远程控制箱、车辆智能跟踪装置、防雷装置、不间断电源等组成，实时探测通过探测站的铁路货车轴温，进行信息处理，将数据通过通信网络上传铁路局车辆运行安全监测站和各复示站。作为保障铁路货车运行安全的最前端设备，车辆轴温智能探测系统探测站要能够长时间地持续正常工作，若设备本身出现故障，要能够迅速上传报警信息，因此探测站设备具有完善的自检功能，并持续进行设备自检。

车辆轴温智能探测系统构成如图 3-5 所示。

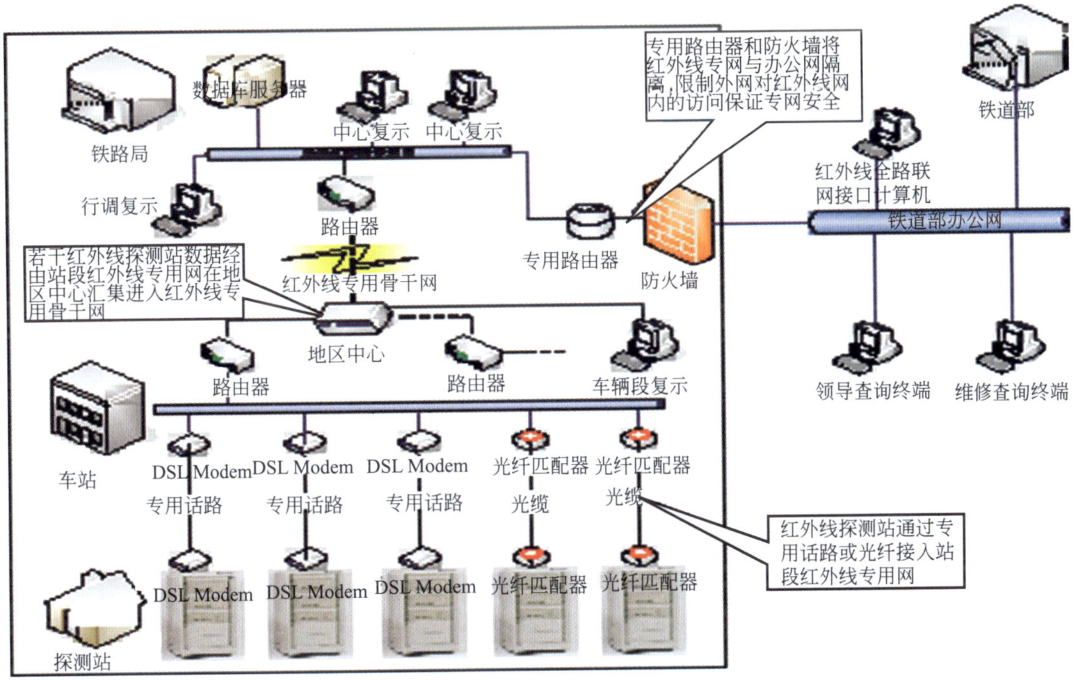

图 3-5　车辆轴温智能探测系统构成

二、铁路货车运行品质监测技术

从 20 世纪 70 年代末至 2003 年前，监控铁路货车安全重要的检查手段就是红外线，即 THDS 系统。随着科学技术在铁路货车安全防范领域的不断应用，监控铁路货车安全的手段也越来越丰富。从轮对入手，逐步延伸动态检查范围，从不同的监控视角综合分析评判铁路货车运行品质，铁路货车的装载状态、车轮踏面擦伤、铁路货车自身的运行状态对列车运行安全至关重要，它直接关系到铁路现代化管理、运输安全。近年来，随着铁路的提速，空载铁路货车脱轨、铁路货车超载现象，引起了铁路各级管理

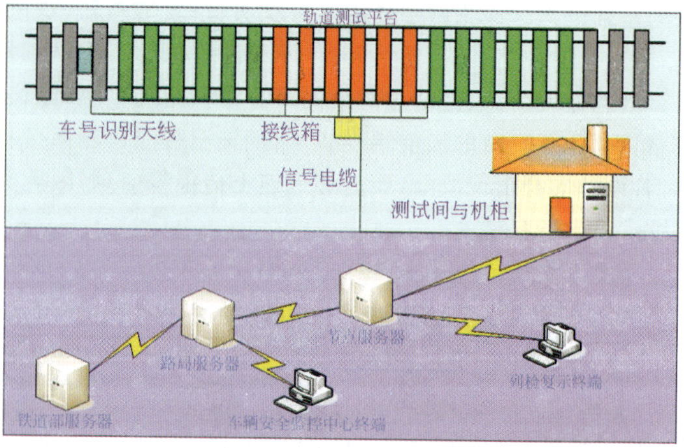

部门的极大关注。铁路货车运行品质轨边动态监测系统 TPDS 实现了在一个检测系统中完成多项检测功能。检测结果可为铁路运输安全管理、掌握轨道实际承载状态提供重要信息。利用轨道测试平台，对铁路货车安全指标进行动态检测，重点检测铁路货车运行安全指标脱轨系数、轮重减载率、并检测车轮踏面擦伤、剥离以及货物超载、偏载等危及行车安全的情况。重点防范铁路货车脱轨事故，防范车轮踏面擦伤、剥离，防范货物超载、偏载等安全隐患，加大铁路货车运行安全监控力度，实现铁路货车运行安全质量互控。该系统由 6 大部分组成，分别是测试平台与传感器、车号识别装置、探测站监控机柜、信息传递通道、信息中心、监控终端。具有 5 大功能：识别运行状态不良的铁路货车；测量铁路货车总重、前后转向架重、轴重；轮重及铁路货车超偏载；识别车轮踏面擦伤；统计轨道负荷当辆通过总重。

TPDS 高平顺性测试平台由 22 根专用轨枕组成，中间 6 根，两侧各 8 根。整体框架由钢板固定，形成特殊框架式轨道结构。传感器阵列由 12 只二维压力传感器和 8 只剪力转感器组成。TPDS 系统的工作原理是引用移动垂直力综合检测新方法。采用较长的高平顺性测试平台即特殊框架式轨道结构，在 2 只剪力传感器之间设置若干个轨下垂直压力传感器，组成综合检测区。连续测量轮轨垂直、横向荷载技术，从测试的轮轨力波形量值大小可捕获蛇行失稳铁路货车的主要动力学特征。TPDS 组网结构和数据走向是探测站数据首先进行采集预处理，将预处理数据传至测点服务器进行分析、评分、存储、传输，将探测数据传至列检所进行危险铁路货车的处理，测点和列检同时将有关数据上传至路局监控中心、铁道部查询中心。再由铁道部把危险铁路货车名单逐级下达至列检所进行处理。可以从 TPDS 得到如下信息：列车通过监测系统的时间和日期；各种铁路货车的总重、转向架重、轴重、轮重和轨道当量通过总重；铁路货车超载、前后偏载、左右偏载；车轮踏面擦伤的严重程度；轴位和轮位；铁路货车的轮重减载率、脱轨系数，横向力及其变化特征；蛇行失稳铁路货车的位置；车号。

铁路货车运行品质轨边动态监测系统（TPDS）由探测站、基层汇聚节点、路局监控中心、铁道部查询中心四级组成，并在列检所设监控复示终端；各级中心间以及基层数据汇聚节点与探测站/列检所间通过铁路通信网络相连。

探测站安装铁路货车运行状态地面安全检测装置，实时检测通过铁路货车的运行状态；基层汇聚节点、路局和铁道部 3 级中心负责收集所辖下级系统的检测数据和处理情况汇总报告，执行监控、追踪、查询、管理、分析、评判等功能；列检所监视探测站测点过车检测情况，并负责铁路货车检查和处理任务的具体执行。

全路 TPDS 的组网形式充分体现了系统运行分散检测、集中报警、网络监测、信息共享的基本要求，实现了三级联网、三级复示以及三级管理信息系统。三级联网为：探测站与基层汇聚节点联网、基层汇聚节点与路局监控中心联网、路局监控中心与铁道部查询中心联网；三级复示为：前方列检所复示（重点检查、处理问题铁路货车）、车辆段复示（主要解决管理和设备维修上的问题)、铁路局车辆安全监控技术中心复示(对疑难问题给予技术支持,及时对问题铁路货车进行处理)。三级系统为:铁道部查询中心系统、铁路局监控中心系统以及铁路基层监测中心系统。铁路货车运行品质安全监测网络信息系统框架结构如图 3-6 所示。

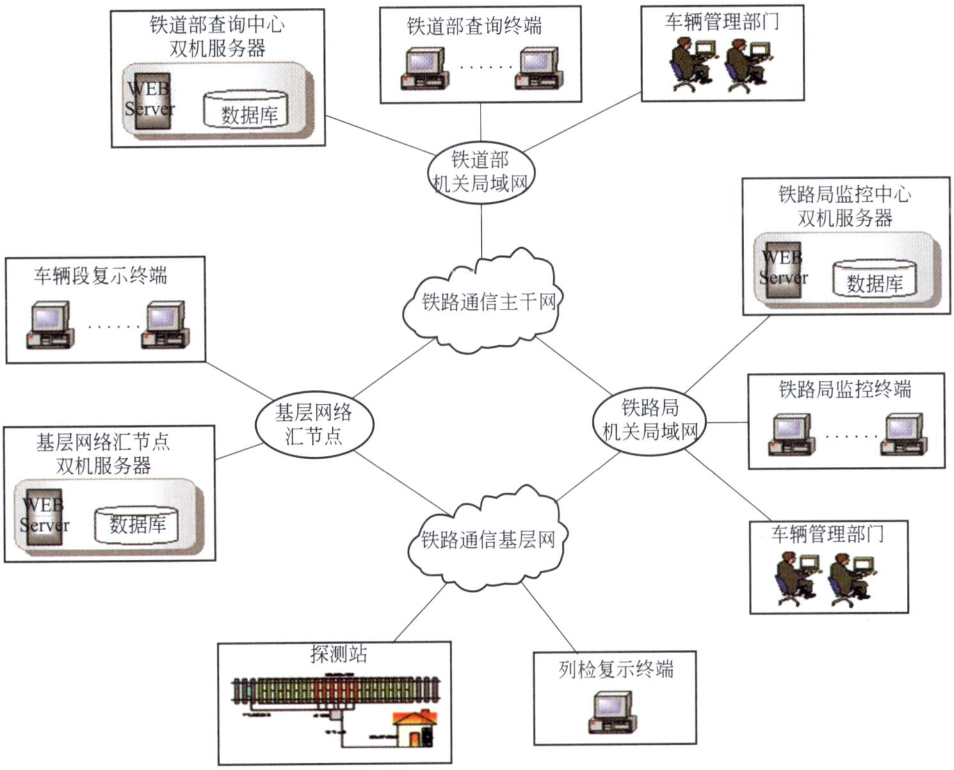

图 3-6　铁路货车运行品质安全监测网络信息系统框架结构图

各级中心接收下级系统上报的铁路货车运行状态监测数据,建立管辖范围内的多测点状态不良铁路货车数据库;铁道部中心能对多测点检测情况进行综合评判,生成状态不良危险铁路货车监控名单,并通过路局/基层数据汇聚节点逐级将危险铁路货车监控名单和处理命令等下达给下级中心,直至由列检所具体执行;各级中心都能提供管辖围内的监测信息查询,可根据时间、地点、车次、车号、不良运行状态类别或等级等进行多角度的分类查询或组合查询;并对管辖范围内铁路货车运行状态进行实时监控,对危险铁路货车自动报警,以及负责对实时检测到各类状态不良铁路货车和监控名单上的危险铁路货车实施跟踪监控。

另外,铁路局监测中心还要负责远程监视关联探测站设备的工作状况,而列检所需要把列检结果和设备故障处理情况上报到铁路局监测中心,并由铁路局监测中心定期汇总后上报给铁道部查询中心。

TPDS 监测数据传输流程如图 3-7 所示。

三、铁路货车轴承故障声学诊断技术

THDS(车辆轴温智能探测系统)系统是针对轴承发热后的监控系统,为了进一步畅通运输组织,将安全防范关口前移,铁路货车滚动轴承故障轨边声学诊断系统(TADS)应用到了铁路货车轴承的动态检查中。它是利用设在轨边的声学传感器阵列采用现代声学诊断技术对高速运行列车的

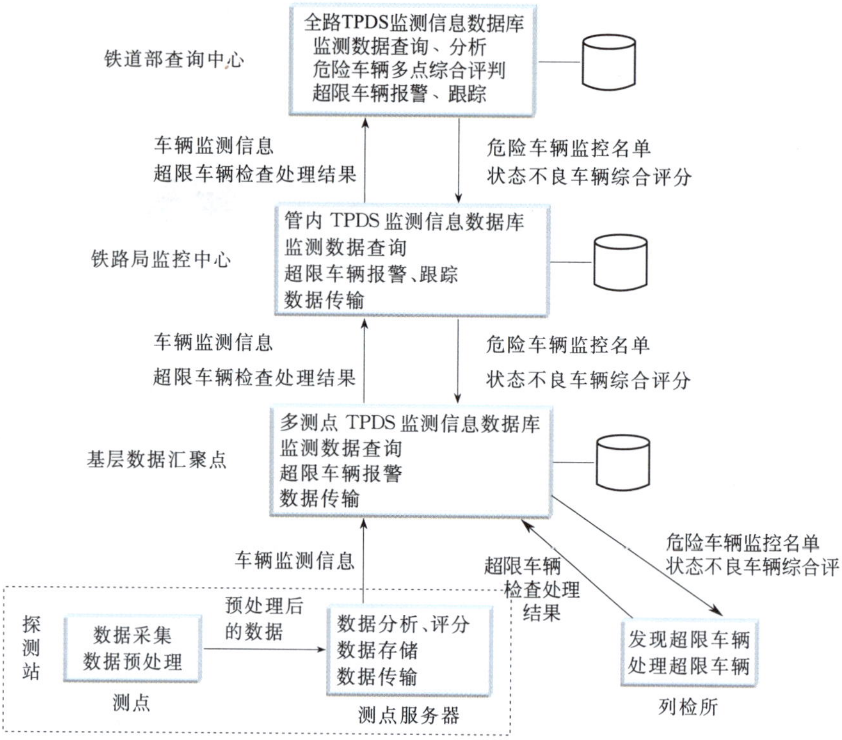

图 3-7　TPDS 监测数据传输流程示意图

铁路货车轴承故障信号进行实时拾取、滤波、采集、处理。根据检测诊断结果判定并预报铁路货车轴承故障类型及轴承缺陷的程度，从而实现对滚动轴承早期故障进行预警、防范、保证行车安全。由于系统采用了声学传感器阵列技术和多传感器信号合成及定位技术，保证了系统对故障轴承诊断的可靠性和准确性。利用故障轴承信号拾取技术和系统降噪技术及频谱分析和小波形分析技术使得系统对故障轴承缺陷程度具有很高预报精度。该系统与车号自动识别系统结合，从而实现故障轴承的车号定位和轴位的自动定位。TADS 及早发现轴承早期故障，重点检测铁路货车滚动轴承内外圈滚道、滚子等故障，安全防范关口前移，在发生热轴故障之前，对轴承故障进行早期预报。与红外线轴温监测系统互补，防止切轴事故发生，确保行车安全。

TADS 系统包括轨边设备和数据处理设备。轨边设备包括磁钢传感器、声学接收传感器、车号读出设备组成。数据处理设备包括控制部分、数据处理部分、通信部分组成。TADS 的工作原理是首先通过轨边声学接收传感器阵列对声波信息进行采集，由数据处理部分通过软件对声波频谱进行分析，判断出轴承内套、外套、滚子、其他 4 个故障部位 5 级数量级的缺陷预报。轨边声学传感器阵列安装在线路两侧，每侧有 6 只带指向性的声学采集传感器，6 只传感器的等距间隔是 1.22 m。阵列之所以要设计这么长主要是因为一侧传感器采集的有效长度是一个车轮转动 2 周的距离，这样就保证了轴承滚子在滚道上完整转动 1 周，保证了轴承内部一个行程声谱的全方位采集。TADS 组网方式是，当列车通过 TADS 采集站，首先通过轨边声学传感器阵列对轴承声学频谱进行采集；然后将采集数据由机房的数据处理计算机判断轴承故障情况，将探测结果通过专线通道传至设在路局数据库监控中心。红外线轴温探测系统 THDS 能够对因轴承缺陷造成的热轴进行报警，而 TADS 实现了从报警向早期预警的补充和跨越。使滚动轴承这一铁路货车要害部位在安全防范手段上有了质的提升。“两警”机制的科学结合使大秦线运用铁路货车轴承故障的发生得到了有效的控制，将安全防范关口进一步前移。

TADS 系统网络结构如图 3-8 所示，由数据信息采集级和 2 个应用级（铁路局应用级、铁道部应用级）组成。

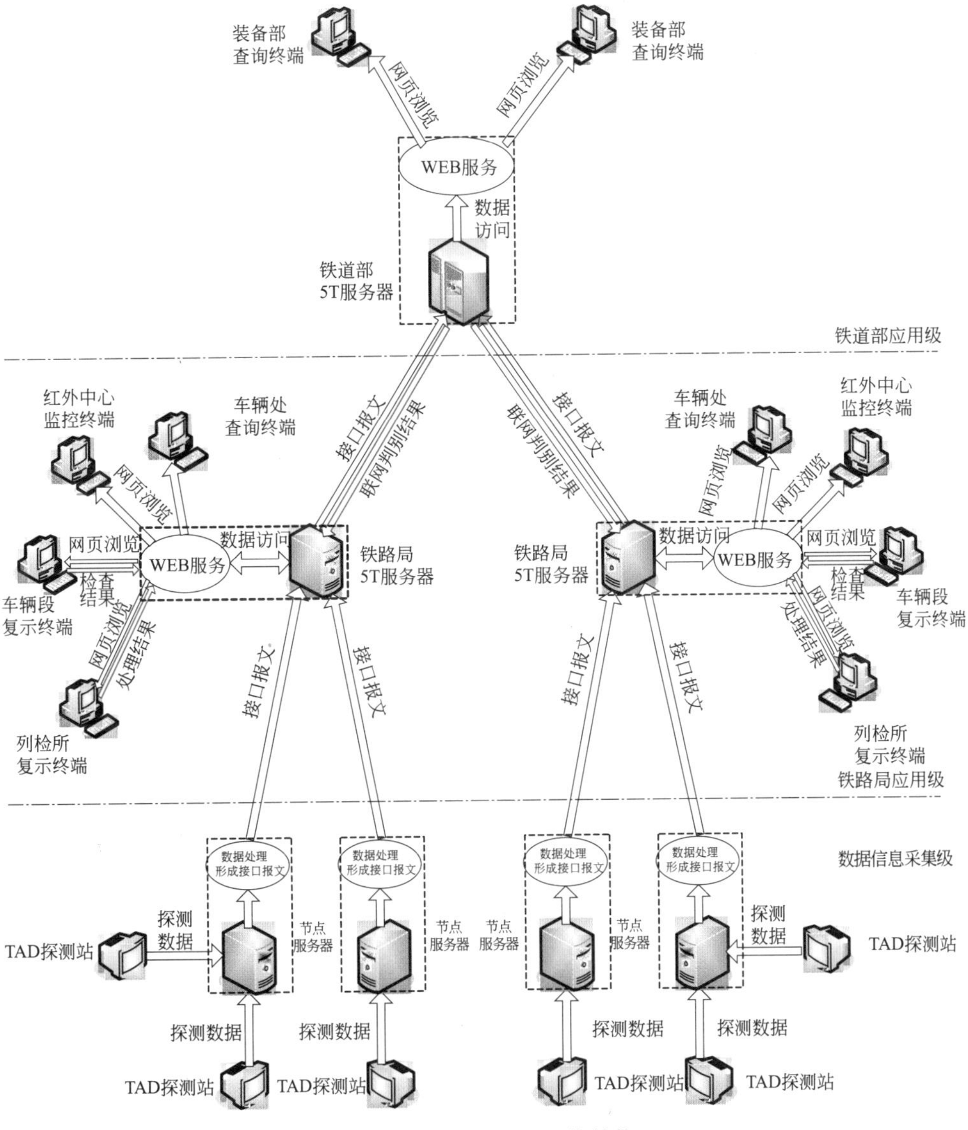

图 3-8　TADS 系统网络结构

TADS 系统轨边设备安装在车站进站方向，探测的数据经过探测站中央数据处理计算机进行分析和处理形成数据报文，通过专线或 TMIS 网以 FTP 方式发送至节点服务器，节点服务器再通过 TMIS 网以 MQ 方式上传至路局服务器和铁道部中央服务器，各级服务器对数据报文进行分析和入库，同时根据分析的结果，对轴承的故障情况进行报警。设立 TADS 系统列检复示终端、车辆段复示终端、铁路局红外中心监控终端、铁路局车辆处查询终端和铁道部查询终端，通过访问相应级别的服务器，实现对铁路货车滚动轴承运行状况的多级监控。

TADS 设备的整体布局如图 3-9 所示。

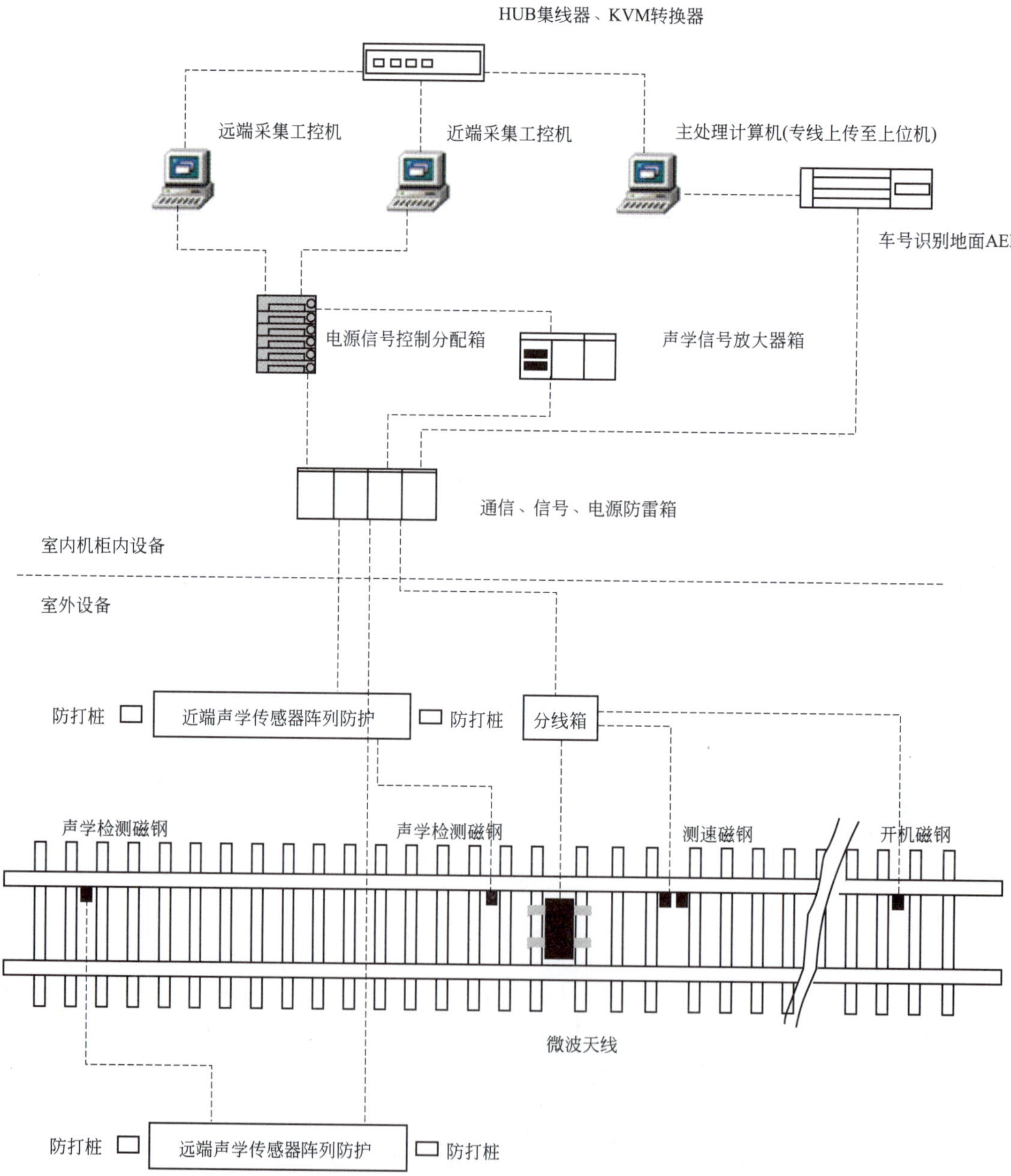

图 3-9　TADS 设备整体布局

四、铁路货车故障图像检测技术

一直以来，铁路货车的技术检查主要采用人工检查方式，工作者劳动强度大，且观察视野有局限性，为了进一步释放生产力，选择一种既更好的保证安全又减轻劳动强度的铁路货车技术检查方式这一课题摆在了科研人员的面前，铁路货车故障轨边图像检测系统（TFDS）随着孕育而生。它是利用高速摄像技术通过轨边高速摄像机对运行货车进行动态检测，及时发现铁路货车运行故障，重点检测铁路货车走行部、制动梁、悬吊件、枕簧、大部件、钩缓等安全关键部位，重点防范制动梁脱落事故，防范摇枕、侧架、钩缓大部件裂损、折断，防范枕簧丢失和窜出等危及行车安全隐患。

TFDS 探测站机房设备如图 3-10 所示主要由：铁路货车信息控制采集计算机、图像采集及关门车自动识别计算机、前置控制箱、车号读取设备、网络传输设备等组成。

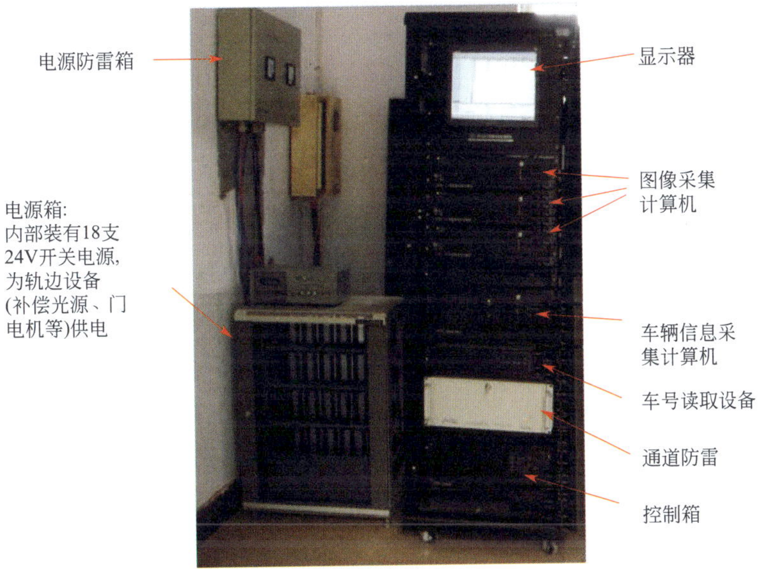

图 3-10 TFDS 探测站机房设备

这套系统彻底让列检摆脱灯锤，给列检带来革命性的变革。铁路货车运用检修体制的信息化、自动化程度有了跨越式发展。

TFDS 系统由轨边数据采集站、数据处理中转站、列检检测站 3 个工作站组成。轨边数据采集站包括永磁信号传感器、5 台高速摄像机阵列、车号识别装置等采集设备组成。5 台高速摄像机分布于轨心 3 台和线路两侧各 1 台。

TFDS系统是利用应用计算机、网络通信、自动控制和图像采集处理技术并引进科学的管理方法和系统化的开发方法，为铁路货车运行故障检测提供故障图片信息动态收集、存储、传输及预警服务，提高列检作业质量和效率和铁路货车安全防范的水平，加强铁路货车运用中故障基础信息收集、管理的人机系统。系统构成如图3-11所示。

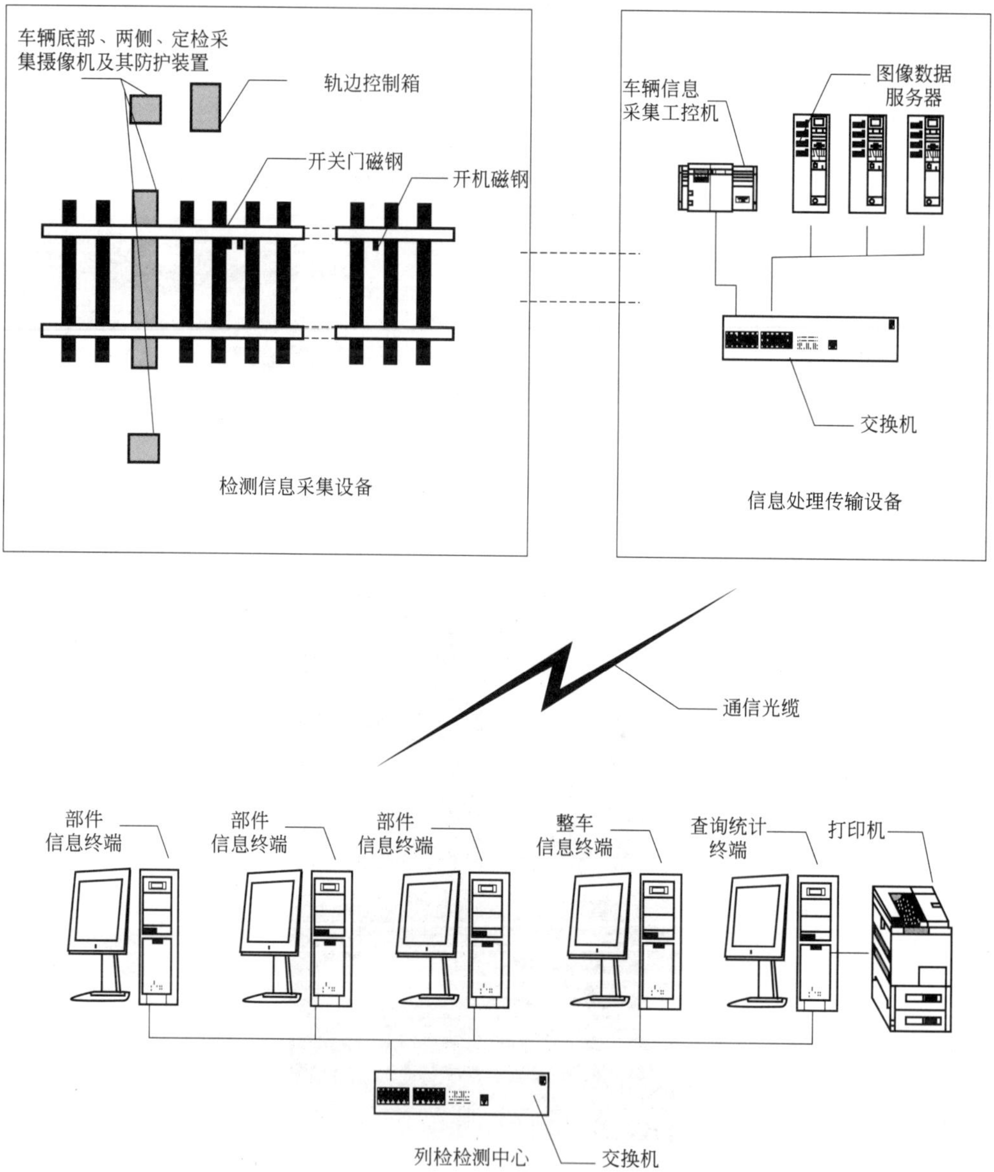

图3-11 TFDS系统构成图

铁路货车故障轨边图像检测系统(TFDS)系统由铁道部查询中心、铁路局监控中心、列检检测中心、探测站及传输网络组成。

铁道部查询中心设在铁道部运输指挥中心，由铁道部车辆主管部门负责业务管理，用于查询全路TFDS探测、预报和处理铁路货车故障信息情况，定期进行全路TFDS相关数据汇总分析。

铁路局监控中心设在铁路局调度所车辆运行安全监测中心内，由车辆处负责业务管理，对铁路局管内 TFDS 网络运行状态进行不间断监控，查询全局 TFDS 探测、预报和处理铁路货车故障信息情况，定期进行 TFDS 相关数据汇总、分析、上报。

列检检测中心设在车辆段运用车间列检所内，由运用车间管理，负责本站铁路货车故障和设备故障信息的预报，并收集、反馈和分析故障车处理情况。

探测站按铁道部统一规划设置，由车辆段管理，实现对货物列车关键部位图像的动态拍摄及处理、车号的自动识别、自动计轴计辆等。

传输网络由信息（通信）部门管理，实现铁道部查询中心、铁路局监控中心、列检检测中心、探测站之间的信息传输。

TFDS 的工作原理是，当列车通过时，永磁信号传感器将信号传递到数据处理中转站控制计算机。计算机发出采集指令，轨边和轨心高速摄像机开始对每个铁路货车的转向架侧架、转向架底部、车钩钩缓、中间部 4 大重点部位抓拍图像。列车通过摄像机采集阵列后，数据处理中转站的计算机将图像信息数据打包压缩整理后，通过专用光缆通道向几公里外的列检检测站服务器发送数据。设置在列检检测站的 TFDS 服务器接收到数据后按照预先制定好的检测分析规则向作业工位复示图像。看图分析方式灵活，可以按部位划分看，也可以按定员包车看。动态检车工长收到列车通过声音警示后，对全列车首尾图像进行核对，然后下达开始检测命令。当动态检查员发现铁路货车故障后，向动态检车工长复诵，同时对该故障进行录入登记。动态检车工长接到故障预报后，立即对故障进行复核。确认后通知现场检车工长进行现车故障定位，并按照技术标准进行维修，将故障处理信息反馈动态检车工长，由动态检车工长将故障信息上传三级联网数据库。形成了铁路货车故障预报处理的闭环流程。对制动梁折断、脱落；下拉杆脱落，圆销、开口销丢失；制动梁支柱圆销、开口销丢失；交叉杆折断；折角塞门关闭；制动缸及各风缸脱落；重车地板破损影响行车安全；轴承冒烟等其他危及行车安全的符合拦停范围的铁路货车故障立即通知铁路局车辆运行安全中心监测站进行紧急拦停。

通过近年来的实际运用，深刻体会到给列检工作带来了以下变化。

第一，实现了“人控”向“机控”的转变。

列检现场作业受作业者心理素质、精神状态、检查视觉等客观因素影响，作业行为可控度较差。通过安装 TFDS 系统，替代一部分人工检查，实行专业检查，使作业者专注于具体检查部位，提高列车检测质量。

第二，实现了“室外”向“室内”的转变。

列检作业在露天环境下进行，例如雨天、高温、低温等不良天气直接影响列车检修质量。实施了 TFDS 动态检测后，对铁路货车实施了“全天候”检测，改善了作业环境，减轻了劳动强度，增强了故障检测能力，实现了“室外”向“室内”的转变。

第三，实现了“静态检查”向“动态检测”的转变。

现行的作业方式是对列车进行静态检查，以敞车为例，检车员看一辆车对台车和车底检查进出 14 次，其中仅连接件就需锤敲、眼看 107 个螺栓、67 个各部圆销开口销，体能消耗大。TFDS 是对运行中的列车进行动态检测，将铁路货车故障情况预报给现场作业人员使修车人员有了充足的故障处理时间。

第四，提高了铁路货车运行安全的可靠性。

随着运输组织的变化，列检安全保证区段不断延长，对铁路货车运用质量提出了更高的要求。沿途各列检作业场不断安装并使用 TFDS 对铁路货车技术状态进行动态检查，从而弥补了传统技检作业的不足，将人工检查难以检查到的部位清晰地显现在计算机上，通过视频图像来实现对故障的判断，进一步提高了铁路货车运行安全的可靠性。

第五，压缩了列车技术检查时间。

过去人工检查 1 列万吨列车需要 60 min，实现 TFDS 动态机检后，1 列万吨列车仅需 14 min。以日均技检万吨列车 53 列为例，过去检查需要 3 180 min，实现机检只用 742 min，节省了 2 438 min，检查效率提高了 77%。有效地解决了列车密集到达时的问题，缓解了列检作业与运输畅通之间的矛盾。

第六，减少了现场作业人员，提高了列检劳动生产率。

以前我们现场检车员按照“以列定组、以辆定人”的原则配备，现在我们利用 TFDS 系统进行检测，现场作业人员补充到故障处理队伍中，大大缩短了检修时间、提高了列检劳动生产率。

TFDS 是车辆运行安全监控系统 5T 系统的重要组成部分，它对调整列检作业布局，转变铁路货车运用维修模式起到深远的影响。通过 TFDS 系统在大秦线运煤通道的成功运用，进一步加速了铁路货车周转，提高了运输效率，将安全防范关口前移。基本实现了“卡关口、强中间，联网判、动态检”的目标。

第三节　5T 动态检查运用管理知识

5T 系统的运用管理工作概括起来两大块内容，一是运用管理工作、二是设备管理工作。按照投产流程分为布局规划管理、设计过程管理、选址调研管理、建设施工管理、投产过程管理、运用适应性培训管理、检修维护管理、后期运营管理 8 个管理环节。

一、布局规划管理要求

(一)5T 系统建设目标

5T 系统建设目标是建成货物列车运行全过程、全方位的监控网络，实现“卡关口、强中间，联网判、动态检”。将非提速区段进入提速区段、非重点区段进入重点区段(如一主两翼和煤运通道)、非国有铁路进入国有铁路的技术状态不良货车卡在关口之外；确保在提速区段、重点区段运用货车得到线状监控、其他区段运用货车得到点状监控、各铁路局运用货车得到闭环监控；区段列检由动态检查取代静态检查，彻底解决长交路直通货物列车无法进行技术检查的现状；两端列检通过人机分工，作业条件明显改善，作业效率明显提高，故障处理准确性大幅提高，重复作业得到有效扭转，安全责任进一步得到明确。

(二)5T 系统规划原则

1. 在非提速区段进行规划，消除安全保障盲区；
2. 在六大干线入口进行规划，把住提速区段入口关；
3. 在煤运通道进行规划，对运煤货车实时监控；
4. 在一主两翼区段进行规划，适应运输组织变化；

5. 对六大干线进行填平补齐，满足联网评判要求。

(三)5T 系统布点原则

1. TFDS 以取消技术检查的中间站列检、有站修作业场的到达列检和编组站列检为重点进行布点，布点平均距离在 300 km；

2. TPDS 以有站修作业场的到达列检和尽头列检为主，布点平均距离在 400 km；

3. TADS 以每条线安装 1 处及以上为原则，布点平均距离在 500 km；

4. 各铁路局 5T 系统配备齐全，将管内所有线路出入口进行封堵，形成闭环监控；

5. 相邻铁路局布点综合考虑，不重复设置。

(四)5T 系统布点详解

THDS、TFDS、TPDS 和 TADS 的设置间隔距离成 3、3、4、5 的关系，即 THDS 设置间隔为 30 km、TFDS 设置间隔为 300 km、TPDS 设置间隔为 400 km、TADS 设置间隔为 500 km。THDS 的设置重点是非整体道床线路；TFDS 的设置重点是区段列检；TPDS 的设置重点是有站修作业场列检和尽头列检；TADS 的设置重点是不漏一线。在路网性编组站所在地列检，TFDS、TPDS 和 TADS 同时设置，在其他列检分散设置。

1. TFDS 布局：2005 年后，列检保证区段平均达到了 300 km，列检人员结构进行了优化，作业标准进一步加严，保证了运输安全，但第六次大面积提速调图后，随着长交路直通货物列车的大量开行，列检保证区段平均达到了 500 km，最长的达到 1 200 km，保证铁路货车运行安全的目标只能靠加强两端人工技术检查来实现，而在列检人员定员不变、作业标准无太多加严空间的情况下，铁路货车运行安全主要依赖列检人员的责任心和铁路货车配件的制造、检修质量，途中货车的运行情况无法监控，存在安全隐患。因此，考虑到当前及将来一个阶段内运输组织的发展趋势，先在取消技术检查的中间站列检和有站修作业场的到达列检设置 TFDS，全路布点平均距离达到 300 km 左右，在确保安全的前提下，使故障货车就地处理。

2. TADS 布局：TADS 的作用是发现轴承的早期故障，也就是说，TADS 发现的故障不会使轴承立即失效，故障轴承仍可以继续运行，而且，即使出现立即失效情况，由于 THDS 每隔 30 km 设置一处，所以安全仍有保障。因此，结合列检平均保证区段 500 km 设置 TADS，可以确保 TADS 预报的轴承故障在有技术作业的列检进行人工检查确认，减少对运输的干扰。另外，TADS 对轴承故障的判断采用联网评判模式，如果在不同的运行区段、不同的运行速度、不同的装载情况下均进行预报，说明该轴承存在故障的可能性非常大，因此，在每条线至少设置一处 TADS 的规划方式，可以根据不同路况和不同工况进行评判，提高 TADS 预报的准确性。

3. TPDS 布局：轮对踏面损伤对轴承失效和铁路货车运行状态的影响是长期和较为缓慢的，因此结合列检平均保证 500 km 设置 TPDS，而且以有站修作业场的到达列检和尽头列检为主规划 TPDS，不仅可以结合列检人工检查进行换轮处理，而且可以避免故障铁路货车回送，减少对运输的干扰；但是 TPDS 的设置间隔距离还必须考虑对铁路货车超偏载的监控，那就必然要在部分无站修作业场的其他列检进行设置，同时还必须认真考虑对铁路货车运行状态不良货车的监控，从 TPDS 预报数据来看，爱车活动已经取得明显效果，TPDS的主要作用必将转移到对铁路货车运行状态不良监控上来，基于这种思路，TPDS 的设置还必须考虑尽量覆盖全路所有干线和支线以及非国有铁路进入国有铁路的关口车站，以实现联网评判，杜绝运行状态不良铁路货车进入国有铁路，因此，TPDS 的设置间隔距离应在 400 km 左右为宜。

二、选址调研知识

5T 建设项目计划一经下达，就进入选址阶段，选址工作包括两部分：探测站选址和复示站选址。复示站选址包括服务器机房选址和动态检车机房的选址。选址工作必须进行实地踏勘，必要时要邀请工务、供电、电务、信息等部门共同参加。应对地区地理环境与气候条件作全面分析，涉及运输、机务(供电)、工务、电务、车辆、信息、土地管理等部门时，应严格遵守有关规定。选择探测站位置时，由建设或设计单位组织，相关部门共同参与论证后确定。在铁道部统一规划下进行探测站的设置，在满足基本技术要求的前提下，综合考虑交通、供电、通信、施工和维修方便以及经济的合理性等因素。

(一)THDS 选址环境条件

探测站基本技术要求如下。

1. 探测站一般应设在列车进站前多向进车的咽喉处。枢纽地区可根据实际接发线路，考虑安装多套设备。

2. 探测站选址应优先考虑临近高大建筑物、土壤电阻率较低和有足够的施工场地等有利条件。

3. 尽量避开曲线、长大坡道，在来车方向前方 100 m 以上钢轨为直线段，且不得有道岔。

4. 选择道床坚实线路质量好的地段。

5. 轨边装置距探测站机房距离应不大于 20 m。

6. 避开不利的地理位置，如：雷区、洪水、塌方、冻害、风口和雪堵等自然灾害地区。无法避开时，应采取保护措施。

7. 避开影响探测的干扰因素，如机车运行调速地段、电气化区段分相点、轨道电路回流点、钢轨端头、短钢轨等。探头安装位置应尽可能安装在每节钢轨的中部，特殊情况时距离钢轨端头不得小于 5 m。

(二)TPDS 选址环境条件

TPDS 探测站选址应在满足以下基本技术要求的前提下，综合考虑交通、供电、通道、施工和维修方便，以及经济的合理性等因素。基本技术要求如下。

1. 铁路货车运行速度在 50～120 km/h 的正线上。

2. 来车方向前 400 m、后 100 m 应为直线段，线路坡度不超过 5‰，该区段不得有道岔、长大桥梁等，探测站前后 80 m 区段应避开短梁、短涵和道口。

3. 避开不利的地理位置，如洪水塌方、冻害等自然灾害地区。无法避开时，应采取保护措施。

4. 避开影响探测的干扰因素，如机车运行调速地段、电气化区段分相点、轨道电路回流点等。无法避开时，应采取保护和加强防干扰措施。

5. 检测区钢轨无接头、无焊缝。

6. 铺设位置及前后线路应保证有良好的轨道平顺性、等同或接近的轨道结构强度、刚度和承载能力。

7. 探测站机房与测试平台中心距离不大于 30 m。

8. TPDS 须配备电涌保护设备。系统机房防雷应符合国家对建筑物防雷的有关规定。

9. 设备接地电阻小于 4 Ω，并设地线标志桩。室内防雷和防电涌保护箱应尽量靠近被保护设备和接地排安装，配线应符合标准。

（三）TADS选址环境条件

TADS探测站选址应在满足以下基本技术要求的前提下，综合考虑交通、供电、通道、施工和维修方便，以及经济、合理性等因素。基本技术要求如下。

1. 探测站轨边设备前200 m、后50 m线路应为直线段，轨道线间距大于等于4.25 m，下坡度不大于5‰，列车车速30～110 km/h（最佳为30～65 km/h）的非变速区段，此区段内不得有道岔和长大桥梁，且道床坚实、线路质量好的地段。

2. 避开不利的地理位置，如洪水塌方、冻害等自然灾害地区。无法避开时，应采取保护措施。

3. 避开影响探测的干扰因素，如电气化区段分相点、轨道电路回流点、钢轨接头等。无法避开时，应采取保护和加强防干扰措施。

4. 传感器阵列安装地点与TADS探测站机房距离应小于25 m。

5. TADS须配备电涌保护设备，系统机房防雷应符合国家对建筑物防雷的有关规定。

6. 设备接地电阻小于4 Ω，并设地线标志桩。室内防雷和防电涌保护箱应尽量靠近被保护设备和接地排安装，配线应符合标准。

（四）TFDS选址环境条件

TFDS探测站选址应充分考虑列检作业方式、列检布局、故障处理、追踪及拦停等因素，综合考虑交通、供电、通道、施工和维修方便，以及经济的合理性等因素。TFDS探测站选址应根据运输格局的不断变化进行相应的调整，探测站至列检复示站的距离建议为8～10 km，这样便于列车到场前有充足的时间完成动态检查工作，对故障的处置预留时间。

1. 探测站应设置在列车进站前多向进车的咽喉处，安装位置避开曲线、长大坡道和列车调速停车区段，在来车前方保证50 m以上的直线区段，此段距离不得有道岔。

2. 探测站设备选在道床坚实、线路质量好的地段，避开钢轨端头、短钢轨。

3. 探测站房屋距轨边设备配线距离小于15 m。

4. TFDS须配备电涌保护设备，机房防雷应符合国家对建筑物防雷的有关规定。

5. 设备接地电阻小于4 Ω，并设地线标志桩。室内防雷和防电涌保护箱应尽量靠近被保护设备和接地排安装，配线应符合标准。

（五）TWDS选址环境条件

1. 探测站机房面积不小于15 m^2，保证室内温度：16～30 ℃、相对湿度：95%。

2. 机房配有双路供电电源，可自动切换，电源电压AC 220×(1±10%)V，50 Hz。

3. 电源供电功率不低于15 kW，设备实际用电总功率11 kW。其中摄像辅助光源：7 kW；室内设备3 kW。

4. 室内配电箱需要3个供电回路：①室内工控机、信号箱2 kW；②轨边设备开门执行机构1 kW；③轨边辅助光源8 kW。

5. 设备地线：保护接地电阻小于10 Ω，防雷接地电阻小于4 Ω。

三、投产过程管理流程

设备安装完毕后，将陆续进行验收、投产。这个过程非常重要，大致要进行初验、复验、工程验收、设备验收、运用验收等环节，这个过程中建设单位有时忽视配套设施的配备，在初验过程中要及时提出来。

（一）THDS 投产过程

1. 工程验收

新建 THDS 安装、调试完成后（调试期不超过 1 个月），应该由建设单位组织相关部门进行工程验收。施工单位将竣工资料交铁路局、车辆段归档，及时办理固定资产移交。

2. 试用考核

新建 THDS 设备工程验收合格后，立即投入试用，须由铁路局车辆处电报通知管内运输、供电、工务、电务、安监、公安、信息、铁通等单位，提出保证设备试用的考核要求，设备试用期不超过 3 个月。

3. 正式运用

设备试用结束后，车辆段应按规定向铁路局车辆处申请投入正式运用。

（二）TPDS、TADS、TFDS 投产过程

1. 工程验收

新建 TPDS、TADS、TFDS 安装、调试、标定完成后（调试期不超过 1 个月），由建设单位组织相关部门进行工程验收。施工单位将竣工资料交铁路局、车辆段归档，及时办理固定资产移交。

2. 试用考核

新建 TPDS、TADS、TFDS 设备工程验收合格后，立即投入试用，铁路局车辆处电报通知管内运输、货运、供电、工务、电务、安监、公安、信息等单位，提出保证设备试用的考核要求，设备试用期不超过 4 个月。

3. 正式运用

设备试用结束后，车辆段向铁路局车辆处呈报“TPDS、TADS、TFDS 探测站申请投入运用报告”，报告试用情况并提出正式投产申请。由铁路局车辆处组织运用验收和批准后投入正式运用，并报铁道部车辆主管部门核备。

四、运用适应性培训关键

设备正式投入运用后，运用部门的适应性培训应及时跟上，主要有以下几个方面的培训。

（一）施工改造后的设备功用培训

主要培训设备改造后的变化情况，一般由厂家技术人员负责，各车辆段根据实际情况做进一步的跟进培训。

（二）终端软件的培训

终端软件的培训对象主要是运用部门的操作者和软件日常维护部门的操作者，在正式软件切换前，应先接通一套备用机器进行先期培训。

（三）网站查询的培训

网站查询的培训对象主要是管理人员和一线操作值机人员。

（四）预报流程的培训

预报流程的培训主要是一线运用人员，不仅要培训车辆系统运用人员，还应涉及机务、车务、工务等部门，便于处置得当。

（五）上岗人员的资质培训

THDS、TFDS 动态检车员须取得铁道部颁发的《技术资格证》，且每两年由铁道部复核一次；TPDS、TADS 动态检车员须取得铁路局颁发的《技术资格证》，且每两年由铁路局复核一次。

第四节 TFDS 新技术介绍

随着科技创新的力量不断注入 5T 系统的研发，TFDS-2 型对阳光干扰和光源对射干扰等问题日益显出不适应性，不能满足人机分工的运用需求，同时，目前分署作业造成的动态检查资源不均衡对 TFDS 提升运用效率的制约逐渐显现，为此铁道部组织研发单位攻克疑难技术问题，研发了 TFDS3.0 软件、线阵扫描技术、集中作业技术、图像压缩传输技术、图像质量评价技术等，提升了 TFDS 整体运用效率，逐步建立了 TFDS 运用标准化质量循环推进机制。现就有关新技术做一简单介绍。

一、TFDS 3.0 软件新功能介绍

为促进动态检车员发现故障，设计了以下新功能：

1. 增加关键部位强制放大显示功能。关键部位包括侧架到位：轴端螺栓（放大 8 幅图像）；转向架底部：制动梁（放大 12 幅图像），重点部位是支柱圆销开口销、下拉杆开口销、固定支点圆销开口销、交叉杆扣板、制动梁梁架两端（靠端轴部位）；钩缓部位：钩尾框（放大 2 幅图像）、折角塞门（放大 2 幅图像）；中间部：制动缸（放大 1 幅图像）。

2. 增加整车侧部图像作为检车辅助信息。

3. 增加检车程序窜图修正的功能。

4. 针对基本图片双击放大图片后增加再次放大功能。

在检车员作业质量监控方面，完善了以下便捷功能。

1. 增加统计每个检车员每列车的待检时间功能，即该列检员看一列车的开始时间距离该列车的过车时间的时差。

2. 平台统计分析模块中新增一个“设备运行情况统计报表”，可统计时间段内该探测站 TFDS 设备的漏探列数、漏探率、曝光辆数、曝光图片数、曝光率、黑图辆数、黑图图片数、黑图率、丢图辆数、丢图图片数、丢图率、窜图辆数、窜图率、开机率等，该统计功能的实现需要用户人工输入每列车相应的数据。

3. 增加检车员鼠标轨迹记录及回放功能。

4. 在客户端软件界面上增加界面截图功能。

5. 组长使用浏览终端查看图片时增加能够显示各列检员在其他客户端所提交故障的功能。

6. TFDS 运用平台对所有故障确认完之后，针对不需要上传的故障和需要上传的故障新增区分的标志。

7. 新增“列检值班员录入接口模块”，为列检提供另一种故障确认流程。新增本模块后，故障确认流程为动态检车组检车完毕后报告列检值班员，列检值班员登录 TFDS 运用软件平台查询本列车故障信息后联系现场检车员确认处理，现场检车员处理完毕后反馈值班员，值班

员负责将“处理人”、“处理方式”、“处理时间”可录入保存，本列车故障处理完毕后，列检值班员通知动态检车组，动态检车组组长填写故障“确认人”、“确认时间”等相关信息后上报该故障信息。

在提高检车员作业效率方面，优化了以下拓展功能。

1. 在提交故障的页面增加一个可以自定义的常见故障的快捷列表，在提交常见的故障时能在快捷列表里快速选择，提高提交故障的效率。

2. 增加手持机接口，为以后接入手持机功能做准备。

3. 优化故障提交功能，选择故障名称时增加“检索模糊查询”功能。

4. 增加在故障信息报表中显示该故障所在列车的“总辆数”的信息。

5. 优化放大镜功能，由原来针对屏幕图像放大改为针对原始图片放大。

6. 优化客户端新车到达提示框中的铁路货车通过类型，进一步细分为：有调中转、无调中转、直通车、到达解体、整列空车回送 5 类。

二、TFDS 线阵扫描技术

为了给动态检车员提供更加清晰的 TFDS 图像以利于判别铁路货车配件状态，这些年一直致力于 TFDS 拍摄手段的改进研究。TFDS 线阵扫描技术的运用，促使 TFDS 图像质量有了质的提升，TFDS 线阵扫描将侧架、车体、悬吊件侧部拍成了一幅完整的照片，使图像实现了无缝拼接，图片的连续性和完整性较好，有效解决了图像拼接造成的不利因素，更有利于故障自动识别。TFDS 线阵扫描技术主要有以下优点：一是线阵扫描 TFDS 有效地降低了丢图、窜图率。二是线阵扫描 TFDS 采用不可见近红外光光源，配合窄带滤光片，较好地解决了阳光干扰问题。三是由于图像呈现整幅显示，更便于动态检车员进行技术检查，能有效提高动态检查效率。四是线阵扫描 TFDS 新增的车体及底架悬吊件侧面图片，增加了动态检查范围，能及时发现铁路货车悬吊装置和车体故障。线阵扫描 TFDS 设备与既有设备相比，更有利于动态检车员技术作业，也有利于故障自动识别。

三、TFDS 动态检查集中作业技术

目前，动态检车组的设置方式是每进路或方向设置一个动态检车组，且同一车站、不同进路，按列检作业场的分布，各自设置，各自独立作业即分署作业，即使是同一车站的上、下行之间也互不关联。这种设置方式是基于列检作业场属地管理理念，在当时对 TFDS 替代人工检查和加强属地专业管理，发挥了积极作用，而且适合所在车站各进路车流较大且作业量基本一致的列检，如路网性编组站所在地列检。

随着 TFDS 运用设备的不断投入使用，传统 TFDS 动态检车组设置方式对于那些昼夜间车流量差异较大的探测站和各进路车流不均衡的车站，以及 300 km 内分散在沿途各站总作业量不饱和的区域产生的问题，一是 TFDS 动态检车员劳动生产率低，二是动态检查工作量不均衡，三是在密集到达时动态检查能力无法相互补充；而对于无列检的车站，若在本站设置 TFDS，则无法解决动态检车员的工作条件和生活条件问题，若不在此设置，又无法对该线的所有列车进行动态检查，需多点设置，不仅增加了投资，而且增加了动态检车员数量。针对铁路货车列检动态检查比重的不断增加和动态检车员队伍的不断扩大，深入研究 TFDS 动态检车组的设置方式，探讨区域内集中进行动态检查作业模式即合署集中作业模式，对均衡动态检

查能力、提高动态检查整体效率非常必要。

合署集中作业模式的基本思路是：动态检车组可不设置在 TFDS 的安装地点，TFDS 采集的图像通过满足传输要求的通道传送至异地，动态检查实现异地作业，且同一车站或同一区域的多套 TFDS 所涉及的动态检车组集中作业，动态检车员配备数量少于标配数量，动态检查打破按进路作业概念，由信息化系统参考运输计划，根据各 TFDS 之间实际工作量的忙闲程度，自动分配动态检查作业任务，不仅能够均衡作业，而且可在某一进路列车密集到达时，合理安排动态检查作业组数，减少待检，减少动态检车员数量，提高动态检查作业效率。

基于以上思路，某铁路局对 6 套 TFDS 动态检查进行了合署集中作业尝试，即：将甲运用车间的 3 套 TFDS 及乙运用车间的 3 套 TFDS 采集的图像，通过 150 兆网络通道，均传送至车辆段本部，成立段动态检查中心，由分署作业时的 6 个动态检车组精简为 3 个，依托研发的“TFDS 合署集中作业平台”软件支撑系统，实现了“四个统一”，即动态检查任务的统一分配；动态检车员岗位的统一调配；作业质量的统一考评；作业标准的统一落实。

“TFDS 合署集中作业平台”软件支撑系统的核心功能：一是能够提供稳定的多套 TFDS 设备过车监测，以及准确采集过车原始图片的功能；二是具备支持工长按照各作业组工作情况手动分车以及自动分车两种模式的检车作业组织功能；三是具备按照 TFDS 检车作业的最新要求，为动态检车员、组长、工长提供检车、故障确认、抽查、上报等所有功能；四是能够与 HMIS、列检作业手持机实现双向的数据交互接口，实现 TFDS 故障信息与现场值班员、检车员的数字化传递和反馈；五是作业人员工作质量统计、作业质量分析、报表统计等功能。

TFDS 动态检查集中作业通过路由设备、传输电路及光纤构成 IP 数据网方式，实现了 TFDS 数据实时传送、调用，时延满足动态检查要求。TFDS 动态检查集中作业平台采用 B/S 模式进行数据访问，通过程序及人工控制，根据车流密度动态分配每个动态检车组的作业量，实现了动态检查能力的均衡和高效调配，提高了动态检查劳动效率。为了解决异地预报问题，在列检作业场配备列检手持机系统，实现了 TFDS 发现的铁路货车故障信息向现场检车员自动预报，以及现场检车员将检查确认结果自动反馈，形成了故障预报、确认处理、结果反馈的闭环。经现场测评，能够满足现场作业要求。

动态检查采用异地合署集中作业的模式必将是未来动态检查的发展方向，但还必须清醒地认识到，作为新的作业模式，单靠车辆部门一身之力，无法独立完成转变，需要得到运输、通信、设计部门的大力支持，因此，各专业通力协作是实现动态检查合署集中作业的关键，同时，车辆专业内部也需要解决技术及管理方面的问题。需要解决和协调如下问题。

1. 新线建设和旧线改造设计问题

新线建设和旧线改造时，要充分考虑数据传输通道的整合和扩容问题。随着铁路信息化的人力推进，各专业对数据通道无论在数量、还是在带宽上的要求越来越高，对单个系统而言，过高的带宽意味着浪费；如电视电话视频系统，相对于运输安全系统而言，通道闲置时间又较长，因此将各专业信息化系统数据传输通道进行整合、扩容，是未来铁路信息化必须认真考虑的问题。

2. 列车故障处理远程指导和作业监控问题

区域合署集中作业后，远离合署集中作业地点 300 km 左右的列检动态检车员及管理人员将撤离列检所在地车站，本地只保留对 TFDS 发现的故障进行确认处理人员，从长远看，这些人员将会逐步对新型铁路货车故障的处理变得经验不足。从当前看，管理人员将会失去对这些人员作业标准的现场监控和作业质量的实时评价条件。因此，应考虑建立铁路货车故障远程诊断指导，利用红外线拦停轴承故障智能判断及列车故障远程传输系统，将故障图片传输给专家，由专家提出处置意见，指导修理，并检查修理结果，确保故障得到准确和有效处理，以此建立专家确认制度，防止因处置不到位造成的安全隐患。

3. 合署集中作业后 TFDS 发现的故障远程预报问题

动态检查分署作业的预报模式是：动态检车组长经列检值班员通过无线对讲机，将动态检查发现的故障向现场检车员进行预报，并手工记录现场检车员对故障的确认和处理情况。动态检查合署集中作业后，向远隔 300 km 左右的列检作业场，通过对讲机进行故障预报的方式已经无法适应现场实际，因此，必须大力采用列检手持机系统，由系统自动传输代替人工对讲，实现故障预报和确认反馈在两地间自动交互，既提高预报效率，又提高预报准确性，同时，减少现场检车员手工抄写和动态检车员人工录入工作量，进一步释放列检生产力。

四、图像压缩传输技术

从 TFDS 动态检查作业到 TFDS 动态检查集中作业实现了由“单点”到“区域”的作业方式转变，该转变无论从人员作业效率、人员作业技能、人员规范管理、设备保养规范等方面都有了巨大的提高，但这些转变都依赖于基础网络的带宽匹配。

目前，TFDS 对每辆铁路货车拍摄的图像共 53 幅，经测算，每辆铁路货车的数据量为 10 兆，以 300 km 范围内 4 套 TFDS 同时传输测算，总数据量为 35 兆，但目前各局均不具备升级到 35 Mbit/s 以上的带宽条件。前面提到的合署集中作业试点经验是：整合全局各专业的音频、视频等 150 兆的传输通道。在这种情况下，由于集中列检作业下 TFDS 设备数据通道通信距离远，运行状况不稳定，会造成图像传输及处理延时情况很严重，导致列检检车员检车不及时，效率不高，影响列车运行安全。因此根据新的功能需求，专门组织人员研发了专业的图像处理和传输加速装置——TFDS 远程传输服务器以解决图像传输和连续应用问题，从而在保障现场稳定应用的前提下，有效降低用户的投资成本。

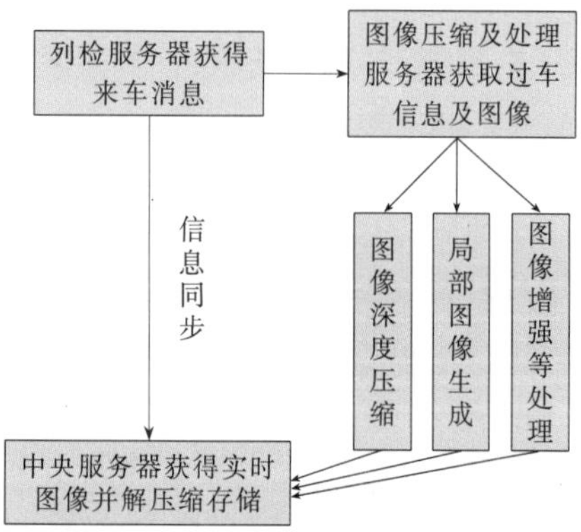

图 3-12 图像压缩传输技术工作流程

TFDS 远程传输服务器采用了对图像进行深度压缩及处理的技术，大幅提高了图像的压缩比率，同时对图像进行了相应的增强、旋转、镜像等算法处理，大大减少了中央服务器的运算负荷，减少了传输的数据量，优化了传输结构，提高了图像传输的稳定性。图 3-12 展示了其工作流程。

TFDS 远程传输服务器具有如下技术特点。

(1)具有网络自检及断点续传功能，实现了 TFDS3.0 平台的通信自检功能。

该服务器可以对传输网络的各种网络异常情况进行自适应处理，保证了在网络出现异常、时断时续情况下系统的稳定性及图像续传功能，实现了网络异常情况下图像数据的完整性。

(2)具有图像数据热备份功能，实现了 TFDS 列检服务器的 24 h 数据热备份。

该服务器和列检服务器在关系上是数据冗余备份关系，实现了TFDS列检服务器存储的24 h热备份。在列检服务器发生故障后，TFDS远程传输服务器可确保之前的图像数据不丢失，保证了列检服务器数据完整性。

(3)传输仅占用2×2 M带宽资源，极大节省了网络资源，大大压缩了建设费用及时间；该服务器可以实现TFDS系统图像在2×2兆网络带宽下的实时浏览。

(4)实现了TFDS任意点与点间、局与局间的互联互通，为今后故障追踪预警，作业质量评价、图像比对识别奠定重要的通信基础。

图像压缩及处理技术的突破为今后实现相邻TFDS间图像互传，作业质量互控，以及铁路货车故障特征自动提取、自动识别、相邻间同车图像自动对比，保证车辆行车安全奠定了基础。其图像压缩及处理技术是未来TFDS的发展方向。

五、TFDS图像质量评价技术

TFDS动态检车员在日常作业当中，一定遇到过因为图像质量不佳对一些较为隐蔽的故障而感到着急的情况，也许我们会叫来同事帮忙一起判断图像中的配件状态，也许由于图像质量不清楚我们会增加现场检车员的现车确认频次。让这些问题均是由于TFDS图像质量问题导致，我们评价图像常用的评价词汇是这张图“清楚”或“不清楚”，没有一个清晰的量化值评价界定标准。

截至2010年底，我国铁路在运营线路安装使用的铁路货车故障轨边图像检测系统TFDS保有量已经达到210套，到2011年底预计达到350套。随着中国铁路营运里程的不断延长，TFDS保有量必定呈逐年增加趋势。TFDS采集的铁路货车配件图像质量的优劣，直接决定了动态检车员能否在规定的时间内，准确、快速地发现铁路货车故障，换言之，清晰的图像更有利于动态检车员发现故障。但目前，我们对TFDS图像是否清晰的界定，完全依赖于动态检车员的自我感觉，即TFDS动态检车员作业时，根据发现故障的难易程度以及对图像亮度、对比度、清晰度等的主观感受，对TFDS图像质量的优劣做出评价。这种评价的结果因人而异，随意性大，无法对图像作出量化评价指标，缺乏普遍认同的统一、科学标准。

TFDS作为铁路货车列检技术检查的全新手段，在推广应用的同时，必须逐步完善建立TFDS技术标准体系。TFDS图像质量评价标准作为TFDS技术标准体系的重要组成部分，其意义在于，一是在TFDS设备定型审查、运用验收等工作中，对设备质量进行有量化指标的科学考评；二是对TFDS运用设备图片质量进行实时评价，当图片质量影响动态检查效果时，进行自动报警，提示有关人员进行设备维护；三是在分析动态检车员漏检原因时，由自动化评价方法对漏检图片质量进行评定，准确界定责任；四是通过对图像评价指标的分析，摸索规律，确定影响TFDS故障自动识别效果的具体指标。因此，开展TFDS图像质量自动化评价方法研究，意义重大。TFDS图像质量自动化评价方法目前主要采用清晰度评价、噪声水平评价、亮度评价、对比度评价、综合评价模型。

影响图像质量的因素与人类视觉感知、心理学等诸多因素均有关。目前国际上图像质量评价的研究已经比较广泛，主要集中在图像传输与压缩解压后的质量评价，国内则处于起步阶段，许多问题仍在研究中。随着铁路信息化建设的推进，图像分析与处理技术在铁路行业得到了广泛应用，图像质量评价的研究在铁路运输行业也越来越引起关注。图像质量评价研究所采取的评价方法一般分为主观质量评价和客观质量评价两种。中国铁路 TFDS 图像质量评价目前采用主观评价的方式。

主观评价方法依靠人眼来主观判断图像质量，即为所有的评价者提供相同的图像观察条件，评价者根据自己对图像的感受进行评分，最终根据多个评价结果得到该图像最终评价结果。由于人是图像的最终接受者，因此，主观评价方法的评价结果通常能够较好地反映图像的实际质量。客观评价方法则预先选定作为标准的参考图像，该图像被认为是待评价图像的原始图像，而待评价图像被认为是原始图像经过某种处理后得到的图像，通过待评价图像与标准图像的对比，从而得出待评价图像与标准图像之间的差异，该差异越大，说明降质程度越大，图像质量也越差。

无论是主观评价方式还是客观评价方式，都需要进行人工观察和对比，因此，这两种方法都存在着评价过程时间长、主观分数受环境、情绪、阅历等影响而不稳定、客观评价指标和人眼主观感受相差较大、评价成本较高、处理过程不能实现自动化等，所以都无法适应大数据量图像评价的要求，具体到铁路运输行业，按每列货车编组 50 辆、TFDS 探测每辆货车 53 幅图片测算，TFDS 探测每列货车图片的总量达到 2 650 幅，以 24 h 60 列测算，动态检车员需要人工评价的图片数量高达 16 万幅，难度显而易见。

目前，图像质量评价主要在空域和频域内进行。空域内普遍采用清晰度、噪声水平等作为评价图像质量的主要指标。根据 TFDS 图像质量的具体特点，将对比度和亮度两个指标也考虑在内。因此，TFDS 图像质量自动化评价的基本思路是：将以上 4 个指标按给定阈值对同一幅图片分别进行评定并得出相应的评价分值，然后按建立的综合评价模型依相应的权重进行综合评价，得出该幅图片好、中、差的结论。考虑到 TFDS 在实际运用中存在着部分配件图像强反光、区域饱和、部分遮挡的问题，在综合评价时将区域饱和度一并考虑在内。

为验证评价方法及结果的有效性，从两个层面予以测试考评：首先，利用该评价方法对国际普遍使用的 LIVE 标准图像库中的标准图片进行评价，如果该评价结论与标准主观评价方法(MOS)的评价结论符合度一致，则证明该评价方法的基本有效性；然后，在已经投入使用 TFDS 系统采集的图片中，按不同时段、不同质量选取一定数量的实际图片建立测试样本库，由自动化评价方式给出评价结论，如果该评价结论与 TFDS 动态检车员的主观评价结论一致，则证明该评价方法的实际有效性。

1. 清晰度评价

清晰度是反映图像细节信息的重要指标。清晰图像的边缘一般比较锐利，模糊图像的边缘会存在扩散，扩散程度越大，图像就越模糊，因此，通过计算图像中的边缘宽度，就可以反映图像的清晰度。

2. 噪声水平评价

噪声的出现，使得图像中出现信号不连续现象，并且噪声的位置分布存在随机的性质，是图像中结构化程度最低的元素。因此，可以先使用结构化度量方法，选取适当的参数得到噪声，然后再对噪声进行评价。

3. 亮度评价

亮度的评价，本质是一个计算图像的平均灰度值的过程。但图像的亮度对于人眼感官的影响很有限。在晚上拍的图像可能比正午拍的图像暗一些，但这不妨碍它成为质量好的图像。

人眼对于图像的感觉主要还是在于图像是否自然，只要是自然场景的反映，都是质量好的图像，而不是自然场景的反映，就不是质量好的图像。自然界中有太阳直射时拍的亮图像，也有阴天拍的暗图像，都是自然图像，都可以是质量好的图像。但图像太亮或者太暗，对于人眼感觉还是有一定的影响。

4. 对比度评价

对比度反映图像亮暗的差异程度。图像像素灰度分布范围越大，对比度越大，反之越小。对比度对图像质量的影响程度有限，主要原因是场景是否为自然场景的问题。自然界中存在大量对比度强的场景，同时也存在对比度弱的场景。对比度强的能很快使人注意其对比区域。对比度过强或过弱，均应视为有问题，前者过于刺眼，或者会显得太"淡"。

5. 综合评价模型

人的眼睛对图像的清晰度非常敏感，故计算综合评价的时候应给清晰度最大的权重。同时，人的眼睛视觉感知对于图像噪声、对比度和区域饱和度的反应为对数特性，即：当这些因素偏离最佳值较小时，视觉感知并没有发生显著的下降，但是偏离较大时，视觉感知会发生急剧的下降。

对所提出的图像质量评价方法及模型的有效性采用两种途径进行测试：一种是国际广泛采用的 LIVE 标准库，另外一种是 TFDS 采集的实际图像。

测试 1：使用 LIVE 标准图像库中的模糊图像子库的 174 幅图像进行测试。TFDS 图像质量自动化评价方法的评价结果与 MOS 评价结果（MOS 是"Mean Opinion Score"的缩写，指通过主观评价方法得出的平均意见值）进行比对，并计算相关性。最终相关度达到 93%，说明了 TFDS 图像质量综合评价算法的有效性。

测试 2：从 TFDS 采集的 12 000 幅货车底部图片中，随机选取 102 幅图片作为测试样本，TFDS 图像质量评价方法的评价结果与 3 组 TFDS 动态检车员分别给出的主观评价结果进行比对，符合度在 90%～95%之间。

第五节　5T 系统拓展综合应用

一、铁路货车运行故障质量跟踪系统

5T 系统检测信息可以分为两类，一类是 5T 系统本身提供的自动故障报警监测信息，另一类是职工通过 5T 系统进行人工检查而发现的铁路货车故障检测信息。在这两种信息中，特别是后一类检测信息中，是保证铁路货车行车安全的重要信息资源，将这些信息资源在各个运用车间进行共享，对于达到共同保证安全的作用是十分必要的。同时，5T 检测信息包含了 TFDS、TPDS、TADS、THDS 等几类信息，这对于进行铁路货车故障的动态跟踪以及综合判断和正确处理提供了科学依据。因此，在人机分工的情况下，充分发挥动态检测的作用，将 5T 系统检测信息与现场作业进行共享，是保证行车安全的重要手段。铁路货车运用综合信息平台目的在于为铁路货车运用工作提供综合信息服务，通过此信息平台实现 5T 系统检测发现的铁路货车故障信息及现场鉴定处理信息、人工技检作业发现和处理的铁路货车故障信息和工作绩效信息以及其他与运用工作相关的信息的记录和共享。通过 5T 系统之间检测数据的综合共享和各个运用车间、车辆段、铁路局等部门之间的数据共

享，实现检测数据的综合分析，为安全生产提供决策支持。

铁路货车运行故障质量跟踪系统的作用主要有以下几点。

(1)运用货车故障发现能力得到提升。通过整合5T预报信息、HMIS定检到过期车信息、铁路货车装用主要大部件的使用寿命信息、缺陷车网络布控信息、前方列检发现的状态不良车的跟踪信息等5种关键信息，形成了针对铁路货车运行的动态安全判别模型，加强了信息化系统数据的利用率和综合判断能力，辅助现场人员在有限的技检时间内，更为有重点的检查铁路货车的安全状况，提升整体运用货车的故障发现能力，确保铁路货车的安全运输。

(2)铁路货车运用故障现场处理更加有效。提前预报运用货车状态信息，有助于使现场检车员提前做好施修配件准备，有针对性的看车，合理利用有限的技检作业时间，初步实现"人机分工"、提高直通货物列车终到作业效率和列车修理的针对性。

(3)运行货车的综合安全保障能力得到加强。由于在列车到达之前已经将该列货车的主要问题铁路货车以及发现的故障锁定，因此可以提前应对故障情况做好响应的准备工作，可以说将列检作业场的技检准备工作前移，处理列车故障更加主动、更加快速，在保证正常运输秩序的同时，也提升了对运用货车综合安全的保障能力。

(4)铁路货车运用作业质量和检修质量的螺旋式拉动提升。通过每个月、每个季度对管内货车运行质量的对比和分析，可以清晰的找到管内货车运行故障的规律，对于不同的车种车型常见故障的发生原因和发生时机进行深入研究，协同铁路货车定检部门对检修工艺有重点的跟踪和优化，并通过现场实际检验，逐步改进铁路货车定检的检修质量。单车的检修信息又作为静态信息通过系统传递到各列检作业场，结合铁路货车运行的动态信息服务于各级运用部门，从而为提升铁路货车的运行安全水平打好基础。

(5)重复信息录入减少，直接作业人员生产力得以解放。目前，在使用5T系统中，需要记录大量的检测数据、工作任务等基础信息，比如故障预报记录、故障鉴定反馈记录等。这些记录分散在不同的记录簿、电子表格中，有很多是重复性数据。比如我们发现一个铁路货车大部件故障，那么我们在典型故障登记表、铁路货车大部件故障登记表、铁路货车故障预报表、鉴定反馈记录等记录簿中都要进行相应记录，用以作为统计分析的基础，在这些表格中有很多数据如车次、编组、车号、车型、故障描述、铁路货车定检信息等几乎在每个表中都进行填写，重复录入工作量大，增加了人力物力消耗。通过该系统可以有效地得到解决。由于在系统的内部实现了信息高度共享。因此，系统预报信息实现在同一界面综合预报，反馈的信息可以通过数据接口直接回写到5T、HMIS等相应的系统中，避免了信息的重复录入和多次生成类似的报表、台账的问题。各级单位和部门的直接作业人员的生产力得以一定程度的解放。

(6)提供量化数据，支持领导决策。依据系统的统计分析功能和场际互控功能，可以积累大量的业务数据，通过现场信息系统的平台化建设，极大提高了铁路货车技术信息利用率，增强了管理部门宏观数据的掌握、决策能力，解决了信息资源分散管理、应用单一的问题。为各级管理者提供量化的依据来管理5T动检值班员作业量和评判作业质量，还可以以反馈的动态信息来判断5T设备工作状态。从而保证5T设备本身的运行质量，做好质量评价，收集5T设备运行及故障信息，向厂家进行反馈和沟通，不断拓展和完善5T系统功能。

(7)作业质量驱动员工提高业务能力。通过场际互控的功能收集并建立典型故障知识库,通过多媒体教学的等手段以考核故障图片库和易漏检、误报的故障信息来帮助现场检车员和动态检车员进行自我学习和测试,提升其工作能力,从而不断提高铁路货车运用作业质量。

二、5T 信息向造修单位预警系统

5T 信息向造修单位预警系统技术的提出,就是将 5T 综合信息运用到货车定检和制造,有效地提示铁路货车造修工作,而不是将 5T 信息只局限于铁路货车技术检查。

目前,全路各车辆段运行的铁路货车技术管理信息系统(HMIS)—段修子系统基本分为两个版本,一是 HMIS 标准版本,实现每日货车检修数据的采集和上报;二是“铁路货车段修安全质量智能化管理系统”。该系统在生产组织、技术管理、报警分析、数据共享等方面较 HMIS 标准版本有长足的进步,特别是在数据共享方面,实现了全路货车履历信息、5T 动态检查信息、运用故障信息的全方位的数据共享,告别了以往检修单位看到现车才制定检修计划的被动检修形式;实现了检修单位在扣修铁路货车的同时,共享铁路货车履历信息,预先知道铁路货车的车号、车型、装用配件信息,以及该车在运行过程中 5T 系统发现、预报的运用故障信息;利用 5T 运用故障信息提示检修单位各工序检修的新型作业模式;5T 信息向造修单位预警系统技术的应用,在检修技术改革发展以及检修任务量繁重的今天,使各检修单位充分落实了“扁平化管理”的要求。对于没有应用“铁路货车段修安全质量智能化管理系统”的单位,可以通过“铁路货车检修履历管理子系统”实现对 5T 动态检测共享数据的统一展现和对单车运用、动态检测故障的汇总分析。各单位在接收数据后,可以打印并和现车核对、对重点部位进行检查,实现 5T、段修、运用故障数据共享。

三、TFDS 工作质量动态考核系统

目前,TFDS 动态检车员已成为铁路系统的一个新生岗位,同时也是一个新的职业。既然是一种职业,就要有职业规范。为不断提高 TFDS 动态检查水平,科学的检验 TFDS 动态检车员的工作质量,依托 TFDS 全路联网的优势,搭建了 TFDS 工作质量动态考核系统,旨在提高 TFDS 动态检车员第一时间发现故障、第一时间处理故障的积极性。

知识点:

漏检率:将部署在局分界口两侧以及铁路局管内任意相邻的 TFDS 动态检查发现的故障进行对比,自动分析统计漏检件数,以所占检查辆数的比例确定漏检率。

误报率:将联网系统中任意相邻两个 TFDS 对直通货物列车动态检查发现的故障进行对比,自动分析统计误报件数,以所占检查辆数的比例确定误报率。

漏修率:利用 TFDS 动态检查发现的故障,对某一路网性、区域性编组站以及其他特定车站经技术检查后发出的列车故障件数进行统计,以所占检查辆数的比例确定漏修率。

第六节　铁路货物列车制动机微控试验及尾部风管压力自动监测技术

一、概　　述

随着列车的长度和铁路货车载重量不断增加以及列车运行速度的不断提高，对列车制动系统的要求也越来越高，铁路货车制动机是保证列车安全运行的主要设施。因此，列车进入列检作业场，检车员必须按照有关要求，对每个铁路货车制动机进行认真仔细地检查，完成泄漏、感度、安定保压等试验，根据试验结果来判断列车制动系统的性能。

过去，各列检作业场对铁路货车制动机性能的确认主要依靠机车供风装置或列车人工试验器进行试验。这种方式需要人工扳动手柄来完成泄漏、感度、安定保压等试验。由于是人工操作，难免会出现操作不规范和随意性大等问题，而影响列车试验质量，导致不能及时发现铁路货车制动故障，而且对于列车人工试验器而言，还需配备一名检车员专职操纵，大型编组枢纽站列检作业场有几个方向进车就需要配置几台试验器，也就需要几名检车员来操纵。

当时采用的列车人工试验器主要有以下几种：一是制动机手动试验装置；二是在制动机手动试验装置的基础上加装电磁阀后形成的半自动试验装置；三是全部使用电磁阀形成的全自动试验装置；四是在制动机手动试验装置基础上加装步进电机后形成的全自动试验装置。上述试验器存在着以下几个方面的问题：

(1)定压需要定期调整，且定压精度不高；

(2)试验结果不能自动上传至 HMIS 或没有记录；

(3)集中控制，管路超过 20 m 须加装模拟制动机；

(4)安装试验器的房屋占地面积大，建设成本较高；

(5)试验器只能在一种定压值下工作，如在同一站场需两种定压时要重复投资；

(6)对长大货物列车充风速度慢，充风时间过长，占用技检时间多，影响列车周转量。

因此迫切需要研制出能对列车制动机试验进行全过程实时监控、记录、信息储存、网络查询的新型列车制动机试验系统，以加强试验过程监测，逐步实现铁路货车监测手段仪器化，数据采集自动化，信息传输网络化，现场管理信息化，更好地适应铁路发展需要，减轻列检作业人员工作强度，确保列车制动性能试验质量。

随着通用技术的不断发展，我国铁路列车制动机试验开始采用微机控制自动试验方式，并对列车尾部风压进行自动监测。其主要原理是：应用计算机技术、总线技术、无线网络通信技术，采用高精度压力传感器、可编程控制器，实现列车制动机试验过程全自动操纵和数据无线传输，以及试验数据自动保存和试验结果自动评判，减少了各种人为因素影响，并将有关数据自动导入 HMIS，实现试验数据共享，同时还能对试验异常情况进行及时报警，解决了长期以来存在的作业质量问题，提高了列检作业的自动化和标准化水平。

知识点：

制动机：在列车运行时，为调整列车运行速度和在指定地点停车，保证列车正点和安全运行，在机车和铁路货车上设置有一套用以产生制动力的装置，安装在机车上的叫做机车制动机，安装在铁路货车上的叫做铁路货车制动机。

二、总体功能要求

1. 对列检作业场作业的铁路货车泄漏、感度、安定、持续一定时间保压和简略试验进行监控。
2. 试验过程信息和结果在手持操作器和值班室计算机上双重显示。
3. 试验结果实时保存，形成压力曲线并能够分析，查询和统计。
4. 能够设定现场作业股道信息，试验参数和通信参数，并能管理班组人员信息。
5. 能对执行器进行时钟校对和压力校准。
6. 具备信息化接口，试验结果可以上传至 HMIS。
7. 网络通信采用无线和有线双冗余热备份，在计算机通信故障或损坏情况下，现场使用手持操作器能够进行列车制动机试验。
8. 系统具备自动诊断技术，能够对通信状态，执行器工作状态自检。
9. 系统采用分布式、模块化设计、气路采用总线型结构，方便软硬件功能扩展。

三、总体组成及功能

（一）总体组成

铁路货车制动试验监测装置系统如图 3-13 所示，主要由数据处理中心、执行器、尾部风管

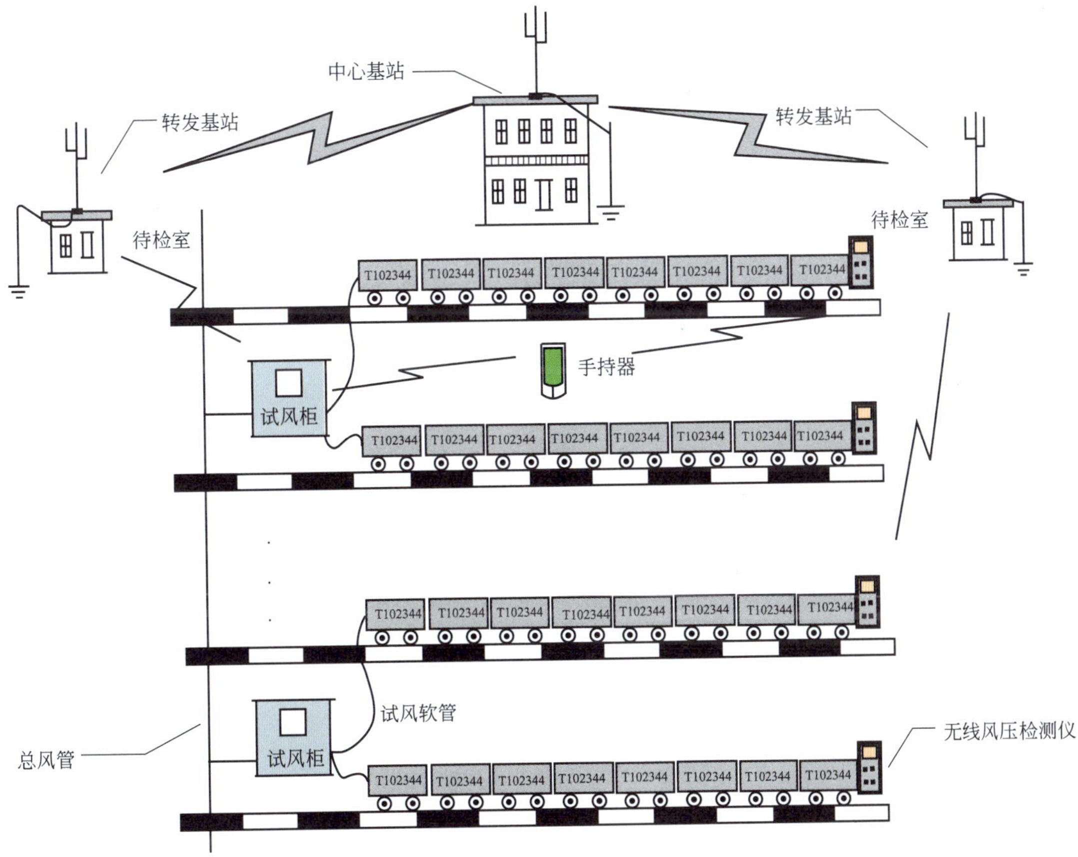

图 3-13　铁路货车制动试验监测装置系统示意图

压力自动监测仪、手持操作器和通信基站组成。

1. 数据处理中心：微控货车列车制动机试验系统软件，计算机，打印机，音箱和 UPS 组成。

2. 执行器：中继阀、电子定压阀、压力传感器、控制和通信电路、微功率收发模块、加热设备、连接管件和执行器箱体组成。

3. 尾部风管压力自动监测仪：一体化显示机壳、高精度压力传感器，A/D 转换器、微处理器、微功率收发模块、数码显示装置和可重复充电锂电池等组成。

4. 操作器：微处理器、微功率收发模块、显示屏和可重复充电锂电池。

5. 通信基站：防暴机壳，微功率收发模块，大功率数传电台、控制板、电源模块、天线套件等组成。

（二）组成部分功能要求

1. 数据处理中心

（1）能控制执行器进行铁路货车制动机的全部试验和持续一定时间保压试验，对简略试验进行监测和记录；

（2）可同时显示多组列车制动机性能试验数据，互不干扰并实时记录显示压力曲线，形成压力随时间、工况等变化的数据表格；

（3）可设置作业信息，包括使用单位、试验过程（泄漏、感度、安定、持续一定时间保压试验和简略试验）、车次、股道、通信端口、通信信道、减压量限值、泄漏量限值和语音提示；

（4）可以查询试验历史记录并打印试验曲线；

（5）可以对执行器进行时钟校对和压力校准；

（6）可以和 HMIS 数据共享。

2. 执行器

（1）接收手持操作器和通信基站发来的试验命令、完成各试验过程并向手持操作器和计算机回传风源压力、列车管压力、执行器状态和试验结果；

（2）具备温度调节功能，可在室外恶劣环境使用；

（3）具备油水过滤功能，可过滤空气中的油污、水分和颗粒，并自动排出；

（4）具备红外接口，可通过手持操作器操控。

3. 尾部风管压力自动监测仪

（1）对列车管风压变化进行实时监测、以数字形式准确显示风压数值；

（2）具备开机自检、通信状态指示及电池电量显示功能；

（3）可设置作业股道、系统号、通信信道。

4. 操作器

（1）现场操作执行器完成铁路货车制动试验项目；

（2）语音提示试验过程；

（3）监视网络通信状况；

（4）实时显示试验过程和试验结果；

（5）对执行器进行校准和初始参数设定。

5. 通信基站

（1）能够可靠接收执行器压力数据和尾部风管压力自动监测仪压力数据向数据接收处

理主机和操作器进行传输，同时接收数据处理主机和操作器下达的指令并将其转送给执行器；

(2)抗干扰能力强，通信距离远。

6. 风源管路设备和执行器电源电缆对执行器进行供风供电。

四、铁路货物列车制动机微控试验作业流程

系统监测及作业流程如图 3-14 所示。

监测系统可以监测列车制动试验的全部试验项目和简略试验。如果某列检作业场的试验项目包括持续保压试验，那么在系统主菜单上“系统参数”的“修改试验参数”项中的“基本参数”中选中“持续保压试验”。

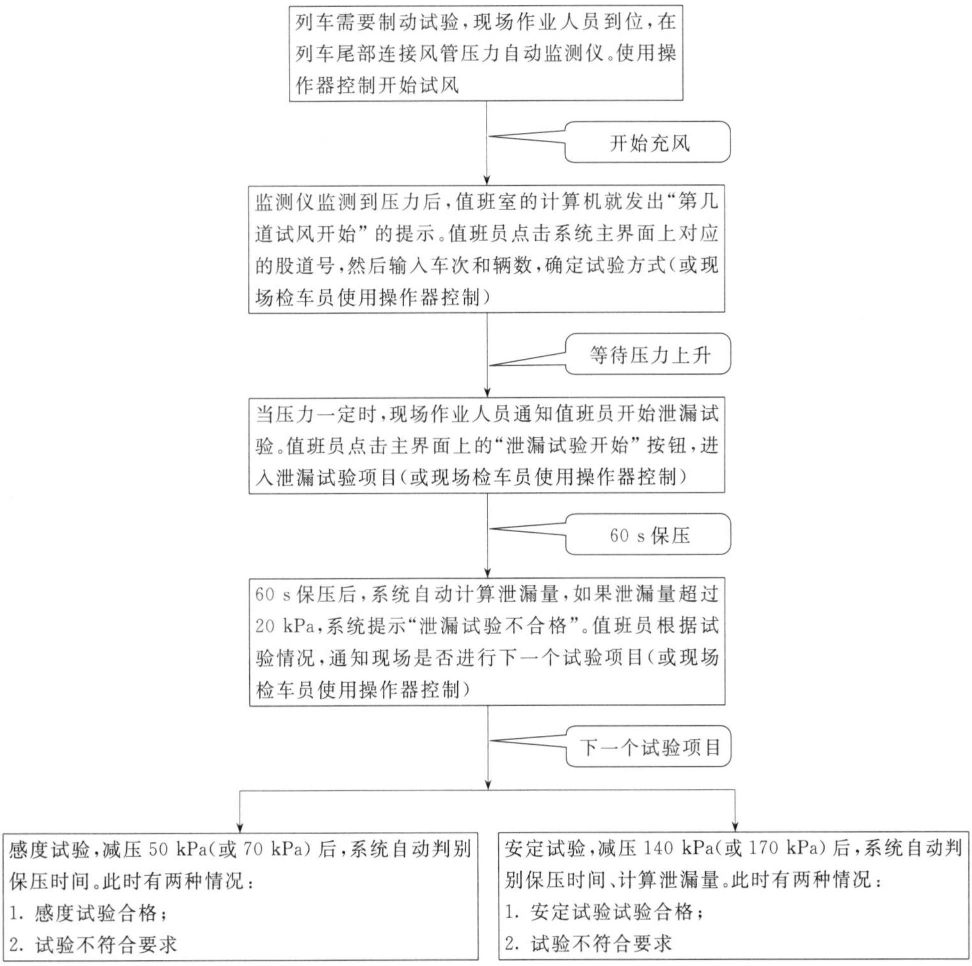

图 3-14　系统监测及作业流程图

(一)准备试验

1. 列检值班员通知作业计划。

2. 检车员到达作业股道，尾部检车员打开尾部风管压力自动监测仪，5 s 内按“加”、“减”调整“Gd ×”到对应作业股道，如：4 股道作业，调整到“Gd 4”；在列车尾部装尾部风管压力自

动监测仪，向值班室汇报准备开始试验。

3. 列检值班员在铁路货车制动试验监测系统上点击对应的股道号，然后输入车次和辆数，确定试验方式(按下拉菜单选择到达、始发、中转及机车或地面选项)(或现场检车员使用操作器控制)。

(二)泄漏试验

1. 尾部检车员观察尾部风管压力自动监测仪上的主管风压记录，当记录仪上显示数值500 kPa时(行包专列为600 kPa，下同)，检车员通知“泄漏试验”可以开始。

2. 检车员关闭靠近风源位置铁路货车折角塞门。

3. 列检值班员在铁路货车制动试验监测系统内点击“泄漏试验开始”，泄漏试验正式开始；系统自动记录试验过程和结果，或者现场检车员使用操作器控制。

4. 列检值班员接到系统泄漏试验合格提示后，通知现场作业人员进行下一步试验。

5. 列检值班员接到系统泄漏试验不合格提示后，应通知现场作业人员进行查漏，并重新进行泄漏试验，直至试验合格。

(三)感度试验

1. 检车员接到列检值班员泄漏试验合格后，前端检车员应开通关闭的折角塞门，使用手持操作器控制向列车管充风。尾部检车员观察尾部风管压力自动监测仪上的主管风压记录，当记录仪上显示数值500 kPa或600 kPa(俗称“定压”)时，检车员通知“感度试验”可以开始。

2. 此时，减压50 kPa(编组60辆以上铁路货车时为70 kPa)，按下感度试验按钮，系统将自动记录试验过程及结果。

3. 列检值班员接到系统感度试验合格提示后，通知现场作业人员进行下一步试验，或现场检车员使用操作器控制。

4. 列检值班员接到系统感度试验不合格提示后，应通知现场作业人员重新充风并按规定进行感度试验，直至试验合格。

(四)安定保压试验

1. 检车员接到列检值班员感度试验合格后，现场检车员使用操作器控制向列车管充风，尾部检车员观察尾部风管压力自动监测仪上的风压记录，当记录仪上显示数值500 kPa或600 kPa时，检车员通知“安定保压试验”可以开始；

2. 此时，减压140 kPa(主管压力为600 kPa时减压170 kPa)；按下安定试验按钮，系统将自动记录试验过程及结果；

3. 列检值班员接到系统安定试验合格提示后，通知现场作业人员制动机试验完成；

4. 列检值班员接到系统安定试验不合格提示后，应通知现场作业人员重新充风并按规定进行安定试验，直至试验合格。

(五)简略试验

1. 检车员接到列检值班员简略试验通知时，尾部检车员观察尾部风管压力自动监测仪上的主管压力记录，当记录仪上显示数值500 kPa或600 kPa时，检车员通知“简略试验”可以开始。

2. 前端检车员使用操作器控制进行简略试验，此时减压100 kPa，系统将自动记录试验过程及结果。

3. 列检值班员接到系统简略试验合格提示后，通知现场作业人员制动机简略试验完成。

4. 列检值班员接到系统简略试验不合格提示后，应通知现场作业人员，由现场作业人员通知司机重新充风并按规定进行简略试验，直至试验合格。

（六）试验结束

检车员摘下尾部风管压力自动监测仪并关闭。

知识点：

为什么要对货物列车自动制动机进行试验？

列车自动制动机试验的目的是为了铁路运输的安全。因为列车载重量很大，运行速度快，因此在运行中的动能很大。为了使列车到站或遇到紧急情况下及时减速或停车，以防止列车冒进、冲突和人身伤亡事故的发生，就得保证列车有正常的制动作用。故列车发车前，进行成组铁路货车或机车车辆组成列车进行列车自动制动机试验，目的是检验机车车辆成组运用时的性能，是一项必不可少的作业程序。

五、铁路货车制动试验监测系统使用方法

1. 数据接收处理主机

（1）操作系统的基本信息和系统参数按要求由厂家设定，对参数的修改只能由车间有管理权限的人员才允许操作，其他人员不得随意更改参数信息。

（2）数据接收处理主机的操作与录入工作由列检值班员或车间指定专人负责。每班的基本数据的录入、上报、整理、统计应在交班前完毕。同时在数据接收处理主机上做好数据备份工作，数据保存期限为一年。

（3）在试验过程中，数据接收处理主机与监测仪进行实时通信，操作软件会自动完成数据读取、保存和分析。

（4）在试验过程中，进行泄漏试验时由现场作业人员通知值班员，值班员点击“开始泄漏试验”按钮，进行泄漏试验。值班员根据试验情况，确认是否进行下一个试验项目（或现场检车员使用手持操作器控制）。

（5）未经许可不得让其他人员在计算机上查询、打印列车制动机试验数据。

（6）值班员在一天作业完成后，必须确定数据备份拷盘；确定数据接收处理主机与 HMIS 系统连接，并确认数据上传或建立共享数据。

2. 尾部风管压力自动监测仪

（1）现场检车员将尾部风管压力自动监测仪持在手上，正确手持姿势如图 3-15 所示。

（2）按一下“开”键，将尾部风管压力自动监测仪开机如图 3-16 所示。

图上显示的[Gd 0]就是股道 0。

● 如图 3-17 所示。按“加”或“减”键，选择要试验的股道号。

● 如图 3-18 所示。选择了股道 4，也就是说，准备去 4 道试验。等上几秒钟，显示的数据会变为 4。

图 3-15　尾部风管压力自动监测仪正确手持姿势图

图 3-16　尾部风管压力自动监测仪开机图

图 3-17　试验股道号选择

图 3-18　选择股道 4

● 此时要观看这个数字“0”是不是一闪一闪，如果是，就证明尾部风管压力自动监测仪和主机通信正常；如果不是，就说明这个尾部风管压力自动监测仪要进行再次设置。

● 确认一切正常后，就可以如图 3-19 所示将尾部风管压力自动监测仪接到风管上，开始试验。

图 3-19　开始试验

六、关键控制点

1. 在软件正常运行过程中，值班员要经常点击快捷按钮的“监视”，进入监视通信数据窗体，观察通信情况。如果发现窗体中间的接收数据框中没有数据，或是发送和接收数据框中都没有数据等，这就说明通信有问题，这时候就要退出本软件，重新登录。

2. 试验开始后，值班员要及时输入股道、选择性质、输入辆数，这样就会保证试验结束后数据会自动保存，如果软件以语音提示的形式提示试验结束，而值班员没有输入完整的信息，那么试验曲线（俗称"试风数据"）就会停到试验结束时的状态，并弹出一个小信息窗口，提示输入信息，这时软件就不会自动的保存数据。

3. 现场检车员要爱护尾部风管压力自动监测仪，防止磕碰。

4. 在尾部风管压力自动监测仪开机后，按"加"或"减"调整股道后，先不要急着往风管上接，要以正确的手持姿势握住风表，然后等到显示屏上显示 0 风压后（如果在没有接到风管上时发现风压不为 0，而是一个数在乱闪，这时就要按尾部风管压力自动监测仪调试说明上的风表调零说明，对尾部风管压力自动监测仪进行调零），观察显示的数字是不是双闪，只有双闪才是正常通信，如果不闪或是单闪，就要按照尾部风管压力自动监测仪的调试说明进行调试，直到尾部风管压力自动监测仪正常通信，才能在现场正常使用。

5. 始发车做泄漏试验时，现场检车员一定要通知值班室泄漏开始，值班员在得到通知后，一定要及时的点击对应股道的曲线显示区上的漏汇试验按钮，这样软件才能开始计算泄漏试验的信息（或现场检车员使用手持操作器控制）。

6. 试验结束之后，将尾部风管压力自动监测仪从风管上取下，一定要及时关机，这样才会让软件知道试验结束。

7. 尾部风管压力自动监测仪的正常最低电压为 3.8 V，正常最高电压为 4.3 V，如果电压低于最低正常电压，一定要及时充电，否则会对尾部风管压力自动监测仪的寿命和信号传输造成影响。

8. 要保证风源的质量及风压稳定，以确保试验质量。

9. 要做好风管道的日常维护，及试验前铁路货车连接处的检查，以降低泄漏对试验质量的影响。

七、常见故障处理方法

1. 现场检车员在准备试验时（即准备将尾部风管压力自动监测仪接到风管上时），调完股道并等到风压变为 0 时，发现显示的数据不闪，要立即按调试方法对尾部风管压力自动监测仪进行调试，要保证每一次使用时是双闪。

2. 现场检车员确认尾部风管压力自动监测仪是双闪（即尾部风管压力自动监测仪通信正常），但是值班室的电脑上却没有反映，那么值班员要立即点击进入监视窗体，查看收发数据是否正常，如果不正常，要立即退出软件重新登录，进入软件后，仍然要立即点击进入监视窗体，观察数据发送和接收区的数据是否正常，如果还有问题，就要立即重新启动计算机。

3. 现场检车员调整完股道后，在没有接到风管上时，发现显示的风压不为 0，而是一个数在不停的乱变，这时就要立即按调试说明进行调零。

4. 现场检车员发现尾部风管压力自动监测仪在没有接到风管上时通信正常（即双闪），而接上并打开折角塞门后，尾部风管压力自动监测仪不通信了（不闪或只闪一下），就要马上关闭折角塞门，取下尾部风管压力自动监测仪，再次关机开机，调整股道，等待尾部风管压力自动监测仪双闪通信后，再次接到风管上，再与值班室联系看是否通信正常。

5. 当尾部风管压力自动监测仪接到风管上，而折角塞门没有开时，或是当前压力小于50 kPa时，软件是不会提示试验开始的。

八、特　点

1. 该系统的投入使用，解决了长期以来铁路货车制动机试验监控存在的问题，提高了列检作业的自动化和标准化水平。

2. 系统采用分布式测控模式，执行器分布于股道间，无需建设模拟器即符合执行器与列车之间的软管长度不超过 20 m 的规定，同时也无需建设大闸房，节约了站场占用面积和基建费用。

3. 执行器采用电控比例阀和气控比例阀相结合，体积小，控压准，充排快。

4. 改变参数即可适用不同定压(500 kPa/600 kPa)和相关要求。

5. 尾部压力参与试验过程控制，严格保证了试验时列车首尾压力差不大于 20 kPa 的技术规定。

6. 系统采用微机控制技术，避免了由于人工操作带来的试验误差，且自动记录试验数据和压力曲线，可查询、打印、统计历史试验记录。

7. 气路电路均采用了总线技术，使得系统具有很强的可扩充性，当需增加试验股道和执行器时仅需延长总风管。

8. 各单元间采用无线网络通信，并采用冗余和多径传播设计，有利系统扩容和可靠运行。

9. 系统采用模块化设计，维护和标定仅需更换模块，降低了维护技术等级。

10. 各模块相互独立，可在不改动原系统的基础上增减任意模块。

11. 执行器可独立工作，系统故障时仍可进行试验作业。当无线通信出现障碍时可用红外线进行应急操作。

12. 操作器全中文显示操作项目，并实时显示风源压力，制动主管压力，尾部压力和各项试验结果，降低使用难度。

第七节　列车接近报警技术

一、概　述

列车接近报警装置是一种保障在穿越有列车经过的线路或者在其邻线作业时作业人员在列车到达作业位置前有足够时间撤离的安全防护装置。

2000 年前，铁路货车列检作业人员在穿越有列车经过的线路或者在其邻线作业时的安全防护主要靠人眼瞭望，在列车未到达作业位置前通知作业人员及时撤离或避让，保护作业人员的安全。由于过去列车运行速度较低，采用人眼瞭望通知进行防护可以满足作业人员安全防护的要求。在 2000 年后，随着铁路列车运行速度的提高和技术的不断进步，安全管理要求的不断提高，为适应发展的需要，逐步出现使用有线的列车接近报警装置进行安全防护。

近年来，列车运行速度的大幅提高(干线客车时速将达 200 km，动车组部分区段将达到 250 km 及以上，如果列车以 200 km/h 的高速行驶，那么每秒通过的距离约是 55.6 m)，由于人眼的瞭望距离有限，铁路线边的建筑物和树木的遮挡，特别是铁路弯道的限制，靠人眼瞭望进行安全防护已不能适应。为了有效地保障上线作业人员的安全，在列车到达前上线作业人员有足够的时间撤离，必须使用现代化的装备进行远距离报警防护。现在铁路上使用的大多数列车接近报警装置，都能在列车到达前对上线作业人员进行报警提醒，从而达到安全防护的功能。而最先进的可以同时对列车行驶速度，到达作业位置的时间进行预报。该装置采用先进的数字通信模式，集成电路设计可以确保数据通信的质量，轨边电路部分采用封胶处理，以适应恶劣的工作环境。下面就最先进的列车接近报警装置进行介绍。

二、总体功能要求

通过在离作业点一定距离的列车通过的上、下行线路轨边安装远端设备，在列车通过时，自动使用无线信号将列车来车方向、列车速度等信息在作业点设置的液晶屏上显示，并进行相应的语音报警（“请注意，上行快速列车，时速 80 km”），提醒上线作业人员在作业和通过线路时做好安全防范准备，从而起到安全报警作用，同时给远端设备发送应答信息，通知远端设备已经正确收到来车信息。

如果远端设备在 300 ms 内没有收到应答信息，则重复发送来车信息。等到列车距离作业点还有 30 s 时，报警系统发出紧急报警声音（利用不同的报警声音来区分是上行还是下行来车），通知作业人员紧急撤离。

1. 列车接近时实现远距离报警功能。
2. 具备语音报警功能。
3. 具备自动检测、故障时报警。
4. 远端设备独立供电、低功耗。

三、总体组成及功能

（一）总体组成

列车接近报警装置由远端设备、主站设备组成（图 3-20）。

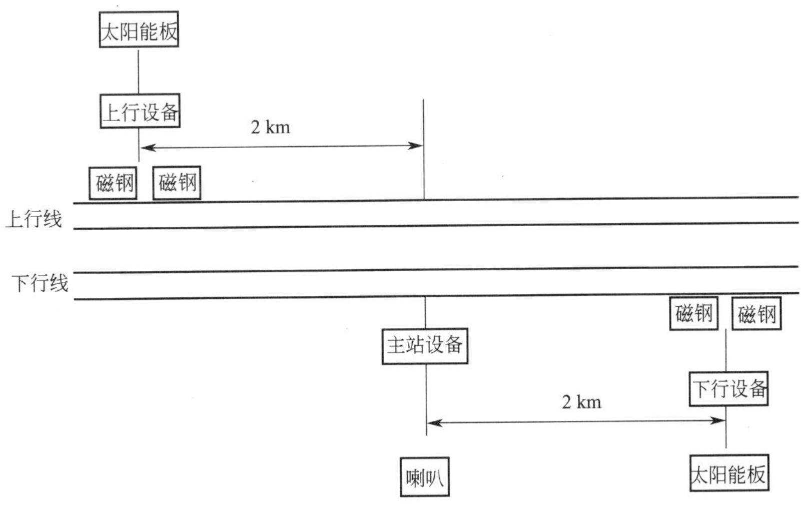

图 3-20　列车接近报警装置示意图

1. 远端设备由轨边箱、一套支架、两个磁钢、太阳能极板、蓄电池、太阳能控制器、电台和信号处理板。

2. 主站设备由机箱、主板、电台、电源和喇叭。

(二)组成部分功能要求

1. 远端设备(图 3-21)。

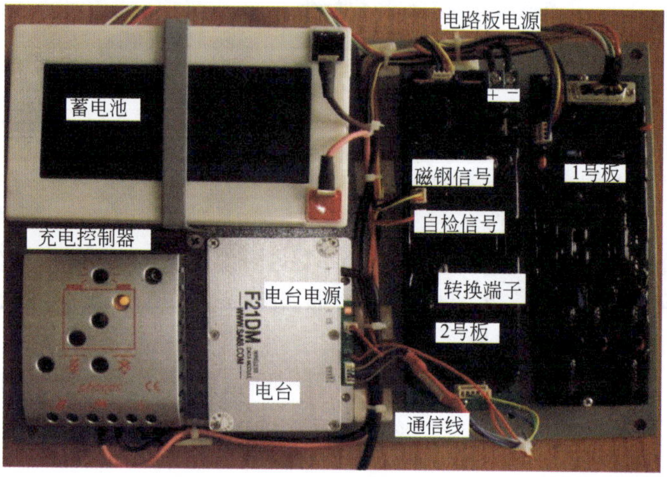

图 3-21　远端设备组成

(1)远端安装两个无源磁钢,列车通过时测出来车的速度,并发送信号,且当一个磁钢出现故障,仍报告来车。

车速级别:

(a)30 km/h 以下为“慢速列车,时速 20 km”;

(b)30～50 km/h 为“普通列车,时速 40 km”;

(c)50～70 km/h 为“普通列车,时速 60 km”;

(d)70～90 km/h 为“快速列车,时速 80 km”;

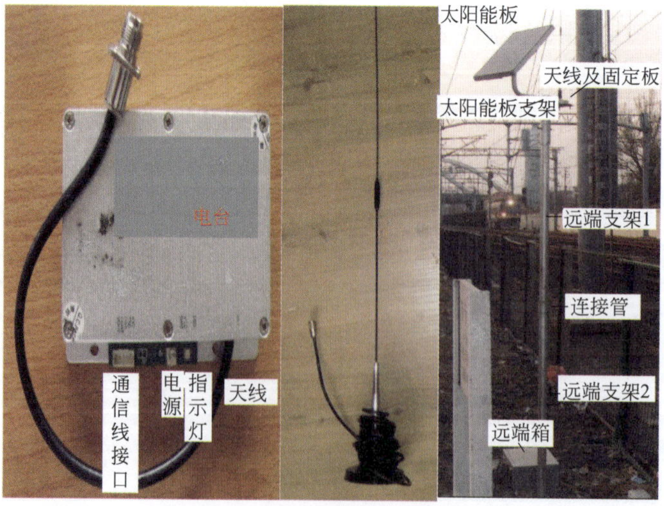

图 3-22　远端支架及太阳能系统

(e)90～110 km/h 以上为“快速列车，时速 100 km”。

(f)110～130 km/h 以上为“特快列车，时速 120 km”。

(g) 130 ～ 150 km/h 以上为“特快列车，时速 140 km”。

(h) 150 ～ 170 km/h 以上为“特快列车，时速 160 km”。

(i)170 km/h 以上为“高速列车，时速 200 km”。

如上行列车实际速度为 115 km/h，报警声音为“请注意上行特快列车，时速 120 km”

(2)根据车速计算，当列车距作业点还有 30 s 行程时，向主站发送“紧急报警”信号。

(3)一套信号处理装置(包含太阳能供电系统，处理电路和电台)。太阳能供电系统在太阳光充足时，给蓄电池充电，保障蓄电池的电量充足。远端设备收到安装在钢轨侧面磁钢传来的信号，进行速度计算和编码处理，向主站发送来车信息。主站收到信号后，进行解码处理，识别出来车方向及来车速度信息。

(4)主站关闭时，远端设备因长时间收不到主站的信息，自动进入睡眠状态，维持低功耗。

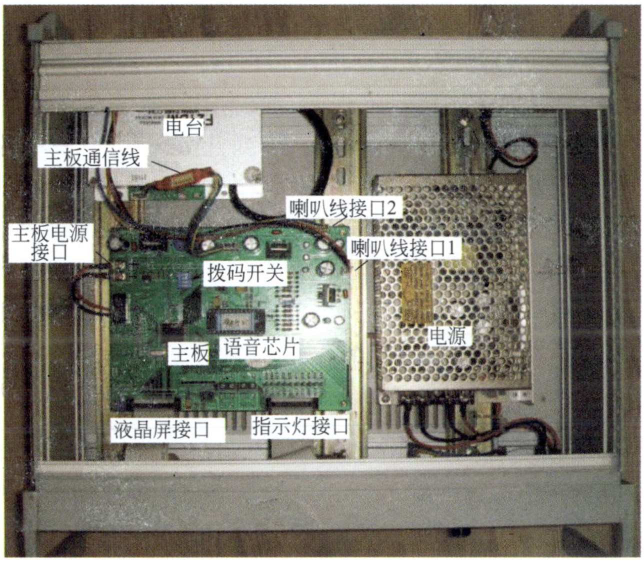

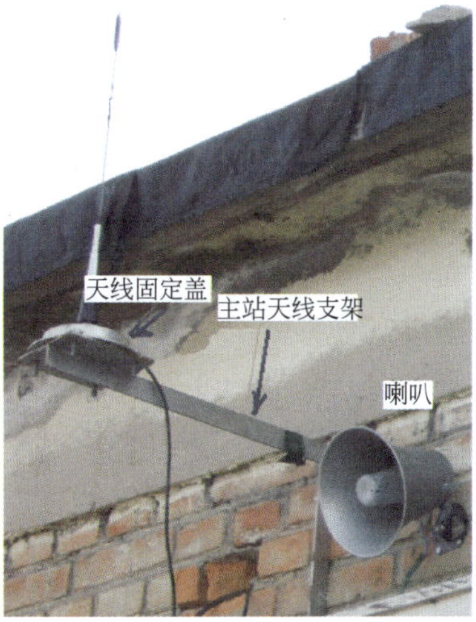

图 3-23 主站设备组成图

(5)远端设备收到主站发送的自检请求信号后，发送自检信息给主站。远端支架及太阳能系统如图 3-22 所示。

2. 主站(图 3-23)

(1)主站开机后，主机向远端设备发送一定时长(约 15 s)的特定代码，来唤醒处于睡眠状态的远端设备。

(2)当主站电台接收到远端电台发过来的来车信息后，液晶屏显示来车方向和实际行驶速度，处理信号，通过室外报警设备(高音喇叭)通知作业人员来车方向和来车速度信息，同时给远端设备发送应答信息，通知远端设备已经正确收到来车信息。

(3)接受到远端发送的“紧急报警”信号时，发出“紧急报警”声音(利用不同的报警声音来区分是上行还是下行来车)，通知作业人员紧急下道。

(4)当没有车通过时，主站每隔 10 s 发送一次信息给远端设备，防止其进入睡眠状态。

(5)主站每隔 25 s 发送一次请求信息给远端设备，请求远端设备发送自检信息。

(6)如果主站在 1 min 内没有收到远端发给的自检信息，立即发出语音提示“上行通信故障”或“下行通信故障”；主站在监测到自检信息正常后，发出语音提示“上行工作正常”或“下行工作正常”。

(7)对自检故障进行语音报警。

四、列车接近报警装置作业流程

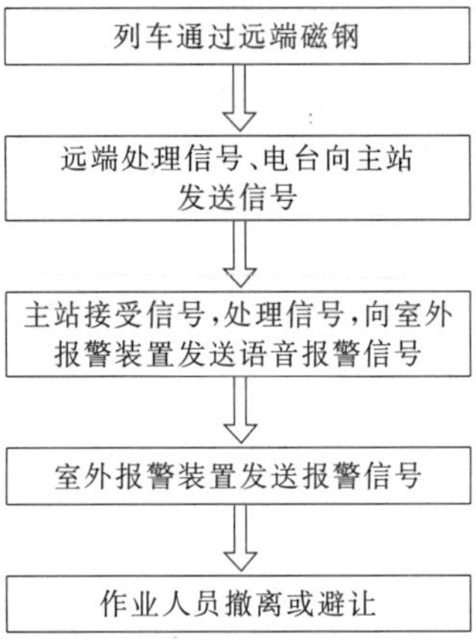

五、列车接近报警装置使用要求

(一)主站测试

1. 加电

加电前检查电源线是否牢固，电台天线和室外喇叭线是否拧紧。

打开电源开关，开关指示灯显示红色，液晶屏显示“轨边作业安全报警装置”的字样，大约过 20 s 后，上、下行通信指示灯闪烁，液晶屏显示磁钢正常，电压值大于 12 V，通信正常的字样，语音提示上行工作正常和下行工作正常，表示系统工作正常。

2. 测试语音

在通信已经正常后，按下报警测试按钮，喇叭会发出来车信息，说明语音系统工作正常。音量调节用来调节语音声音的大小。

3. 电台测试

主站加电后观察电台的指示灯的情况，如果在加电几秒后指示灯常亮红色，则表示电台处于持续发射状态，大约 15 s 后进入红绿交替闪烁，仔细观察会发现偶尔红色或绿色亮得时间稍长，表示整个装置工作正常。

(二)远端从站测试

1. 太阳能供电系统

用万用表测量蓄电池两个接线柱，如果电压介于 12～14 V，表示蓄电池电压正常；观察太阳能充电控制器的指示灯，如图 3-24 所示，如果充电状态灯亮，表示太阳能极板正在给蓄电池充电和太阳能极板与控制器连接正常；拆掉太阳能极板的其中一根线，用万用表的电流挡测量充电电流大约在800 mA左右；观察3个充电状态显示，如果最上面灯亮表示蓄电池容量大于75%；中间灯亮表示蓄电池容量在25%～75%；最下面灯亮表示蓄电池容量小于25%；如果最下面灯闪烁表示蓄电池容量小于10%，此时必须立即更换蓄电池，否则控制器会很快切断负载的电源供应，防止蓄电池过度放电。

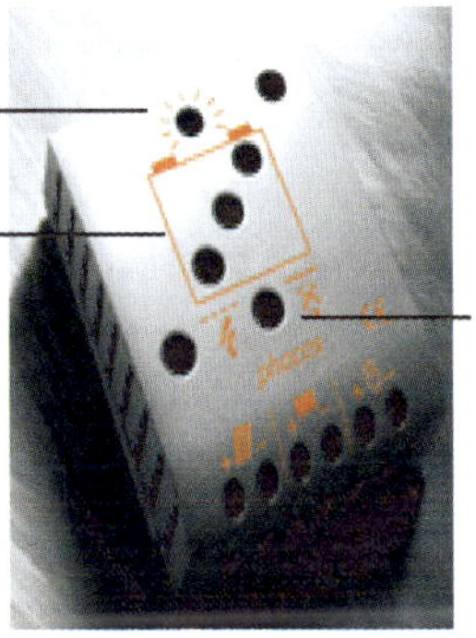

图3-24 充电控制器图

2. 电台和电路板

关闭主站电源，如果在30 s后远端电台的指示灯熄灭，并且10 s后短暂亮一次，表示电台已经处于睡眠状态；打开主站电源，几秒后，从站电台持续亮绿灯，表示正处于接收状态，约10 s后如果红绿交替闪烁，仔细观察会发现偶尔红色或绿色亮得时间稍长，主站的自检信息也显示正常，表示整个电台和电路板工作正常。

第八节 铁路货车滚动轴承故障诊断技术

随着铁路高速、重载的快速发展，作为铁路货车重要部件之一的滚动轴承所承受的载荷、振动、磨耗也随之加大，出现故障的几率也相应增加。如果出现故障的滚动轴承不能够被及时、准确地诊断出来而继续运行的话，将会危及铁路行车安全，造成严重后果。

以前，在铁路货车检修、运用中检测滚动轴承故障主要是人工检测，例如列检总结出来的“听、看、摸、捻、转、诊、鉴”七字检查法：“听”是接车时听车轮振动异响和轴承摩擦声；“看”是停车后注意车轮和轴承外观特征，如看车轮踏面轮缘有无擦伤、剥离、缺损，看轴端螺栓有无松动、丢失，看密封罩、前盖、后挡的外缘处油脂漏油、甩油等；“摸”是手摸轴承，鉴别异温处所；“捻”是手捻轴承漏、甩出的油脂，看颜色、状况判断内部问题；“转”是对经外观检查有故障特征的滚动轴承进一步架起转动，判断故障。“诊”：用液压镐将侧架端顶起，对有故障症状的轴承手动360°正反转动检查，转动中仔细耳听有无异常声响，比如滚子转动过程中的撞击声和异物间的摩擦声，手感有无卡滞或滚子撞击发出的异常振动；“鉴”：基本上是凭借手摸、眼看、耳听等人工方式来判断轴承是否有故障。

人工检测判断很大程度上依赖于工作者的经验，并受站场噪声、风雪等外界因素影响，一方面造成故障轴承发现率不高，一方面误报的轴承故障造成了不必要的浪费。

为了提高滚动轴承故障判断的准确率，人们根据材料具有声发射现象，研制成功滚动轴承故障诊断仪。

所谓声发射现象（Acoustic Emission 简称AE），就是当材料在外力作用下，内部结构发生变化，如内部晶格的错位、晶界滑移、变形或裂纹发生及扩展时，均会释放应变能量激发短暂性的弹性应力波。比如滚动轴承的疲劳断裂，就是由于轴承经常受到交变的冲击载荷作用，使轴承零件的金属表面产生位错运动和塑性变形，形成疲劳裂纹，然后沿着最大切应力方向向内部扩展，当裂纹扩展到某一临界尺寸时就会发生瞬时断裂。这种故障经常发生在滚动轴承的外圈。而轴承的疲劳磨损是由于循环接触压应力周期性地作用在轴承零件摩擦表面上，使表面材料疲劳而产生微粒脱落的现象。这种故障的发生过程在初级阶段，金属内晶格发生弹性扭曲，当晶格的应力达到弹性临界值后，出现微观裂纹；微观裂纹再进一步扩展，就会在滚动轴承的内、外圈滚道上出现麻点、剥落等疲劳损坏故障。

可见滚动轴承故障的发生与发展，都伴随着声发射信号的产生，因此，拾取轴承转动中的声发射信号并进行处理，可有效的识别滚动轴承的断裂和疲劳损伤故障。

铁路货车滚动轴承故障诊断仪就是采用 AE 声发射技术(接收滚动轴承部件在受力过程中产生变形和裂纹时释放出的弹性波，对轴承进行动态无损检测)，利用内置的专用计算机识别软件，对滚动轴承信号进行系统地分析、判别，能有效提高故障识别能力和抗各种干扰的性能，具备抗机械振动强、抗电磁干扰能力强、准确率高的特点，适合列检、站修现场使用，是名符其实的"铁路货车滚动轴承听诊器"。

诊断仪分为站修型和列检型两种型号，分别用于站修所和列检所的滚动轴承的故障诊断。现正在研发段修用轴承诊断仪。

一、列检用铁路货车滚动轴承故障诊断仪

这里以某型铁路货车滚动轴承故障诊断仪为例来进行介绍。诊断仪要与电动转轮器配合使用，专用于列检作业场进行现场快速轴承故障诊断，适用于装用转 8A、转 K2、转 K4、转 K5、转 K6 等型号转向架的不同车型。

诊断仪通过软件进行轴承故障诊断。可现场录入标志版、作业者信息，现场打印，保留依据，还可将数据上传到 PC 机，实现计算机管理。

(一)结构性能

1. 诊断仪部分

诊断仪部分由主机、传感器、耦合剂、打印机、充电器、USB 线、打印线、传感器线、光盘、手提箱构成。

主机由显示屏、键盘、顶部面板、USB 接口、充电插口等组成。内部有超大规模集成电路 FPGA、微处理器、存储器、系统软件、轴承故障分析判别软件等组成。

USB 接口用于连接 PC 机，将数据上传到电脑；充电插口用于连接充电器；键盘分为数字区和功能区，数字区用于录入各种数据，功能区可输入各种控制指令。

顶部面板设有传感器接口、打印接口、通信接口、编程钮、复位钮。传感器接口、打印接口分别用于连接传感器和打印机，通信接口与编程钮、复位钮配合进行软件安装、调试和升级，复位钮也可调节液晶显示屏的对比度。

光盘内装有列检型铁路货车轴承故障诊断仪管理软件，用于安装到 PC 机，实现数据上传与管理。

传感器由感应芯片、振膜、不锈钢外壳、BNC 接口等组成，用于接收轴承声发射信号，一端连接仪器主机，另一端吸附在被诊断轴承的轴端螺栓上面，振膜与轴端螺栓之间涂抹耦合剂以增强信号。

2. 电动转轮器部分

电动转轮器部分由转轮主体、手提控制器、操作手柄、充电器、连接线、油镐、弹性连接器组成。

转轮器主体与油镐通过弹性连接器相连，一边为转轮主体，一边为油镐，油镐上端固定弹性连接器，中间用卡板与卡座连接。在卡板上有四个定位导柱，对应卡座上的四个锁孔，将导柱对准锁孔推入并下滑，便实现了快速组装。两侧卡板都可以与卡座连接，满足左右两侧转轮需要。弹性滑板用于给摩擦轮与轴承外圈提供弹性接触摩擦，弹性滑板下面的两个螺栓可以调节摩擦力大小。

手提控制器用于电动转轮器和铁路货车滚动轴承故障诊断仪供电，控制电机，还可为其他直流 12V/3A 设备提供外接电源。

电量指示器是显示内部电池电量，全亮时代表电池电量充足，绿灯熄灭，表示电量不足，黄灯熄灭，表示亏电必须充电。

控制开关用来控制转轮器正、反转和停止，12 V 外接电源接线端子用来连接现场照明灯或者使用其他 12V/3A 设备。

(二)电动转轮器操作方法

作业前在车厢一端设立作业标志旗，排风缓解并确认闸瓦与车轮踏面离开。

安装止轮器并确认牢靠；安装承载鞍卡具；放入木垫板，调整高度与轮对下轮缘平行；将电动转轮器卡板与连接器卡座对接，完成电动转轮器快速组装。

调整镐顶，使其在镐升起时摩擦轮与轴承外圈相距大约 5～10 mm；安装电动转轮器并将镐升起，直至承载鞍与轴承外圈分离；连接转轮器电缆至手提控制器转轮器插孔。

操作控制开关进行正向或反向试旋转。

转轮器调试完毕，正常旋转，安装传感器，操作铁路货车滚动轴承故障诊断仪进行故障诊断。

诊断完毕，将诊断结果进行现场打印并存储。

小心拔下转轮器连接线；撤除承载鞍卡具；取下传感器；缓慢释放油镐；将电动转轮器取下；取下止轮器；恢复制动系统功能；作业完毕，摘下作业标志旗；清点工具仪器。

操作关键项点如下。

1. 注意做好安全防护

作业前须插设作业标志旗，对待检轴承的铁路货车进行排风缓解并确认闸瓦与车轮踏面离开，同时安装止轮器并确认牢靠。

2. 注意诊断仪开机前性能测试

诊断仪每次开机后使用前，需进行一次手动性能测试，主要测试各连接线是否畅通、传感器是否正常，否则不能保证现场实际诊断结果。

3. 注意保证测试时间

诊断仪在诊断中不能少于 90 s 的检测，中间不得停顿，否则不能显示准确的轴承内部状况。同时在诊断过程中电动转轮器不能停止作业。

4. 注意使用耦合剂

耦合剂主要起排除接触面的空气、增大接触处的接触面积、更好地传播声发射信号的作用。耦合剂通常采用普通的润滑脂。

5. 注意安装承载鞍卡具

卡具的作用有两点：其一，保证落轮后轴承与承载鞍的复位准确；其二，降低起轮时油镐的升起高度。

有两种卡具：转 8A 型承载鞍卡具适用于转 8A 型的侧架，装卡时应垂直于侧架；K 型承载鞍卡具适用于转 8A 型以外的侧架，装卡时平行于侧架。

（三）使用方法

1. 设备安全

传感器在使用中要轻拿轻放、严禁磕碰。因为传感器是诊断仪的核心部分，由封装的压电晶体和处理电路组成，其质量决定整个诊断效果的好坏。

使用诊断仪要轻拿轻放，禁止扔、摔、磕、碰。

升镐时要将镐顶对准侧架相对位置，如发现位置偏移甚至转轮器受卡，不要强行升镐或转轮，防止损坏设备。如发现起重无力，转轮缓慢或者打印机工作不正常，请先对设备进行充电后再试。

使用电动转轮器时，要注意观察电量指示器。全亮时代表电池电量充足，绿灯熄灭，表示电量不足；黄灯熄灭，红灯亮时表示亏电必须充电。严禁亏电或摩擦轮卡死状态通电，否则易使电池或电机损坏。

2. 设备使用

诊断仪是用于诊断待测轴承状态的主要设备。内部电路板的参数均已调整完毕，不可以擅自调整。

每次工作前后要对传感器和仪器进行检查和清洁，防止异物吸附在振膜与被检处，使准确度不受影响。

若发现上传数据异常，先检查仪器显示屏是否显示在“传输”状态，USB 连接线是否插好，将仪器关闭电源，然后再重打开操作一次。

若遇打印机工作不正常，请先检查打印纸是否装反，连接线是否插好，要对仪器进行充电，然后再重试。

3. 设备维护

设备需专人进行维护保养，内容包括充电、清洁、保管等，要定期检查诊断仪、电动转轮器电量，对电量不足的设备及时充电，保证使用时电量充足；诊断仪存放应远离高温、高湿、强电磁场环境；若设备不使用，请关闭电源，以节省电能；若不需打印，请将打印连接线拔下，以节省电能；电动转轮器在搬运时注意轻拿轻放，禁止磕碰；存放转轮器，摩擦轮部位防止接触油污；转轮器不使用时，转向控制开关置于中间位置，关闭电源开关。

4. 设备简单故障判断

(1)诊断仪使用中突然死机或黑屏

——在保证电量充足的情况下重新开机。

(2)诊断仪无端报警

——属诊断仪内部设备参数漂移，通知厂家处理。

(3)疑似轴承无波形

——处理试机一次，如传感器外观良好，更换传感器连线。

5. 设备校验

诊断仪每年由厂家进行了一次整机校对、检验。传感器每年要返厂进行检验和标定。

二、站修用铁路货车滚动轴承故障诊断仪

站修用轴承诊断仪与列检用诊断仪的检测原理相同，都是应用 AE 声发射法。判别方式也相同，同是利用 90 s 内部分析判断时间，自动判断“正常”或“异常”。不同之处在于起镐转轮机械部分，比较列检用诊断仪，站修用诊断仪作了整合、内置、自动处理，做成手推式小车，方便站修场地使用。同时两者的内部参数设置不同，基于在轴承故障处理中，列检“抓大放小”，站修“统统不放”的原则，两者的内部参数，阈值设置有所不同。

这里以某型为例来介绍站修用铁路货车滚动轴承故障诊断仪。该型诊断仪具有结构紧凑，配件内置，重量较轻，使用便捷的特点。

(一)结构性能

故障诊断仪具有开机自检、软件自动分析轴承故障、声光报警、诊断数据存储、诊断数据打印等功能。

故障诊断仪由微型液压站、转轮组件、诊断仪主机、声发射传感器、充电器、耦合剂、打印机等组成。

设备操作关键项点如下。

1. 注意诊断仪开机前性能测试

诊断仪每次开机后使用前，需进行一次手动性能测试，主要测试各连接线是否畅通、传感器是否正常，否则不能保证现场实际诊断结果。

2. 注意保证测试时间

诊断仪在诊断中不能少于 90 s 的检测，中间不得停顿，否则不能显示准确的轴承内部状况。同时在诊断过程中电动转轮器不能停止作业。

3. 注意使用耦合剂

耦合剂主要起排除接触面的空气、增大接触处的接触面积、更好地传播声发射信号的作用。耦合剂通常采用普通的润滑脂。

4. 注意安装承载鞍卡具

卡具的作用有两点：其一，保证落轮后轴承与承载鞍的复位准确；其二，降低起轮时油镐的升起高度。

有两种卡具：转 8A 型承载鞍卡具适用于转 8A 型的侧架，装卡时应垂直于侧架；K 型承载鞍卡具适用于转 8A 型以外的侧架，装卡时平行于侧架。

(二)使用方法

1. 设备安全

传感器在使用中要轻拿轻放、严禁磕碰。因为传感器是诊断仪的核心部分，由封装的压电晶体和处理电路组成，其质量决定整个诊断效果的好坏。

升镐时要将镐顶对准侧架相对位置，如发现位置偏移甚至转轮器受卡，不要强行升镐或转轮，防止损坏设备。

2. 设备使用

使用液压小车和传感器要避免强烈冲击和硬物磕碰。

诊断仪是用于诊断待测轴承状态的主要设备。内部电路板的参数均已调整完毕，不可以

擅自调整。

每次工作前后要对传感器和仪器进行检查和清洁，防止异物吸附在振膜与被检处，使准确度不受影响。

若发现上传数据异常，先检查仪器显示屏是否显示在“传输”状态，USB 连接线是否插好，将仪器关闭电源，然后再重打开操作一次。

若遇打印机工作不正常，请先检查打印纸是否装反，连接线是否插好，要对仪器进行充电，然后再重试。

3. 设备维护

设备需专人进行维护保养，内容包括充电、清洁、保管等，要定期检查诊断仪电量，对电量不足的设备及时充电，保证使用时电量充足；诊断仪存放应远离高温、高湿、强电磁场环境；若设备不使用，请关闭电源，以节省电能。

4. 设备简单故障判断

(1)诊断仪使用中突然死机或黑屏

——在保证电量充足的情况下重新开机。

(2)诊断仪无端报警

——属诊断仪内部设备参数漂移，通知厂家处理。

(3)疑似轴承无波形

——处理试机一次，如传感器外观良好，更换传感器连线。

5. 设备校验

诊断仪每年由厂家进行了一次整机校对、检验。传感器每年要返厂进行检验和标定。

第九节　货物列车途中车辆故障远程诊断技术(TRDS)

目前，当列车在运行途中或在无列检车站，因各种偶发因素发生货车热轴、“抱闸”等疑似行车设备故障和车钩分离、配件脱落、切轴、脱线等行车事故时，为迅速开通线路，普遍做法是在货车列检人员到达现场前，先行由机车乘务员或车站值班员对热轴、“抱闸”等较易处置的货车故障做出初步判断及处置，经处置后认定故障消除的，列车继续运行。否则，等待货车列检人员或救援人员到达现场后进行处置。

无论是机车乘务员还是车站值班员，均未接受过车辆知识的系统培训，专业限制性很强，因此，当非车辆专业人员处理铁路货车故障时，如果判断处置失误，错放故障铁路货车，就会埋下列车安全运行的隐患。如果一味地坐等货车列检人员前往判断处置，就偏离了迅速开通线路的初衷，而且会造成由行车设备故障上升为行车事故。据统计，2010 年 1～9 月份，因铁路货车故障处置不及时，而造成由行车设备故障上升为行车事故件数达到了 15 件，占铁路货车责任事故总数的 40％。

各级应急指挥人员在第一时间迅速掌握货物列车安全事故或铁路货车故障现场情况非常必要，不仅能够提高事故救援或故障处置效率，而且还能够为科学分析列车事故或铁路货车故障发生的原因提供直接依据。

不仅非车辆专业人员存在着处置经验不足的问题，而且车辆专业人员，特别是铁路货车列检异地班组、战略装卸车点以及地方、合资铁路的检车员也同样存在这样的问题，如在列车队中更换闸瓦本是列检作业中常见的小件修故障，属于检车员的一项基本技能，但更换长大货车闸瓦时，由于采用制动梁悬挂装置，闸瓦托后加装了闸瓦间隙调整杆和调整弹簧，检车员很少遇到，更缺少相关的实作技能培训和演练，部分职工对如何拆卸和安装闸瓦并不十分清楚，从而影响货车故障的正确处置。

不过，随着货物列车途中车辆故障远程诊断技术（TRDS）的应用，这些问题都迎刃而解了。TRDS是应用于机务、车辆、车务系统的跨专业联动保畅通的铁路货车故障诊断系统，相当于作业人员的"随身专家"，遇有疑难问题，作业人员随时可以向"随身专家"请教，以正确判断、快速处理铁路货车故障。

TRDS为铁路货车列检班组、货运机车、无列检车站人员配备便携式温度及图像采集仪，这就是我们的"随身专家"。那么，真正的专家在哪儿呢，我们从铁路货车运用一线技师或高级技师中选拔技术全面、经验丰富的专家，在货车车辆段建立铁路货车远程故障诊断专家指导组。现场作业人员使用便携设备，按照既定作业流程，对铁路货车故障及恢复情况的温度和图像进行采集，并通过无线网络传输给专家组，由专家进行远程指导，并对故障处置结果进行确认，真正为作业人员提供了即使专家"远在天边"也像"近在眼前"的"随身专家"。

一、TRDS系统组成

1. TRDS由复示终端、便携设备、数据传输通道、数据平台等组成。

复示终端包括铁路货车故障远程诊断指导专家组复示终端和货物列车信息跟踪复示终端共两种。在货车车辆段、货车运用车间和列检作业场，分别设置铁路货车故障远程诊断指导专家组复示终端，根据现场发送的铁路货车故障图片，提出故障处置意见，并对故障处理结果进行确认；在铁路局的车辆调度台、机务调度台，分别设置货物列车信息跟踪复示终端，车辆调度员和机务调度员要密切跟踪铁路货车和机车途中故障及处理情况，对无法快速修复的故障，要协同列车调度员及时下达应急处置方案。

铁路货车故障远程诊断指导专家组复示终端具备铁路货车故障信息远程接收、处置确认意见远程发送功能，货物列车信息跟踪复示终端具备铁路货车故障信息远程接收功能；两种复示终端都具备铁路货车技术管理信息系统（HMIS）、THDS、TFDS、TPDS、TADS、TMIS等信息查询功能，同时配备铁路货车技术参数查询系统、铁路货车故障应急处置方法查询系统等，并建立管内铁路货车故障数据库实现自动统计和分析。

2. TRDS具有以下技术特点：

（1）便携式温度及图像采集仪首次将红外测温仪与嵌入式系统工业电脑的功能整合在一起。可以实现高精度非接触式的测温、温度与图像的同步采集，还具备GPRS无线数据传输功能，可以实现数据的无线发送与接收。

（2）Windows CE平台上的嵌入式软件，采用友好的向导式流程，集成了轴承温度还原算法，可根据采集的轴承温度值和时间差还原停车时的温度值，填补了铁路领域无轴承温度还原研究的空白。

（3）系统基于铁路移动传输统一平台（MTUP），实现了系统在公网与专网、有线与无线网络之间安全、可靠、高效地进行数据交换。

（4）系统应用了浏览器/服务器模式（B/S），专业技术及管理人员可通过浏览器查看采集仪上传的数据，并将远程诊断指导意见发送到采集仪，为现场作业人员提供远程技术指导，提高了铁路运输指挥与管理的工作效率。

3. 便携设备的组成：

便携设备由智能处理单元、红外测温单元、图像拍摄单元、音频单元、网络传输单元、定位单元、接口、供电单元构成。其涉及的通用技术主要有红外测温技术、无线网络连接技术（Wifi）、全球定位技术（GPS）等。

红外测温：测温仪的光学元件将发射的、反射的以及透过的能量汇聚到探测器上。测温仪的电子元件将此信号转换成温度读数并显示在测温仪的显示面板上。

Wifi：是一个无线网路通信技术的品牌，可以将个人电脑、手持设备（如 PDA、手机）等终端以无线方式互相连接。

GPS：是全球定位系统（Global Positioning System）的简称，是一个由覆盖全球的 24 颗卫星组成的卫星系统。这个系统可以保证在任意时刻，地球上任意一点都可以同时观测到 4 颗卫星，以保证卫星可以采集到该观测点的经纬度和高度，以便实现导航、定位、授时等功能。

二、TRDS 系统应用

TRDS 系统应用体现在提供专家支持、现场处置的功能，对铁路货车故障处理可取得专家支持，对红外线拦停轴承故障可进行现场处置，主要包括铁路货车故障远程诊断、红外线预报轴温作业管理、红外线拦停轴承故障智能判断、机车故障远程诊断四种现场应用。

1. 铁路货车故障远程诊断

应用在全路机务系统、车辆系统、非列检所在地车站，当机车司机在途中对货物列车进行铁路货车故障或事故处理时使用；当货车检车员在非列检作业场所在地或沿途无法对铁路货车故障做出准确判断或无法确定处置方案时使用；当车站人员在非列检所在地车站对铁路货车故障处理时使用。

故障处置人员现场采集铁路货车故障外观数据，记录故障类型，描述故障现象，并进行无线上传，为专家组提供远程诊断依据，专家组通过复示终端及时查看现场信息并进行分析，给出合理的应急处置方案，及时有效的指挥铁路货车故障的处置工作，并确认现场人员的处置情况，最大限度降低铁路货车故障对铁路运输造成的损失，同时便于铁路货车故障数据的存档、分类、汇总及查询。

铁路货车故障远程诊断很好地体现了 TRDS 的专家支持功能，能够提示机务、车务等非车辆专业人员以及业务不熟练的检车人员规范处理铁路货车故障，避免延误故障处理时机、错误判断故障或在处理故障中错误操作，造成行车事故，影响行车安全。

2. 红外线预报轴温作业管理

应用在全路车辆系统，当检车员在列检作业场对进场铁路货车进行红外线预报轴承检查作业时使用。

列检场检车员采集预报热轴或最大值的温度，记录检查过程，拍摄外观图片，确定处理办法，并进行无线上传，将红外线预报轴温工作日志信息化，便于实时掌握列检场记录的静态数据。同时，统一了红外线预报轴温作业的处理流程，可规范作业标准和管理方式，减少工作量、提高工作效率，是变革原有红外线预报轴温作业的有效手段，有助于推进自控型班组建设。

3. 红外线拦停轴承故障提示判断

应用于非车辆系统，如当机车司机在货物列车发生红外线区间拦停轴承疑似故障时使用。

机车司机采集红外线拦停故障轴承及同侧3个轴承的温度、外观数据，并记录故障轴承外观状态，上传到铁道部信息中心数据平台，远程诊断指导专家组通过复示终端查询数据并给处置方案，提示机车司机对红外线拦停货物列车的处置，或者机车司机根据便携式温度及图像采集仪依据“红外线预报激热区间拦停货车处置暂行标准”自动给出的处理办法，对红外线拦停货物列车进行处置。可以保证拦停处置的安全性，规范机车司机的热轴检测方法，有效减少因机车司机主观判断失误造成的甩车次数，提高铁路货车检测的自动化水平和铁路运输效率，降低由于热轴误报造成的经济损失，同时便于红外线拦停数据的存档、分类、汇总及查询。

红外线拦停轴承故障智能判断应用TRDS的温度还原功能，很好的体现其现场处置的功能。比如铁路货车因轴承异常过热被拦停，假定疑似故障轴承停车时为90 ℃，且热轴位于货物列车尾部位置，机车乘务员走至热轴位置的时间为13 min，此时测到的温度为60 ℃，与停车时的真实温度相差30 ℃。如果当时环境温度为30 ℃，而且轴承外观上没有明显的故障，就容易造成错判。TRDS具有温度还原功能，可以将故障轴承温度还原至停车时的温度，并综合轴承故障外观情况，根据处置方法自动给出处置建议。

处置方法参照以下标准：

(1)当疑似故障轴承与同侧其他3个轴承温差最大值不大于40 ℃时，若轴承外圈无圆周新磨痕、外圈无破损、变形、变色(变蓝或变红)、冒烟，密封罩无窜出，轴承无甩油时，则列车限速25 km/h就近运行到前方站或退回本站进行停车检查；若轴承外圈有圆周新磨痕或外圈破损、变形、变色(变蓝或变红)、冒烟、轴承有甩油、密封罩窜出时，由列检人员到达现场处理。

(2)当疑似故障轴承与同侧其他3个轴承温差最大值大于40 ℃时，由列检人员到达现场处理。

(3)当疑似故障轴承的温度大于100 ℃，由列检人员到达现场处理。

三、TRDS工作流程

以铁路货车故障远程诊断为例来说明TRDS的工作流程。

货车检车员对需做出准确判断或无法确定处置方案的故障，要选择便携设备中的“货车故障远程诊断”功能，输入或校核车号信息，拍摄故障图片，输入故障描述，并将采集的数据上传到铁路货车故障远程诊断指导专家组复示终端。专家组对故障图片进行诊断后，将处置方案发送给货车检车员，货车检车员根据处置方案进行处置。处置完毕后，拍摄处置情况，输入处置描述，上传处置信息，等待专家组给出确认信息。

铁路货车故障远程诊断指导专家组在确定铁路货车故障处理方案时，根据实际情况，也可以根据铁路货车车号查询THDS、TFDS、TPDS、TADS探测信息，必要时可以查询HMIS系统，了解铁路货车定检信息，还可以查询铁路货车技术参数查询系统和铁路货车故障应急处置方法查询系统，了解相关技术参数，确定处置方案。

货物列车信息跟踪复示终端接收到货物列车事故现场照片等信息后，跟踪了解事故及处置情况。

TRDS数据流程：故障处置人员使用便携设备对现场铁路货车故障数据采集；将数据通

过 GSM 网络发送到铁道部 MTUP 数据服务器中；据经铁路网络安全平台，上传到铁道部的数据服务器中；专家组通过铁路办公网登录数据服务器查询上传的铁路货车故障数据，并将形成的处置方案录入到数据服务器中；便携设备通过 GSM 网络下载处置方案；按处置方案处置并采集处置信息后；将处置信息再次上传到铁道部的数据服务器；专家组查看数据服务器上的处置信息，并录入对处置信息的确认信息；便携设备通过 GSM 网络下载确认信息。

四、使用方法

（一）设备安全

切勿将采集仪置于过热的环境（存储温度不高于 50 ℃），以避免损坏采集仪。

切勿撞击、跌落采集仪，以避免损坏。

切勿将任何液体泼洒到采集仪上，避免损坏采集仪或引起燃烧。

在温度和/或湿度范围相差很大的环境中使用采集仪时，采集仪表面或内部可能会结露。为避免损坏采集仪，在使用之前应该等待足够的时间以便湿气蒸发。打开电源之前，让采集仪适应室温条件。

切勿将任何物品塞到采集仪红外测温镜头孔内，否则可能会导致采集仪红外测温镜头损坏。

确保电源适配器电源线上没有放置任何物品，而且电缆没有放到容易绊倒人或被人踩到的位置。

请尽量避免在以下环境使用采集仪：湿度大于 90%（漏电宜烧毁采集仪）、扬尘环境、粉尘环境（易产生静电，烧毁采集仪）。

（二）设备使用

测温方法：手持采集仪置于被测物体 50 cm 范围以内，将激光点对准被测点，扣住扳机，保持手腕稳定约 3 s，保证物体温度精准测量，松开扳机，保持约 2 s，保证物体图像拍照清晰。

使用便携设备测温、拍照时，扣动扳机，激光头发射出激光，注意一定不能将激光直接对准眼睛或从反射面间接照射。

环境温度高于 40 ℃，激光器不工作，可将设备移于环境温度较低的区域，尝试使用。

远离强电磁场的环境，否则，可能造成测温不准。

电量不足时及时充电，否则，可能造成传输不畅。

（三）设备保养

便携设备需专人进行维护保养，内容包括充电、发放、保管等，要定期检查设备电量，对电量不足的便携设备及时充电，保证便携设备使用时电量充足。

清洁测温镜头时，使用干净的压缩空气吹掉镜头上的灰尘颗粒，用蘸水的棉签小心地擦拭表面。

清洁机壳和主显示屏时，用酒精棉或软布轻轻擦拭。为避免损坏采集仪，切勿将其浸入水中。请勿使用腐蚀性清洁剂，以防损坏外壳。

检车员完成故障处置返回以及机车司机退勤后，须将便携设备存储卡有关信息进行转存。

第四章　铁路货车现代化检查技术发展展望

根据前面几个章节的陈述，可以看出，铁路货车现有的现代化检查技术水平，基本上能够适应当前铁路货车安全管理的需要，但在铁路货车检修、运用的集约化、专业化和现代化的生产过程中，目前的技术发展水平对提高生产效率和生产质量，还存在着一定程度的制约，也就是说，无论是在铁路货车检修，还是在铁路货车运用等方面，还有较大的发展空间。因此，要确保中国铁路安全达到"万无一失"的要求和标准，充分展现铁路运输企业的核心竞争力和基本特征，从铁路货车安全检查技术的角度讲，我们还需要向更高层次和更宽领域发展，基本方向是信息化水平更广、自动化水平更强、智能化水平更高，最终建立能够确保安全运行、保障运输畅通，改变作业方式、提高劳动效率，释放检修能力、领先科技发展的铁路货车安全现代化检查技术体系。因此，展望铁路货车现代化检查技术的发展，主要有以下几个方面。

第一节　运行货车车轮尺寸自动检测系统技术

轮对是铁路货车走行部的重要构件，轮对故障常常导致严重的安全事故，给铁路运输造成重大损失。轮对尺寸超限等轮对故障不但是运输生产中的安全隐患，而且对铁路的固定设施及铁路货车结构本身造成了极大的损害。而重载货车车轮一般较普通货车磨耗严重，我国 25 t 轴重货车车轮磨耗严重，如 C_{80} 型敞车轮对非正常磨耗问题，跟踪调查表明运用时间不到 2 年内，C_{80} 型敞车轮对大部分出现了不同程度的圆周磨耗，磨耗速度远高于其他型铁路货车。超限轮对使得铁路货车运行品质下降，影响行车安全。为此，铁路货车列检投入了大量的人力，对铁路货车轮对的故障进行检测，造成列检人员劳动繁重，且检测精度差、效率低、检测项目不全，无法完全适应中国铁路向提速、重载技术发展的要求。

一、目前国内外采用的轮对尺寸检测技术

目前国内外轮对尺寸在线检测技术主要有光截图像技术、激光位移测距技术和自动视觉测量技术，我国目前在轮对尺寸的在线检测主要应用在动车、客车的入库检查及地铁客车的在线检查上，在货车上还未得到应用，其主要原理如下。

1. 光截图像技术

光截图像技术采用线状激光作为投射光源，面阵 CCD 相机作为采集设备，利用激光三角测量技术，实现物体的二维尺寸测量。测量完毕后与标准曲线对比，从而实现各参数的最终检测。该技术在静态及低速检测中有较高精度，但高速检测中的测量精度尚待检验。检测基本原理效果如图 4-1 所示。

采用光截图像技术对入库列车（低速）轮对尺寸进行在线检测在国内外有较多应用。

2. 激光位移测距技术

激光位移测距技术采用激光位移三角测量技术，通过激光位移传感器的两路光电流输出，

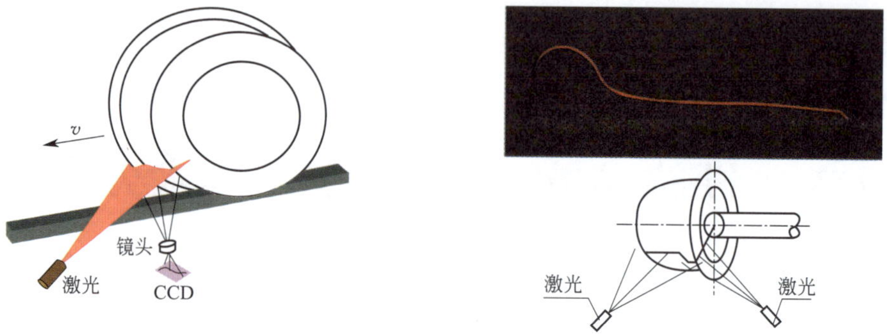

图 4-1 光截图像技术原理图

反推出物体被激光照射点到成像透镜前主面的距离。检测基本原理效果图 4-2 所示。

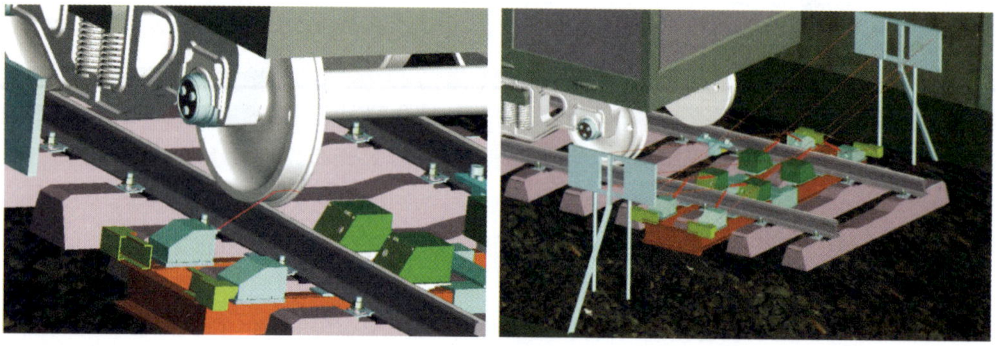

图 4-2 激光位移测距技术原理图

目前激光位移测距技术主要运用于我国部分地铁线路。

3. 自动视觉测量技术

该技术的工作原理是基于视频成像及图像识别技术实现轮对尺寸的检测。

二、轮对尺寸检测系统方案设想

方案一 基于自动视觉测量及诊断技术的系统

该系统包括轮对测量(轮缘、轮径、轮辋)、闸瓦状态与测量、蛇行运动检测、弹簧状态监控、转向架尺寸、轴承前盖状态检测、人力制动机检测等模块,其工作原理基于视频成像及图像识别,系统适应环境能力较强,安装基础无特殊要求,安装、调试和维护简便,可适应 160 km/h 速度的动态检测。

方案二 基于 PSD 的激光位移三角测量技术的轮对尺寸检测系统

采用该技术的系统由室外设备及室内设备两大部分组成,室外设备主要包括 8 个轨边激光位移传感器、8 个激光位置传感器、车轮传感器及其安装支架,室外设备采用整体支架的安装方式进行固定;室内设备主要包括前置信号处理机、数据采集处理工控机、数据管理计算机以及车号识别装置等部分。轮对尺寸检测系统采用基于 PSD 的激光位移三角测量技术,PSD 为光电位置敏感探测器,该器件有两路光电流输出,当光点照射到其接收表面上时,器件的两路电信号输出与光点在 PSD 上的位置有关,两路信号经处理后就可以唯一地确定光电位置敏感探测器 PSD 上像点的位置,从而反推出物体被激光照射点到成像透镜前主面的距离。当列车以一定速度通过传感器时,从轮缘到踏面将有一系列点被激光扫描,这些点经过后续数据处

理，就可以得到轮缘径向截面的二维图形，按照铁路技术规程的检测规则截取后可得到相应的轮对外形尺寸数据。该系统通过激光位置传感器建立了系统的相对坐标系，确保在探测前各关键部件间相对位置得到标定，同时该系统还能提供对轮对不圆度的检测。

采用该技术的设备已应用在某市地铁，运用环境为正线、碎石道床、室外露天，探测铁路货车运行速度为 60 km/h。

设备主要功能是检测轮对基础数据，包括轮缘厚度、轮缘高度、轮径、轮对内侧距、QR 值，对检测的数据分析处理后可计算同轮对直径差、同转向架轮径差、同一铁路货车轮径差等，计算同一轮对三点内侧距差，并将踏面曲线高精度完整恢复。系统数据管理功能有：数据的储存、统计、分析，历史数据的查询，系统报警。

方案三　基于结构光三角法测量技术的轮对尺寸动态检测系统

采用该技术的系统由室外设备及室内设备两大部分组成，室外设备主要包括 8 个线状激光器发生器、8 个 CCD 摄像机、车轮传感器及其安装钢枕，室内部分主要包括控制箱、激光器电源、数据采集处理工控机以及车号识别装置等部分。系统采用结构光三角法测量原理，激光线光源产生一个光平面投影到车轮踏面表面形成一条光带，此光带即结构光平面和车轮踏面的交线，它反映了车轮踏面在光平面内的截面几何信息，由处于另一位置的 CCD 摄像机抓拍车轮踏面激光轮廓线图像，激光器、摄像机、被测物三者呈三角关系，若已知摄像机和激光器之间的位置关系，根据三角关系可求出被测物的空间位置。

采用该技术的设备已应用于某市地铁检修基地出库线上。设备主要对轮对基础数据检测，包括轮缘厚度、轮缘高度、垂直磨耗、车轮直径、轮对内侧距、踏面形状等进行准确的测量，对超限的测量参数进行报警；系统具有对检测出的轮缘厚度、轮缘高度、车轮直径、垂直磨耗、踏面曲线等数据进行准确分析、整理的功能，能绘制出车轮踏面完整的轮廓曲线；具有对检测出的轮径数据进行准确分析、整理功能，能对同轴、同一转向架的轮径进行分析、比较，能计算同轴、同一转向架的轮径差，对超过限制的测量参数进行报警。

方案四　基于采用光截图像法的高速轮对外形几何尺寸检测系统

该技术采用光截图像法实现轮对尺寸的在线检测，利用采集到的车轮前后 2 条完整的踏面曲线和已知的轮轨接触点计算得出轮径、轮缘厚度等参数。系统由室外设备及室内设备两大部分组成，室外设备主要由 8 个线状激光源、8 个 CCD 相机、车号自动识别装置、车轮传感

器及卡轨装置等组成，室内部分主要包括电气控制箱、数据采集系统、数据处理工控机以及车号识别装置等部分。现场设备采用了卡轨安装方式，为降低轮轨冲击振动对系统的影响，将CCD相机和线光源做成一体化设备，提高了结构的刚性。

采用该技术的设备已应用于某铁路局客运专线。高速轮对外形几何尺寸检测系统主要功能是在线检测轮对外形几何尺寸数据，包括踏面磨耗、轮缘厚度、QR值、轮对直径、轮对内距等参数；自动识别车号和端位；自动绘制轮对外形几何曲线，并可实现检测结果存储、显示和打印功能；数据联网管理，具有数据查询、统计、对比分析功能；提供数据输入/输出接口。

三、轮对尺寸检测系统在铁路货车在线检测应用展望

国内外动车组、地铁、机车领域的应用结果表明，现有轮对尺寸在线检测技术基本具备实现在线检测铁路货车轮对尺寸的条件。

目前我国的既有设备大多安装于机务段、动车运用所、客技站以及地铁车辆段的出入口上，列车通过速度较低，且相当部分设备安装于棚内，受雨、雪影响较小。而铁路重载货车具有轮轨冲击大、速度高、环境恶劣等特点，需要对该技术进一步研究完善。

第二节　货物列车“抱闸”故障动态检测技术

随着中国铁路货物运输实施重载、提速战略以及运输组织向长交路直通运输的发展，货物列车运行途中货车制动机的作用愈发凸显。货物列车牵引总重增加以后，若编组中的货车制动机制动性能失效辆数达到一定比例，很可能会造成列车制动力过低而发生放飏事故。若编组中的货车制动机缓解性能失效(俗称“抱闸”故障)，则会因车轮长时间持续高温导致车轮粘连熔渣后，轮轨关系发生变化而造成列车脱线。货物列车车流密度加大、编组辆数增加、持续运行距离延长以后，若不能准确、迅速地查找到制动机发生故障的铁路货车，则会造成列车在区间长时间临时停车，影响行车秩序，进而影响运输效率。因此，研究探讨一种动态检查方法，对运行中的货物列车制动机的制动和缓解性能进行实时检测非常重要。

从货物列车制动机故障表现形式分析情况来看，无论是制动作用失效(俗称“不制动”故障)，还是缓解作用失效，都能够通过车轮温度表现出来，因此，通过测量车轮温度来判断“抱闸”和“不制动”故障是一条有效途径。

中国铁路在探测运行货车部件温度方面，已经积累了丰富经验，众所周知的车辆轴温智能探测系统(THDS)，已经在中国铁路使用30余年，对铁路客货车轴承温度的探测精度已经达到了±3 ℃。截至2010年底，投入使用的车辆轴温智能探测系统(THDS)设备已接近5 000台，在运行线路上，每隔30 km左右就会设置一台THDS轨边设备，这为探测铁路货车车轮温度提供了有利的先天条件。

基于车辆轴温智能探测系统（THDS）布局的优势和对轴承温度探测方面积累的经验，以探测并分析车轮温度为突破口，使对货物列车“抱闸”和“不制动”故障的自动判断和预报成为可能。

一、货物列车“抱闸”故障动态检测方案设想

充分利用 THDS 既有轨边信息传输通道、服务器、轨边小房等条件，在既有 THDS 轨边设备的两侧，各增加一个红外线探头，专门用于探测车轮温度。鉴于既有红外线探头最高探测温度只有 150 ℃，无法适应探测车轮温度的要求，因此，新增探头的最高探测温度应达到 800 ℃左右。探头瞄准点可打在钢轨与车轮结合处的轮辋上，以获取车轮的最高温度。货物列车“抱闸”检测轨边装置组成如图 4 3 所示，探头探测方向和探测点位置如图 4-4 所示。

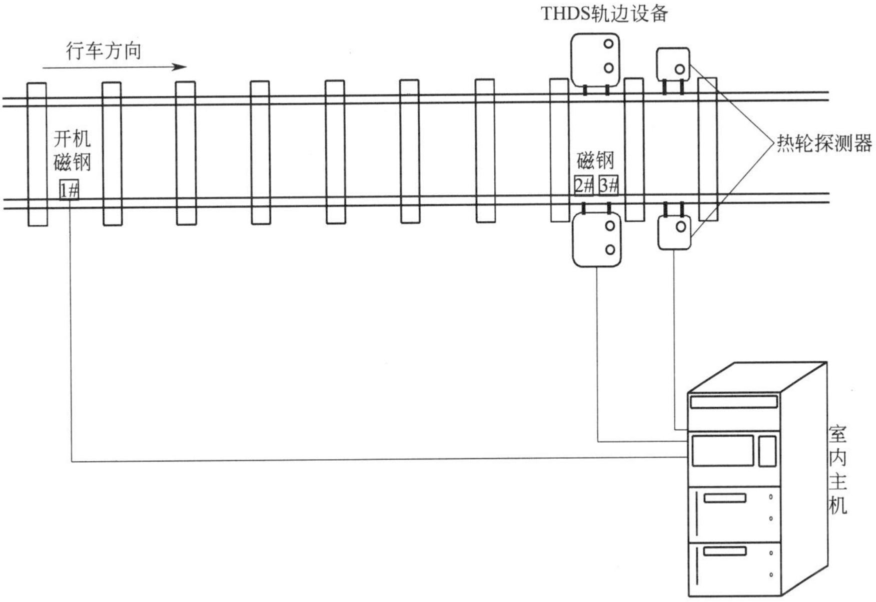

图 4-3　货物列车“抱闸”检测轨边装置组成

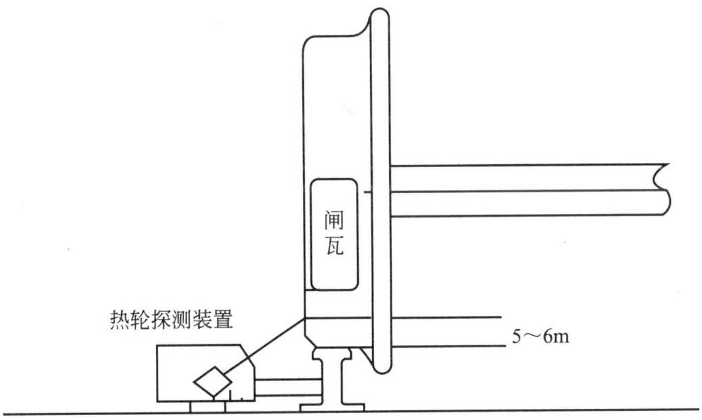

图 4-4　探头探测方向和探测点的位置

二、系统联网及列检复示

列车车轮的温度信息及预报的热轮、冷轮故障信息，并入车辆轴温智能探测系统 THDS 网络进行集中分析，在铁路局车辆运行安全监测站和列检复示站同时预报，故障预报的主体为铁路局车辆运行安全监测站，但货物列车途中预报数据要全部传送到终到列检作业场。预报内容为：车次、制动故障货车编组位置、车种车型、车号，故障类型(不缓解故障、不制动故障)等。

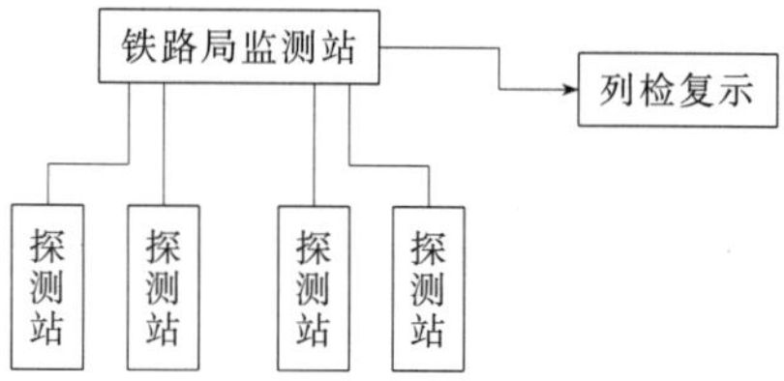

图 4-5　网络结构图

网络结构如图 4-5 所示。

三、列车“抱闸”故障检测预报的基本思路

当货物列车通过 THDS 轨边设备时，THDS 不仅采集每一个轴承的温度，同时还采集每一个车轮的温度，在车辆运行安全监测站红外线复示终端上同时显示轴承和车轮的温度，既进行热轴预报，也进行制动故障预报。当某一辆货车 8 个车轮温度全部明显高于其他货车时，可判定该货车“抱闸”；当某一个车轮温度明显高于其他车轮、但该车其他车轮温度正常时，可判定该车轮瞬间摩擦；当某一辆货车 8 个车轮温度全部明显低于其他货车时，可判定该货车不制动或是关门车；当某一个车轮的温度明显低于其他车轮、但该车其他车轮温度正常时，可判定该车轮闸瓦磨耗过限或制动慢。

基于以上思路，急需摸索不同气温、不同风速、不同行车速度、不同行车密度等情况下，列车在缓解状态正常运行时车轮与钢轨的摩擦热值范围，以及列车在制动状态时车轮与闸瓦间的摩擦热值范围。在摸索车轮“抱闸”热值范围时，要研究车轮“抱闸”时间与车轮温度上升的线性关系，掌握车轮因长时间“抱闸”造成车轮热熔时的车轮温度值范围，以便对车轮“抱闸”预报进行分级处置。在对车轮温度规律研究的基础上，逐步形成制动机不制动和不缓解的热判数学模型。

四、货物列车“抱闸”故障动态检测功能的应用展望

1. 对运行货车“抱闸”故障进行准确预报

从铁路货车运用实践来看，闸瓦与车轮间出现摩擦火星、甚至冒烟的原因有两种，一种是因制动机故障或人力制动机未松开等原因造成全车 8 片闸瓦均分别对其相应的车轮形成摩擦阻力，这称之为货车“抱闸”；另一种是铁路货车制动机缓解速度较慢或在运行过程中因道岔或弯道等耦合因素导致制动梁支柱与移动杠杆、制动梁支柱与下拉杆等暂时别劲，使个别闸瓦暂时与车轮发生摩擦，这并不是货车“抱闸”。即使是采用非金属材料的高摩合成闸瓦，当闸瓦与车轮发生暂时摩擦时，也能发生火星或冒烟现象，其原因，一是闸瓦掉块或全部脱落后，闸瓦托与车轮发生金属间的直接摩擦；二是铁路货车在正常制动情况下，闸瓦与车轮间因长期摩擦，在闸瓦表面会出现熔渣，而熔渣中含有从车轮上熔化的金属成分，熔渣与车轮也是金属间的摩擦。对车轮真正“抱闸”引起的火星或冒烟实施拦停导向安全非常必要，但对闸瓦瞬间与车轮发生摩擦引起的火星或冒烟现象实施拦停，会干扰运输秩序。因此，以车轮温度是否发生跃升的方式来判断铁路货车是否“抱闸”，不仅能够保证列车运行安全，而且能够确保运输畅通。

2. 提高车辆轴温智能探测系统(THDS)预报准确性

从THDS运用实践来看,有许多热轴预报其实并不是轴承温度真正升高,而是阳光反射热、车轮"抱闸"摩擦热等原因造成THDS误报。就THDS特性而言,只要探测到异常热源它就预报,但目前设备制式无法确定到底是轴承温度异常,还是车轮温度异常。据统计,2010年1～11月份,全路车辆轴温智能探测系统(THDS)共预报货车轴承强、激热1072件,其中拦停600件,有472件经红外线调度对波形进行分析后,认为轴承没有发生温度异常而没有进行拦停。在拦停的600件中,只有464件换轮,有136件在拦停后经现场鉴定认为轴承并没有故障而直接放行,也就是说,有608件属于设备误报,误报率为56.7%。在608件误报中,有的是因为车轮"抱闸"而误报,有的是因为阳光干扰或电磁干扰而误报。红外线调度仅凭波形基线是否跳起就认定车轮"抱闸"的方式并不十分科学和全面。在464件换轮处置中,经轴承退卸分解检查认定轴承确实存在故障的只占30%左右,这说明有一部分热轴预报没必要进行拦停。THDS具备对轴承和车轮温度的双重探测功能后,不仅会提高热轴预报的准确率,而且还可以将探测车轮温度的红外线探头,作为探测轴承温度的有力补充,因此,铁路运输安全的裕量更大。

3. 提示到达货物列车技检作业

目前,到达列检作业场对到达列车进行列车制动机试验的内容有两项,分别是感度试验和安定试验。感度试验的目的是检验铁路货车制动机制动和缓解性能的灵敏性和有效性,防止铁路货车在运行过程中制动机意外不制动或不缓解。由于货车闸瓦离开车轮时靠制动梁自重进行自然缓解,因此,靠目测来确定闸瓦与车轮之间是处于制动状态还是缓解状态,这很难区分。既有检查方式采用人工跑闸确认制动缸活塞杆推出长度和缩回状态的模式,不仅手段落后,劳动强度高,而且不利于列检劳动生产率的进一步提高。利用检测车轮温度的方式,并结合既有TFDS对制动缸活塞杆状态的自动判断,能够充分发挥5T系统作用,综合利用5T系统检测信息,实现对列车中意外制动和不缓解货车的自动预报。货物列车在运行过程中,有匀速,也有加速和减速,机车司机必定进行制动和缓解的操纵,车轮温度也就必然发生变化,特别是货物列车实行长交路直通运输以后,机车操纵次数将相对增多。目前,无论是THDS还是TFDS,其轨边设备均安装在车站进站信号机之外,这为自动测量车轮温度和自动识别制动缸活塞杆状态创造了条件。

从铁路货车运用实践上来看,由于货车制动机不缓解故障往往持续时间较长,不缓解铁路货车的车轮温度会明显高于正常车轮。因此,利用货物列车"抱闸"故障动态检测功能来捕捉不缓解故障非常容易。然而,对于货车制动机不制动故障而言,由于货物列车进站时减速制动时间不长,列车中发生制动动作和未发生制动动作的车轮温度变化不一定十分明显。因此,从理论上讲,本方案对只安装具备货物列车"抱闸"故障动态检测功能的THDS,但未安装TFDS的车站而言,存在着漏判不制动货车的可能性。基于这种考虑,可在既有THDS全线配套货物列车"抱闸"故障动态检测功能的同时,按照100 km(约3个THDS设置区间)的设置原则,在THDS上既配套货物列车"抱闸"故障动态检测功能,也配套制动缸活塞杆自动识别功能。其基本思路是:采用线阵拍摄技术,对铁路货车底部可视范围内所有配件进行整体成像,同时采用TFDS自动识别技术,对制动缸活塞杆及截断塞门状态进行自动识别,当发现某一铁路货车截断塞门开启但制动缸活塞杆未推出而编组中其他货车均处于制动状态时,以"不制动"故障名称进行自动报警。

按照以上思路，此功能还可以进一步扩展，一是采用自动识别技术对直接危及行车安全的配件脱落、丢失等故障进行自动判别和报警，在不增加列检人员的情况下，增加不停车检查频次，进一步提高铁路货车运行安全裕度；二是当发生铁路货车事故或辆故时，通过远程查询功能，为铁路货车事故或辆故分析提供图片资料，提高原因判断的科学性。

安定试验的目的是防止列车在运行过程中因制动机故障或其他故障导致列车紧急制动，这对于相当严密的运输组织而言，获知列车在运行途中是否发生紧急制动非常容易。另外，对于到达解体、不再继续运行的列车而言，如果列车在运行途中并没有发生紧急制动的话，则能够证明该次列车的安定性能是符合要求的。

因此，通过测量车轮温度并辅以 TFDS 对制动缸活塞杆状态的自动识别，能够满足到达列车制动机试验中的感度和安定试验要求，实现对到达列车“抱闸”和“不制动”故障的自动预报。

近年来，出于对货物列车编组辆数越来越多和列检作业人员工作量不断增加的考虑，铁路货车系统已经组织开展了大量研究，形成了多种方案，以实现对到达列车“抱闸”和“不制动”故障的自动判别。目前已经开始现场试验的方案是在到达列检作业股道上密布对货车制动缸活塞杆推出和缩回状态的自动测量装置，其优点是对某一列检作业场而言，部署一个，见效一个，其缺点是投资成本过高，维护工作量较大，另外无法对制动缸未安装在底部的铁路货车进行检测。所以，这种方案离形成正式产品还有一定差距。采取车轮温度检测并辅以 TFDS 自动识别方式，投资成本低，见效快，能够充分利用既有设备条件，并实现 5T 系统的综合利用，特别适合固定编组、循环使用区段的到达列检作业场，如通霍线、大秦线等。

第三节　TFDS 故障自动预警技术

目前，TFDS 已经成为列检作业方式转变的重要手段。列检的作业方式由人工检查向动态检查转变，中间列检 TFDS 技术作业由人工判别向自动预警转变，TFDS 单点检测向集中作业模式转变已经成为发展方向。目前随着全路扩大 5T 覆盖面建设，不同程度地存在动态检车员数量不足，工位人员配备不足等问题，同时由于动态检车员的技术业务水平参差不齐，偶有发生漏报和误报故障问题，浪费了动态检查资源。为此，铁路货车运用部门迫切需要对故障进行自动预警，一方面可以减少动态检车员因技术水平、用眼疲劳等产生的漏检，另一方面可以减轻动态检车员的劳动强度。铁路行业已经开始进行 TFDS 故障自动预警研究，目前已有数十种铁路货车故障的自动预警试验室算法，尽管还没有全部投入现场考验，但已经为实现 TFDS 故障自动预警奠定了坚实基础。

一、故障自动预警的基本方法

针对铁路货车故障识别问题，通常所采取的图像识别方法大致分为两类：一是基于纯图像处理的识别算法；二是基于人工神经网络的智能学习算法。

纯图像处理识别方法：在纯图像处理图像识别方法中，首先对待检图像进行边缘检测以及二值化处理，并进行适当的形态学图像处理得到待检图像的边缘图像，在边缘图像中确定若干定位区域的候选区域。然后根据候选区域的标准模板，从候选区域中确定定位区域。最后利用部件几何关系的先验信息由定位区域确定待检测区域。

基于人工神经网络的智能学习算法：是研究计算机怎样模拟或实现人类的学习行为，以获取新的知识或技能，重新组织已有的知识结构使之不断改善自身的性能。它是人工智能的核心，是使计算机具有智能的根本途径，其应用遍及人工智能的各个领域。

二、TFDS 故障自动预警技术的研发设想

按照“重点故障率先突破、识别范围不断扩大”的自动预警发展思路，应首先实现对影响行车安全故障，以及影响动态检查效率故障的自动预警，研发重点和方向为：一是实现对直接危及行车安全的拦停类故障的自动预警，如制动梁折断脱落、制动梁支柱圆销丢失、轴承前盖丢失等故障，确保长交路直通列车途中运行安全；二是实现对安全关键部位配件丢失、折断类故障的自动预警，如摇枕弹簧折断等故障，确保到达及有调中转列车的安全隐患得到及时和全面处理；三是实现对影响动态检查效率类故障的自动预警，如轴承挡键丢失、折角塞门手把丢失、截断塞门关闭等故障，以提高作业效率。

三、TFDS 故障自动预警技术的运用设想

1. 自动预警技术对能够实现自动预警的铁路货车故障，可分为两类进行预报，分别是“直接预报的故障”和“疑似故障”，其中，“直接预报的故障”的准确率必须达到 100%。“直接预报的故障”由动态检车组长进行确认后和“疑似故障”中由动态检车员检查并经动态检车组长确认后的故障，均由系统自动加载(添加故障部位标识，点选故障名称，上传故障图片)。

2. TFDS 运用设备优先采用能够提高动态检查效率的自动预警技术；自动预警技术研发单位近期要按照“减少强制放大图片”，远期要按照“减少检查工位”的研究思路，首先实现对某一幅或某几幅 TFDS 图片中的所有故障均实现自动预警，避免动态检车员因全数浏览图片而对整体技检时间产生影响。

3. TFDS 运用设备采用的自动预警技术准确率准入门槛值暂定为不低于 30%，计算方法为：(“直接预报的故障”数量/“直接预报的故障”数量与“疑似故障”中经人工确认的故障数量之和)×100%，且整列图片中的疑似故障图片总量不得超过整列图片总量的 50%。

4. TFDS 运用设备采用的自动预警技术预报故障的准确性，应以现场真实环境下，动态检车员发现并经现场检车员确认的故障为参考评判依据。

5. 鉴于 TFDS 图片质量是影响自动预警准确率的关键因素之一，因此，须配套应用 TFDS 图片质量评价标准，以满足 TFDS 自动预警技术对图片质量的要求。

6. TFDS 自动预警软件应首先具备以下功能：一是自动预警技术“直接预报的故障”与“疑似故障”图片区分标识功能；二是“直接预报的故障”自动加载以及在工长位自动显示功能；三是“直接预报的故障”以及“疑似故障”中确认的故障列表，与动态检车员加载的故障列表对比分析功能。

7. 组织 TFDS 自动预警技术现场试验工作，共同推动 TFDS 自动预警技术的发展。各研发单位要在铁道部统一安排下，按照“研发一批，试验一批”的原则，尽快将已经研发出的自动预警故障项目投入现场试验，不断积累实际运用经验。

四、TFDS 故障自动预警的应用展望

通过对 TFDS 拍摄图像的自动预警，可大幅度减轻 TFDS 动态检车员的劳动强度，利用科技手段保证故障及时、准确地发现，真正实现机检替代人检，实现中间列检 TFDS 无人值

守，真正实现以科技保安全的目标。

第四节　列检作业人身安全防护技术

列检的作业环境十分复杂，在有驼峰作业的车站和编组场，溜放铁路货车时无提示、无报警；溜放铁路货车无动力、无控制，无法让其躲避现场人员；尤其是列检作业人员在进出作业现场的过程中，解编列车随时溜放，注意力稍不集中，就会出现意想不到的情况，存在严重的人身、行车安全隐患。为此迫切需要一种能保护列检作业人员安全防护技术，对作业人员的区域边界进行实时的警示和防护，实现在列检人员作业时提醒作业人员在作业区域即安全区域内作业，保证现场作业人员的人身安全。

1. 列检人身安全防护方案设想

(1)建立"列检作业安全区域"(图 4-6)。

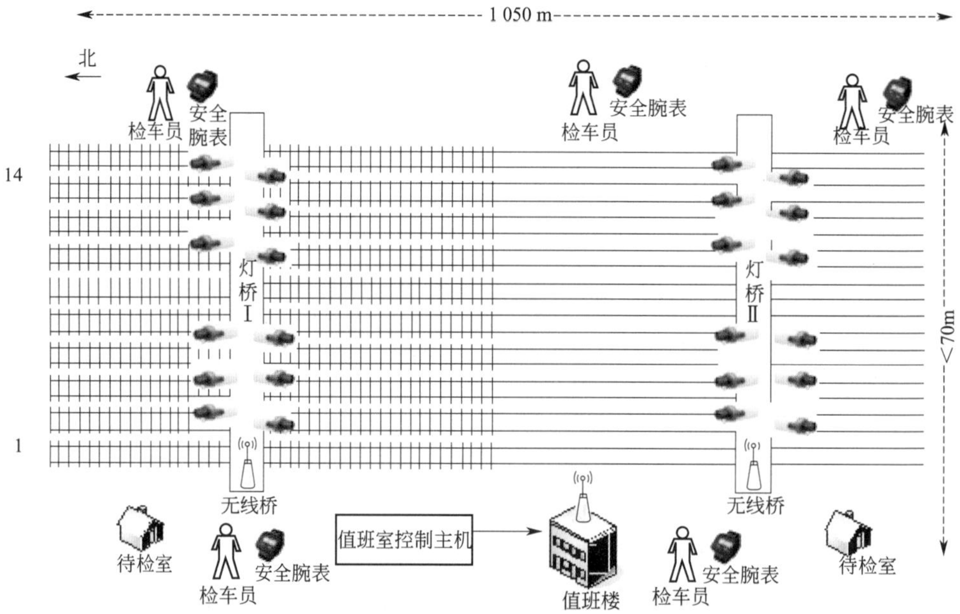

图 4-6　列检作业安全区域

(2)采用激光射线布防、LED 警示线、视频切换等多维联动预警的方式。利用激光射线的发射和接收划定作业区域，检车员一旦侵限，系统自动将警示信息预报给检车员，提示检车员离开危险区域，同时利用视频监控技术对列检作业人员的运动轨迹进行监控和记录，对擅自离开作业区域的检车员进行警示。图 4-7 为多联动预警方式。

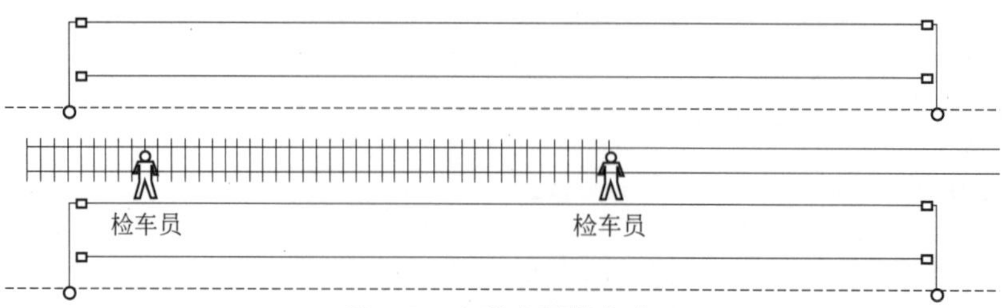

图 4-7　多联动预警方式

2. 列检作业人身安全防护技术应用展望

(1)实现对列检人员进入作业场及离开作业场实时监控。列检人员进入作业场及离开作业场一般有专门通道,可以在拍摄该专门通道的相机中对所画的区域进行更改,将专门通道让开,在专门通道中走的人员不进行告警,或者在后端软件中,对于进场及出场的情况进行分析,滤除前端告警。后端软件会同时监控线路上脱轨器及信号灯的状态,进出场状态下,如果某股道信号灯处于通车或者调车作业状态,当列检人员通过专门通道横跨该股道时,会收到告警,提醒作业人员注意安全,对于脱轨器上脱状态下,列检人员可以通过该股道而不进行报警。

(2)实现对列检人员进行跳车动作实时监控。列检人员尤其是中部的列检作业人员经常需要跨越某股道到其他股道进行作业,中部人员绕车比较远,大部分都采用跳车动作,但是跳车过程中有可能无法判断脱轨器及信号灯状态,可能在跳车过程中铁路货车冲动造成列检人员受伤。该系统会监控脱轨器及信号灯,在脱轨器上脱,信号灯为停车状态下,列检人员跳车动作不会产生告警,当脱轨器未上脱,或者信号灯处于通车状态或者调车状态情况下,铁路货车随时可能移动,此时如果有人在该股道跳车动作会产生告警,提醒作业人员注意安全。

3. 实现自动提示工作位置功能。该系统可自动提醒室外检车员注意自身的工作位置,防止注意力不集中、不请示、擅自离岗造成人身安全事故的发生,保证列检人员的作业安全,实现作业的规范化管理,减少人身伤亡事故的发生。

第五节 铁路货车技术状态图像检查监控技术

目前,无论是造修铁路货车,还是列检检查铁路货物列车,其整车及零部件质量检查方式,除已采用的自动或机械设备的检查项目外,多数还是采用人体的视觉、听觉功能的检查模式,从某种程度来说这个质量管理过程是有保障的,但是对于劳动强度大、作业频率高、结构组成复杂,检查项点多的铁路货车来说,如果想进一步提高检查质量,存在瓶颈。因为这种管理模式,以肉眼检查为主,存在大量的人为因素;检查过程难以控制,无法保证流程化作业;检查过程难以追溯;没有直观的图像档案,无法记录零部件的装配状态。质量检查员和列检检车员劳动强度高、人为因素多、可追溯性差,不利于整车质量控制,往往会发生漏检问题。因此,在这个行业需要更为先进的技术手段提供检查方法和监管手段,监督检查过程,形成新的管理方式,提升质量检查水平。

一、铁路货车技术状态图像检查监控技术方案设想

(一)基本思路

利用图像检查监控技术,对作业者作业过程进行记录、备案。图像检查监控技术的任务是模仿人类视觉来感知世界。通过图像获取装置——CCD 或 CMOS 相机获取图像,并采用计算机软件技术处理、分析获取的图像信息,输出分析结果。与人类视觉比较,图像检查监控不仅能进行定性分析,而且可以进行定量分析。

初期,图像检查监控技术主要应用在军事领域。随着半导体制造技术、工艺的进步,使光敏半导体芯片的成本大大降低,同时随着计算机技术的发展,图像检查监控技术得到大力发展和应用。由于图像检查监控技术获取、应用的数据——图像,具有直观、人机均可解读的特点,因此具有良好的可追溯性,事后即可人工分析也可由计算机自动分析。在行业尤其是制造行

业对质量要求不断提高的需求刺激下，图像检查监控技术被广泛应用于工业环境中的过程记录、特征识别、尺寸测量和缺陷检测中。同时，在智能交通、医疗、金融业等领域也得到了广泛的应用。

在铁路货车修造行业过程质量的控制领域，铁路货车技术状态图像检查监控技术的基本思路，一是分析生产制造业的质量检查过程，依托图像检查监控技术可以从3个层面逐步提高质量检查水平。二是采用数字图像数据，实时记录质量检查作业者的操作过程，通过计算机技术识别质量检查对不规范的操作预计提示和记录。采用数字图像记录检查结果，并实施传送至服务器，通过图像自动识别技术，实时检验检查结果的质量，包括缺漏项点，图片档案的质量，监督检查结果的质量。三是对于获取的检查结果，通过图像自动识别技术，筛选存在疑似缺陷图像，反馈给质量检查人员。

根据技术的实现程度，3个步骤可逐步实现逐步推广，逐步提高质量检查监管水平。

（二）功能设想

1. 功能需求

（1）手持设备与现场必备检查工具可以采取与手电筒合一等模式，在不增加质量检查人员作业量的前提下，在质量检查人检过程中，通过手持设备采集数字图像或视频流，实施记录检查中的图像。

（2）拍摄视场有保障。

（3）采集的图像可存储在本地，也可通过无线传输方式实时传输至数据服务器中，作为质量记录的一部分长期存储，具有可追溯性。

（4）具有丰富的外设接口，满足更多功用。

（5）通过对数字图像或视频流的识别检查，可分析出检查过程，并与标准检查过程予以对比，对作业者进行违规操作提示，并提示违规操作的内容。

（6）具有缺陷管理功能，可进行修理前后对比，并自动输出对比结果。

（7）图像和视频流数据格式具有通用性。

（8）具有数据命名规范。

（9）自动识别检查图像质量和检查项点数量，对质量存在问题的图片和缺漏项信息反馈给操作者，重新补充质检信息。

（10）对于缺陷数据，智能圈定责任岗位，提示下道工序。

（11）具有原始数据统计分析功能，可按时间统计、按缺陷统计、按作业者统计等。

（12）数据可分权限共享和编辑。实现质量检查作业者录入数据、基层管理者查看数据、专业技术人员抽查数据、上级领导者检查数据。

（13）具有事故调查、专项检查接口，记录调查和检查过程，规范事故分析过程，并与作为原始质量记录数据对比。

2. 系统组成

系统由软硬件组成，硬件部分实现基础数据采集和压缩，以及传输和存储部分的功能，软件部分实现对数据的管理、辨别、分析、统计以及分权限编程和共享。

（1）硬件组成

系统硬件由手持移动数据采集设备、无线数据传输设备、数据服务器、程序服务器、用户终端等组成。见图4-8。

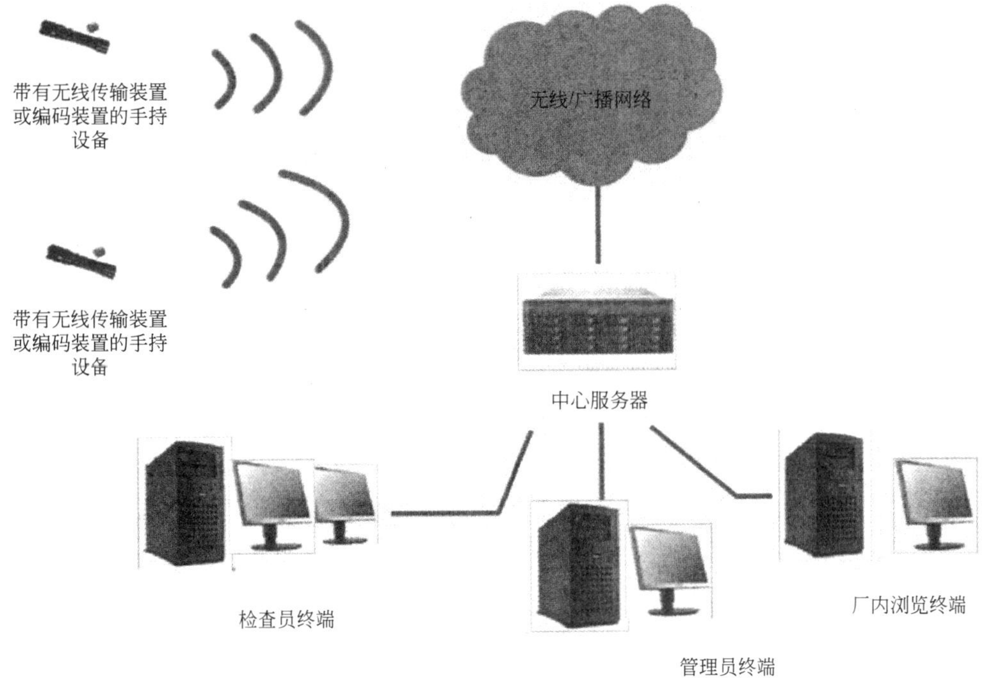

图 4-8　系统网络拓扑图

①手持移动数据采集设备

该设备是系统数据采集终端，由质量检查员或列检作业人员持有，实现在日常检查作业中图像或视频流的采集。该设备由 CCD 摄像头模组、高亮度 LED 照明装置、图像采集压缩芯片、视频采集压缩芯片、本地存储装置、通用 MiniUSB 端口、显示器接口、图像传输模块、目标瞄准装置、CPU、电池、扬声器、外壳防护装置等组成。

CCD 摄像头模组实现图像和视频流的采集，摄像头模组采用液态自动对焦 AF 镜头摄像头模组，保证图像清晰度。

图像采集压缩芯片、视频采集压缩芯片实现图像和视频流的压缩，并形成标准的 jepg 图像文件和 wav 视频文件。

高亮度 LED 照明装置，由一组白色 L,ED 组成，一方面作为人工检查照明灯光，另一方面作为 CCD 摄像头模组摄像时补光照明。

本地存储装置，由于手持设备结构要求紧凑，采用尺寸较小的 TF 卡。

该设备由质量检查员或列检作业人员持有，高亮度 LED 照明装置单独开启时，可当作普通手电筒使用，设备也可作为图像采集装置使用。铁路货车修造质检人员或列检人员使用时，按原步骤操作，待检查到项点时，先采用标准装置对准被拍摄零部件的中心，按手持设备上的拍摄按键，即完成采集工作。采集的图片或视频均存储到本地，有传输模块的实时传输至数据服务器。以制动梁外观检查为例，制动梁外观检要检查 2 个端轴、1 个支柱、1 个支柱夹扣螺栓、2 个闸瓦托等 4 个部位为例，先检查左侧端轴→左侧扎瓦托→制动梁支柱夹扣→制动梁支柱→右侧端轴→右侧扎瓦托。检查到这几个部位应该拍照，图像数据文件均先安放在本地。具备传输环境的直接传输至服务器中。系统可自动识别图像上存在的问题，对于图片质量问题或图片有缺陷，以及该部位未按流程操作，检查项点不够等情况，系统通过扬声器反馈给操作者。该设备也用于缺陷复检，通过设备把修复的缺陷图片传输至服务器，后台软件对其进行复核。该设备除了能连接一般计算机外设外，还可连接一些专业设备，如便携式车号读出器，通过该设备获取车号，传输至系统中。

无线手持移动设备可根据不同场合、不同用途进行细分，如传输方式、产品技术参数等。对于货车定检——厂修、段修、站修以及新造各工序的质量检查(含预检)，由于该环境相对列检作业场范围较小，且为室内作业，因此在车间内方便布设无线网络系统，采集的图像以及视频数据在本地存储外，可实时传输至数据服务器中。从业务角度，由于列检检查的是运用车辆，与定检竣工车辆比较，车况较差，需要较高的分辨率。

②无线传输设备

由于系统要求能够实时传输图像和视频流文件，数据量较大，而且还要对数据处理后及时把有问题的信息反馈给操作者，因此要求无线通信有较高的传输速率。

③程序服务器和数据服务器

程序服务器用于运行系统软件。数据服务器用于存储图像数据和车辆信息等数据。

④用户终端

包括管理员终端、工长终端、车间主任终端以及其他领导终端等，均可使用办公电脑。

(2)软件组成

软件部分由手持无线移动设备中的嵌入式软件和程序服务器中的缺陷管理软件、过程检查软件、存储和数据维护软件、同步软件、客户端软件组成。

①手持无线移动设备中的嵌入式软件

由控制模块、图像压缩模块、视频压缩模块、传输模块、信息反馈模块组成。

控制模块实现对无线移动设备的综合控制以及对各个模块的控制、镜头自动增益、对焦的控制，摄像头拍摄的控制，拍摄瞄准装置的控制、照明装置的控制等。人员对设备的操作，均由该模块完成，如拍摄图片、拍摄录像、打开照明等操作。

图像压缩模块通过与图像压缩芯片的通信，实现对数字图片的压缩和本地存储。

视频压缩模块通过与视频压缩芯片的通信，实现对视频的压缩和本地存储。

传输模块。手持设备与服务器通过无线网络连接，采用 TCP/IP 协议，实现双向通信，手持设备即向数据服务器传输图像或视频数据以及其他数故据外，同时还接收服务器的各种指令，包括零部件部位缺陷指令、项点获取不足指令等。

信息反馈模块。当接受到服务器发来的指令后，由信息反馈模块判断指令信息，通过语音或灯光方式提示操作者。同时，也可主动上报有缺陷的图片信息。

②过程检查软件

该软件可自由配置维护检查零部件或整车的项点数量，以车钩检查为例，须检查车钩三态，即闭锁、开锁、全开，钩高、闭锁开度尺寸 5 项，软件可设置 1 位车钩检查项点 5 项，可存储 5 幅图片。可预留冗余项点量，如 1 位车钩检查可设置 5 个检查项点，2 个冗余的项点用于在特殊情况下启用，例如多角度拍摄缺陷位置图片时应用。软件根据每个零部件检查项点的设置，自动检查上传图像的数量，当数量不足，则确认有检查漏项，通过网络及时反馈到检查这的手持设备上，并记录操作者。该软件也可以监控、检查事故分析者的操作情况。

③缺陷管理软件

缺陷自动识别软件可随时缺陷自动识别算法，发现图片中有缺陷的零件，加载的缺陷自动识别算法可按零件逐步加载，加载一个应用一个。图片中识别出未上报的缺陷，实时通知到设备，并做数据记录，以方便统计。对识别出的缺陷和上报缺陷实行流程控制，交车前须提交已经整改的图片，并保存至数据服务器，与原有图片匹配查看。对上传图片进行自动质量评价，图片质量较差则要求重新拍摄。该软件具备智能分析功能，可分析造成缺陷的工序，辅助提示责任岗位，以及缺陷影响的下道工序进行提示。

④存储和数据维护软件

该软件作为设备通信 server 端，负责存储传输过来的图片和数据转存的服务器本地，另外通过配置的方式可管理数据服务器上的数据和图片，可按规划进行自动维护和删减。数据的存储按照规定的编码规则的文件名存储。在原始图片上标注文字或图片名称，方便查看。

⑤同步软件

对于不具备实时无线传输的列检作业场，采用同步软件将手持无线移动设备本地数据导出至计算机中，再士传至服务器。也用于无线网络异常情况下的数据传输。

⑥客户端软件

该软件提供给各级用户必要的共享数据，进行应用，实现图片检查、抽查、浏览，以及数据统计功能。客户端软件用户分级、分权限管理，设置直接领导用户、浏览用户、系统管理员用户，直接领导用户尊作业者的直接领导，包括车间主任、工长，可对各个质量检查人员、列检人员的作业情况检查、评判，对于人、机均漏查的缺陷可编辑、反馈给操作者，可设置、查看统计数据。浏览用户是相关科室的人员和各级领导，该权限只能查看数据和统计报表，不能对作业情况进行编辑、评判。系统管理员的功能包括用户增减、更改管理和用户权限细分，每一类用户的权限针对不同的用户可进一步细分。直接领导用户可自由设置、维护统计报表。可生成质量检查情况统计日、月、季、年报，按部位统计缺陷数量，也可统计操作者漏检、违规操作情况。另外该软件也可以查询事故处理情况的数据。上述所有数据可上传至更高级的领导层，提供数据查看和浏览。

二、铁路货车技术状态图像检查监控技术应用设想

本文以铁路货车修造业和列检为例介绍了系统组成和系统用途，该系统在制造也可以广泛应用于其他制造行业和设备检查行业。

1. 系统可广泛用于制造业的质量检查和设备巡检，用摄像头过去图片数据和视频数据，辅助人的肉眼记录检查项点，采用图像检查监控技术辅助人的大脑分析记录的数据的项点数量、是否存在缺陷、智能分析数据质量，为作业提供帮助和监管。

2. 即可用于定检、新造的作业范围相对较小的预检、竣工整车检查、零部件质量检查，也可应用于作业范围较大的设备巡检，例如货车列检。针对不同场合，应用不同的手持无线移动设备和传输模式。针对作业范围较小的定检预检、检查，由于作业场合光照条件相对稳定，车况较好，可采用较低分辨率的摄像头，实现实时传输，实时提示的反馈机制。对于列检作业，由于列检场是室外作业，光照条件不稳定，车况也较差，易采用较高分辨率的摄像头，事后统一传输至服务器，统一分析问题，有条件的地域也可以实时传输、实时分析。可作为图像或视频档案留存，作为质量检查记录或列检记录的一部分，以供需要的时候查阅。

3. 可应用于铁路行业的事故、辆故调查、专项检查。依照质量检查模式，建立事故、辆故

和专项检查流程，依次拍摄，可增加无故障车辆或零部件图片的对比，使事故、辆故和专项检查规范化，过程和结果更为客观。

三、铁路货车技术状态图像检查监控技术展望

图像检查监控质量检查监控和图像档案系统虽然在多数条件下可实现实时检查、实时监控、实时反馈，由于采取后台反馈模式，反馈提示速度延后，随着技术的发展，可以把后台的过程检查软件和缺陷管理软件中的缺陷识别、数据质量评价和反馈提示功能前移至手持无线移动设备的嵌入式系统中，提高问题反馈的实时性，并且在任何场合均可实时反馈。

第六节　滚动轴承不退卸检测技术

轴承故障是铁路货车运行中的主要故障之一，也是影响行车安全的主要因素。目前每年需对 30 多万铁路货车、100 多万条轮对进行检修。现阶段检修车间或轮轴车间主要采用人工转动的方式对轴承进行故障检查，不能快速、准确地判定故障轴承。因此，急需开展滚动轴承不退卸检测技术研究，实现轴承检查的智能化和自动化，避免由于操作人员主观或经验差异造成的漏检或误检，有着十分深远的意义。

图 4-9　轮对加载转动台

一、滚动轴承不退卸检测系统方案设想

该系统基于铁路货车滚动轴承早期故障轨边声学诊断系统(TADS)检测理念，主要由轮对加载转动台和故障轴承诊断设备两部分构成。

1. 轮对加载转动台

该部分由轮对进出装置、轮对承载装置、轮对转动装置、轮对载荷加载装置、故障轴承标记装置等组成(图 4-9，图 4-10)。

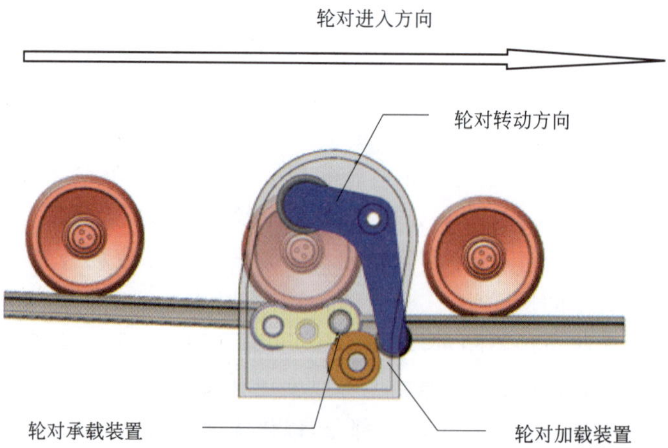

图 4-10　轮对加载转动台侧视图

2. 故障轴承诊断设备

该部分如图 4-11 所示由声学信号采集设备(麦克风、放大器、AD 卡)、信号分析处理计算机、设备控制电路等组成。

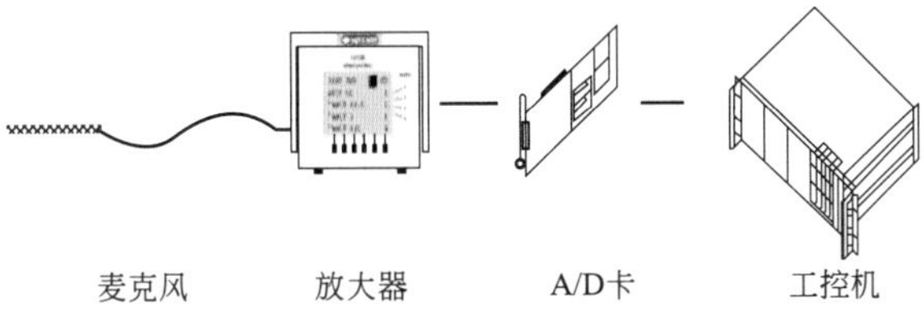

图 4-11　故障轴承诊断设备示意图

3. 检测流程

待检轮对自动进入检测装置

↓

启动轮对载荷加载装置

↓

启动轮对转动装置

↓

启动声学采集装置进行轴承状态检测

↓

轮对制动,停止转动

↓

停止轮对转动装置,去除载荷

↓

显示轴承状态,并存储,对有故障的轴承报警

↓

物理标记故障轴承

↓

轮对自动送出检测装置,结束检测

二、滚动轴承不退卸检测系统应用展望

1. 轮对加载转动系统实现以下功能:

轮对自动进入;轮对轴承加载加速,模拟轴承的匀速运行状态;对声音信号的自动采集放大;轮对轴承减速制动;轮对故障轴承判别结果标签打印;轮对自动送出。

2. 轴承故障声学分析及诊断软件实现以下功能:

轮对进出状态检测;轮对匀速转动及衡定载荷状态检测;声音信号采集;声音信号分析及故障识别;故障轴承预报及检测信息存储。

滚动轴承不退卸检测系统的应用,可以减少不退卸检修轴承时,由于人工转动检查造成的漏判、误判故障，实现轴承故障的自动化检查，保证检查质量，消除轴承故障漏检带来的安全隐患。

第七节　承载鞍、斜楔自动检测技术

承载鞍、斜楔是铁路货车走行部的重要配件，承载鞍安装在铁路货车转向架侧架和滚动轴承之间，承受和传递各种载荷，斜楔安装在摇枕和侧架之间承受和传递载荷。列车行驶过程中，承载鞍与转向架侧架及轴承斜楔与侧架主摩擦板及摇枕斜楔面磨耗板接触产生的磨损，称之为磨耗。若承载鞍、斜楔磨耗过限，可能对铁路货车的运行品质产生重大影响，特别是承载鞍与轴承的接触部位会由面接触改为点接触，容易造成轴承内部部件的故障，从而引发热轴，将严重影响列车运行安全。因此，承载鞍、斜楔磨耗检测历来是铁路货车检修部门的一项重要工作。随着铁路货车提速重载战略的实施，传统的人工样板比对测量方式效率不高、测量精度低，并无法实现质量追溯。从铁路货车检修集约化、自动化发展趋势来看，利用现代化手段实现对承载鞍、斜楔自动检测成为必然。

一、承载鞍检测技术方案设想

承载鞍的检测技术基于采用接触式测量方式，使用接触式位移传感器。接触式测量是普遍使用的测量技术，鉴于承载鞍的形状复杂、表面存在锈迹和油污、测量尺寸较多及各尺寸的精度要求较高，采用接触式测量是较为理想的方法。

该方案采用相对比较法测量原理，接触式测量方式，通过位移传感器采集数据，微机进行数据处理，与式样比对，以表格形式显示测量结果，该测量原理最大的好处就是减小了承载鞍定位误差和承载鞍外表面状况（如油渍、锈迹等）的影响，尺寸测量精确。

承载鞍尺寸测量原理如图 4-12 所示，图 4-12 中的 1～17 为位移传感器。其计算原理举例说明如下。

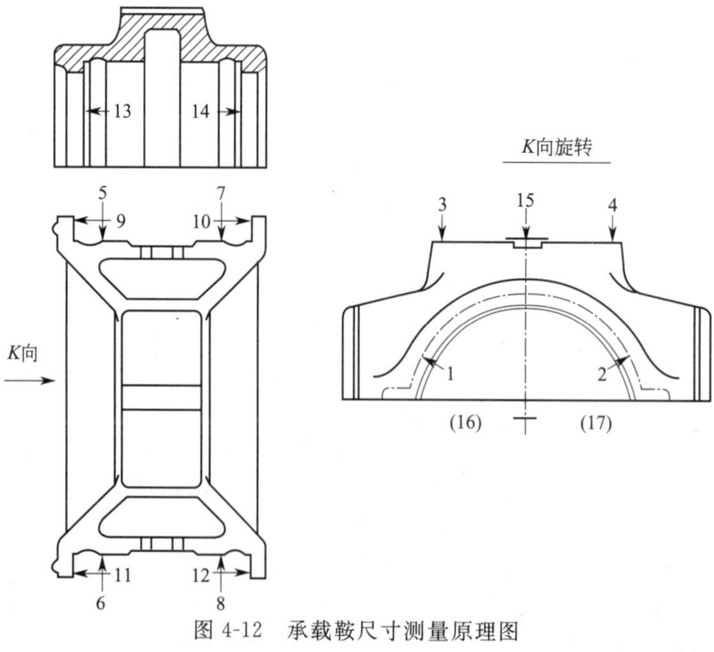

图 4-12　承载鞍尺寸测量原理图

如图 4-13 所示，为测量导框底面水平距离两侧磨耗之和原理图。

现将上述测量过程模型化，如图 4-14 所示。

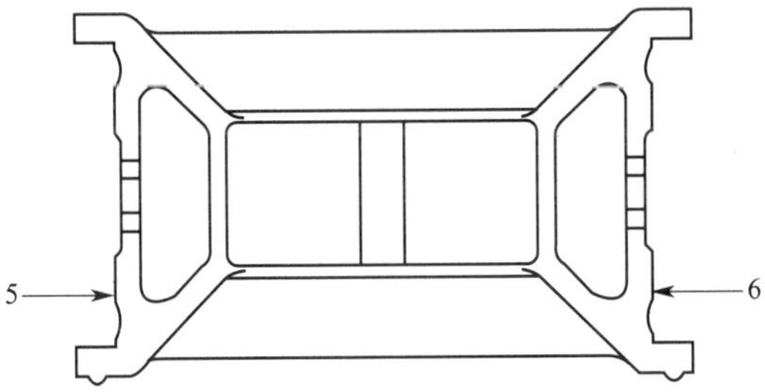

图 4-13　测量原理图

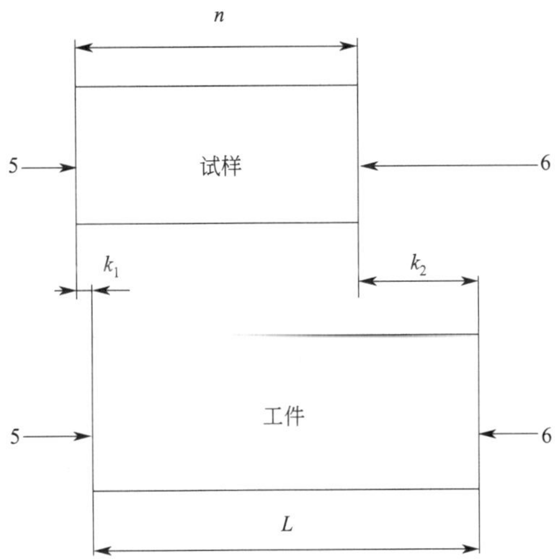

图 4-14　测量过程模型化

在测量之前先用标准试样进行传感器校正，即确定传感器零位。

因每次测量时，传感器 5、6 由各自机构带动到达固定位置，传感器导杆始终与被测工件紧密接触，对于不同的测量工件，传感器导杆压缩或伸出。假设试样长度为 n，传感器 5、6 读数分别为 s_5、s_6，并且传感器内部已经设置：传感器导杆压缩，其读数为正值，传感器导杆伸出，其读数为负值。

从图 4-14 中可以明确看出：

$$\begin{aligned} L &= n + k_2 - k_1 \\ &= n + s_6 + s_5 \end{aligned}$$

因此通过传感器读数和试样实长可方便测量出导框底面水平距离两侧磨耗之和。同理类推，我们通过传感器读数和试样实长，可以计算出承载鞍所有的检修尺寸。

二、斜楔检测技术方案设想

本系统针对铁路货车中的关键件斜楔设计了一套非接触式磨耗自动测量系统。该系统有利于减少人工测量磨耗的成本，提高磨耗检测效率，为斜楔提供自动化检测方式，并通过全面的数据采集、分析，保障斜楔在铁路货车中的安全检修使用。

北美和欧洲发达国家从 20 世纪 80 年代初期就开始利用计算机进行自动、精确的铁路设备磨耗测量的研究。国内，目前现有工件测量多采用人工测量或用多个单点测量的方式，用局部数据描述整个工件的磨损状况，其测量手段致使测量范围、效率带有很大的局限性。本系统采用非接触式激光线扫描测量系统，对斜楔工件工作面(摩擦面)进行全面测量，扫描覆盖工件检测要求的所有磨损区域，获取整个工件的全面磨损状况，实现工件高精度测量，测量精度为微米级，该系统能够记录工件测量数据(二维及三维数据)，为跟踪工件检修使用提供全面数据支持。

(一)非接触激光扫描测量系统组成与原理

整个测量系统由二维激光线扫描传感器、精密平移导轨部分、电气控制部分、工控计算机等组成,系统组成示意图如图 4-15 所示。

二维激光扫描传感器主要有激光源、采集设备等构成,能够获取测量目标的二维表面数据。二维激光线扫描传感器在汽车焊接装配、铸造行业等生产制造行业中广泛应用,其工作原理就是,激光器发射一条线激光到目标物上,摄像头通过某个固定角度检测该激光在物体上的反射,然后通过三角测量原理确定物体表面的高度和宽度信息。

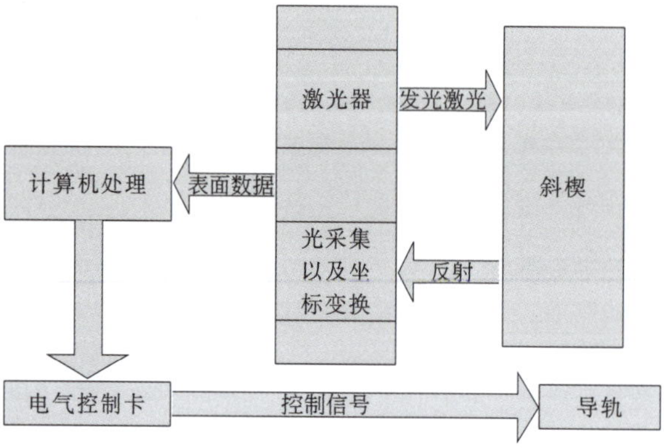

图 4-15 系统框图

如图 4-16 所示,随着二维激光线扫描传感器在精密导轨机构上平移,扫描线从斜楔工件的一侧移动到另一侧,当扫描线离开斜楔工件表面时,系统已经扫描完毕,获取斜楔工件整个表面数据。移动机构是由步进电机驱动,并通过电气控制模块与二维激光线扫描传感器采集同步,移动机构每行走一个单位位置对应一条扫描数据线,所有的扫描数据线采集、处理分析计算、结果显示、储存等都由主控计算机来完成。

图 4-16 系统工作状态效果示意图

如图 4-17 所示,在主控计算机上运行的上位机软件将激光扫线数据集中分析计算,重构斜楔工件的三维图形。结果显示可从各个角度来观察斜楔的重构三维模型,将测量模型数据与设计模型数据进行分析比对,并利用不同颜色的深度级别显示斜楔磨耗的大小量级。

（二）磨耗计算算法

对于非接触测量系统最关键的是利用激光传感器获取的零件表面曲线计算磨耗，并把测量的曲线坐标变换到标准工件的坐标系下与标准表面曲线进行对比，才能得到实际磨耗的测量值。系统通过工控计算机运行的上位机软件完成对斜楔工件的两个磨耗面的磨耗值计算。下面以斜楔副摩擦面的磨耗计算为例，如图 4-18 所示，其计算过程分为三步。

一是通过寻找合适的特征点作为参考点 1、参考点 2，在本系统中采用零件表面的拐点作为参考点。

二是对齐参考点 1 以及参考点 2，参考点 1 使用坐标平移来完成，参考点 2 使用坐标旋转来完成。如图 4-17 所示，对齐标准试块表面曲线与实际测量工件表面曲线的边界点。

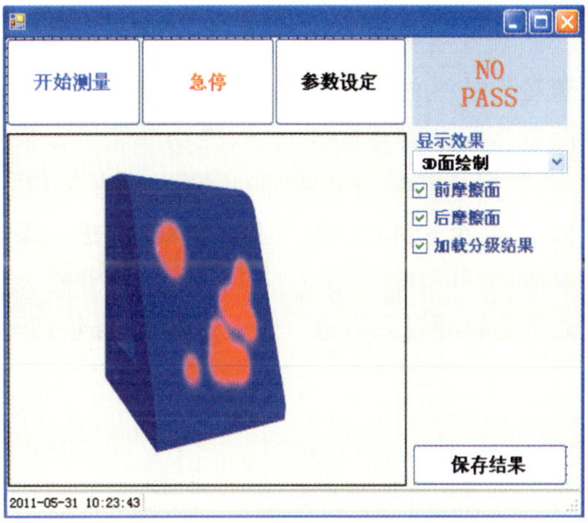

图 4-17　3D 显示效果示意图

三是最后提取两个表面曲线之间的磨耗值高度差，得到曲线上不同位置的相对高度差，即当前曲线的磨耗值。根据不同地方的磨耗值以及整体的磨耗值可以定出磨损工件的磨损量级。

设计的整机系统的测量精度经过测试可以达到微米量级。对于磨耗，本系统如图 4-16 所示在工件模型的不同地方的磨耗值使用不同的颜色深度显示在工件的相应部分，并且可对测量模型表面上不同点的磨耗值进行读取和查找，这样便于检修工人观察斜楔工件不同点的磨耗值，有利于评估斜楔磨耗产生的部位以及磨耗量度。同时，软件设定了最大安全磨耗值，对于超过安全磨耗的工件，在测试过程中进行报警。

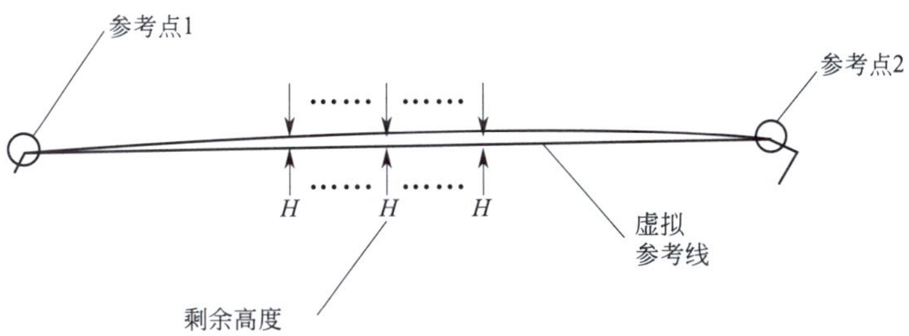

图 4-18　磨耗测量过程

三、承载鞍、斜楔检测技术应用展望

承载鞍、斜楔检测技术的应用一方面可以实现承载鞍、斜楔检测的自动化、智能化，另一方面建立承载鞍、斜楔检测的故障库，对承载鞍、斜楔的磨耗情况进行分析和统计，为分析铁路货车运行状态提供依据。

第八节　结　束　语

回顾发展历程，铁路货车现代化检查技术总是伴随着铁路货车技术的发展而不断创新，并随着各项技术的更加成熟、更加先进以及更加前沿，日益对改革铁路货车安全管理方式、融入铁路货车安全管理科技元素、推动铁路货车安全管理整体水平，发挥着不可替代的作用。展望未来，铁路货车检查技术的自动化、信息化和智能化水平将在铁路货车检修、运用领域占据主导地位，甚至起到代表性作用，并以此促进了检修能力迅速释放，检修质量充分保证，铁路安全得到保障，更具有划时代意义的是，人工作业将大幅减少，生产效率将大幅提高，“以人为本”的科学发展理念将通过我们这一代人的努力，在铁路货车制造、检修、运用事业中得以体现，惠及久远。